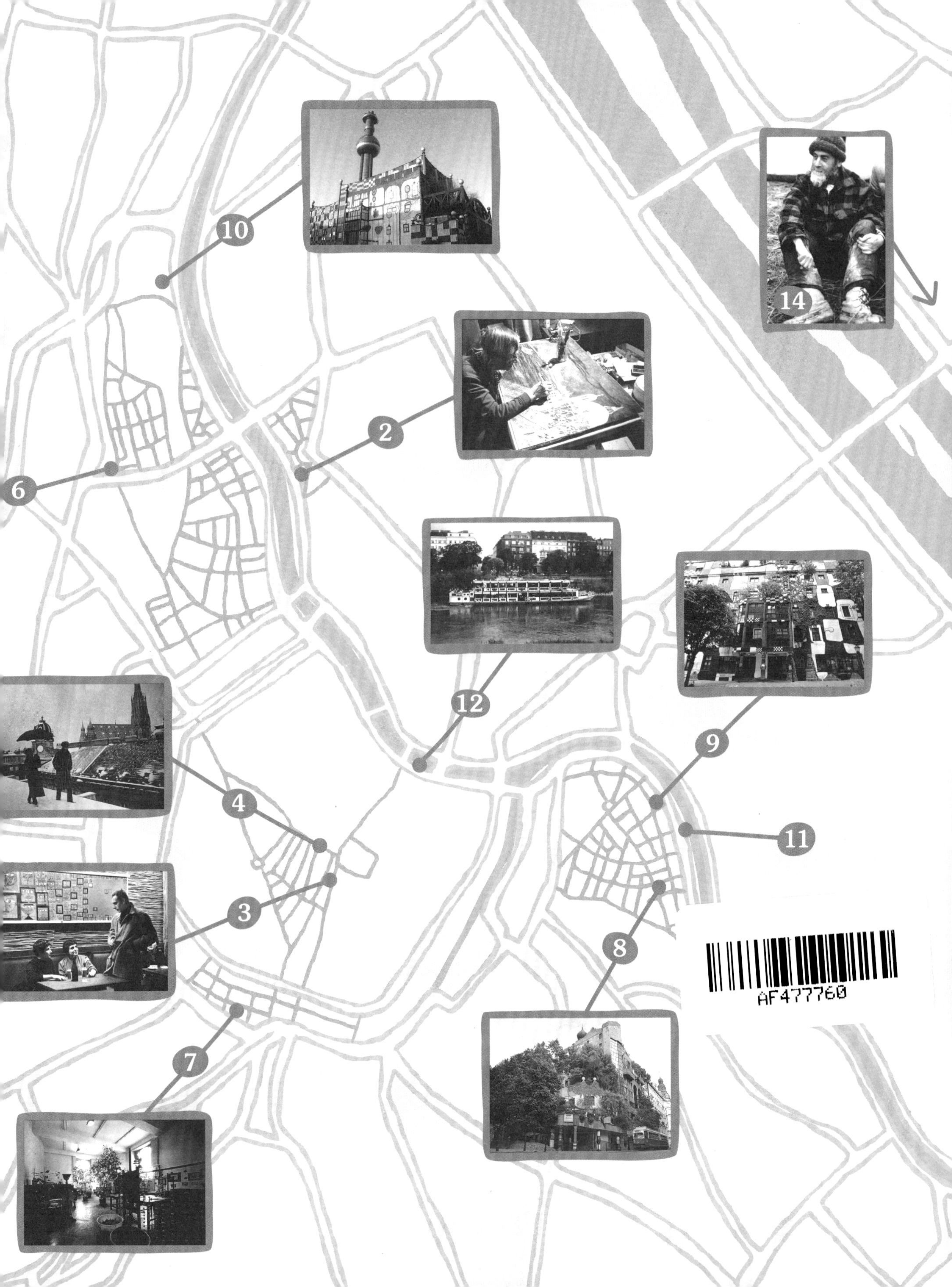

10
14
2
6
12
9
4
11
3
8
7
AF477760

HUNDERTWASSER

DIE KUNST DES GRÜNEN WEGES
THE ART OF THE GREEN PATH

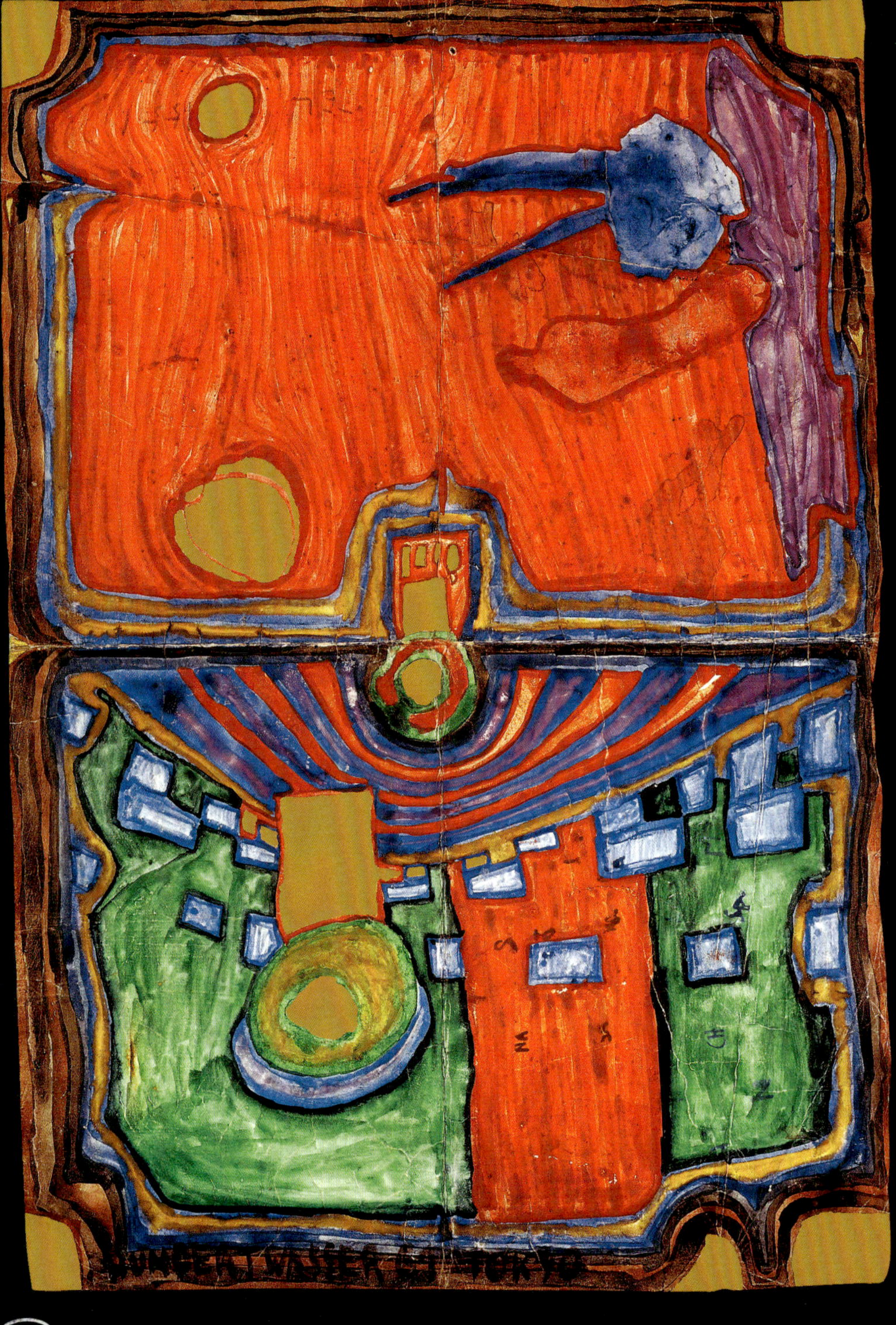

Kleiner Palast der Krankheit
Little Palace of Illness in Beauty
Tokyo | Tokyo, 1961

HUNDERTWASSER

DIE KUNST DES GRÜNEN WEGES
THE ART OF THE GREEN PATH

herausgegeben von Andreas Hirsch
für das KUNST HAUS WIEN

edited by Andreas Hirsch
for the KUNST HAUS WIEN

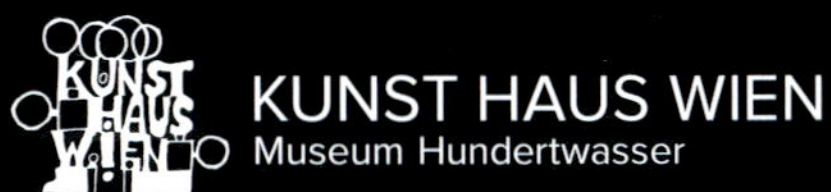

KUNST HAUS WIEN
Museum Hundertwasser

PRESTEL
Munich · London · New York

Inhalt

Contents

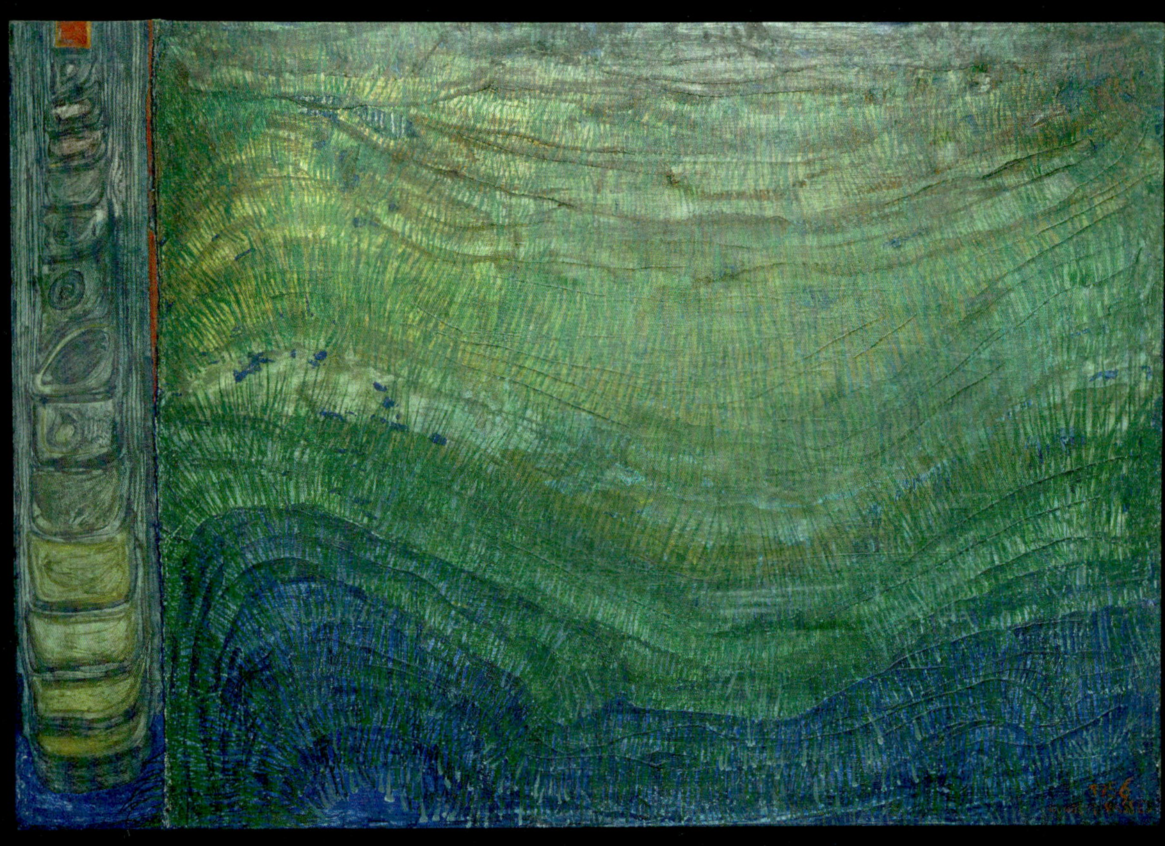

(254) **Die kleine Rasenruhe**
The Short Rest of the Lawn
Saint-Maurice | Saint-Maurice, 1956

Wenn das KUNST HAUS WIEN zur Feier seines 20-jährigen Bestehens dem Werk und der Ideenwelt von Friedensreich Hundertwasser ein Buch und eine Ausstellung widmet, dann gibt es dafür viele gute Gründe. Das KUNST HAUS WIEN ist nicht nur eine Kunstinstitution, die auf die Visionen und Konzepte des 1928 in Wien geborenen Künstlers zurückgeht, es darf zudem für sich in Anspruch nehmen, den künstlerischen und gedanklichen Kosmos Hundertwassers in besonderer Weise erfahrbar zu machen.

So beherbergt es in seiner weltweit einzigartigen Dauerausstellung – heute ‚Museum Hundertwasser' – nicht nur einen umfassenden Überblick über die verschiedenen Facetten im Schaffen dieses Multitalents, sondern verfügt darüber hinaus über einige Schlüsselwerke aus faktisch allen Schaffensphasen Hundertwassers. Auch das Gebäude des KUNST HAUS WIEN zeigt in exemplarischer Weise die Handschrift der baukünstlerischen Gestaltung Hundertwassers und die konkreten Anwendungen seiner ökologischen Vision.

Mit diesem Buch möchten wir den Blick insbesondere auch auf die visionäre Komponente der Kunst Hundertwassers und seine Rolle als Pionier und Vordenker eines ökologisch bewussten Lebens lenken. Ohne die umfassende Kooperation von Joram Harel und der Hundertwasser Privatstiftung, ohne den Rückhalt durch die Wien Holding und die Stadt Wien und ohne das Vertrauen des Prestel Verlags wäre dieses ambitionierte Vorhaben nicht möglich gewesen. Ihnen allen sei an dieser Stelle gedankt.

Franz A. Patay
Direktor KUNST HAUS WIEN

There are many good reasons for the KUNST HAUS WIEN to mark its twentieth anniversary with a publication and an exhibition devoted to the work and ideas of Friedensreich Hundertwasser. The KUNST HAUS WIEN is not just an art institution based on the visions and concepts of this artist, who was born in Vienna in 1928; it can also be credited with allowing us to experience Hundertwasser's artistic and intellectual universe in a unique manner.

Thus, in its unique permanent exhibition, the "Museum Hundertwasser," as it is known today, presents not only the world's most comprehensive survey of the many aspects of this multi-talented artist's work, it also features a number of key works from virtually every stage of Hundertwasser's career. The building that houses the KUNST HAUS WIEN is itself an excellent example of Hundertwasser's style as an architectural designer and of the realization of some aspects of his ecological vision.

This volume is intended to focus greater attention on the visionary component of Hundertwasser's art and his role as a forward-thinking pioneer of an environmentally aware way of life. Without the blanket support of Joram Harel and the Hundertwasser Foundation, without backing by Wien Holding and the City of Vienna and without the faith of Prestel Verlag, this ambitious project could not have been realized. To all of them I would like to express my deepest gratitude.

Franz A. Patay
Director, KUNST HAUS WIEN

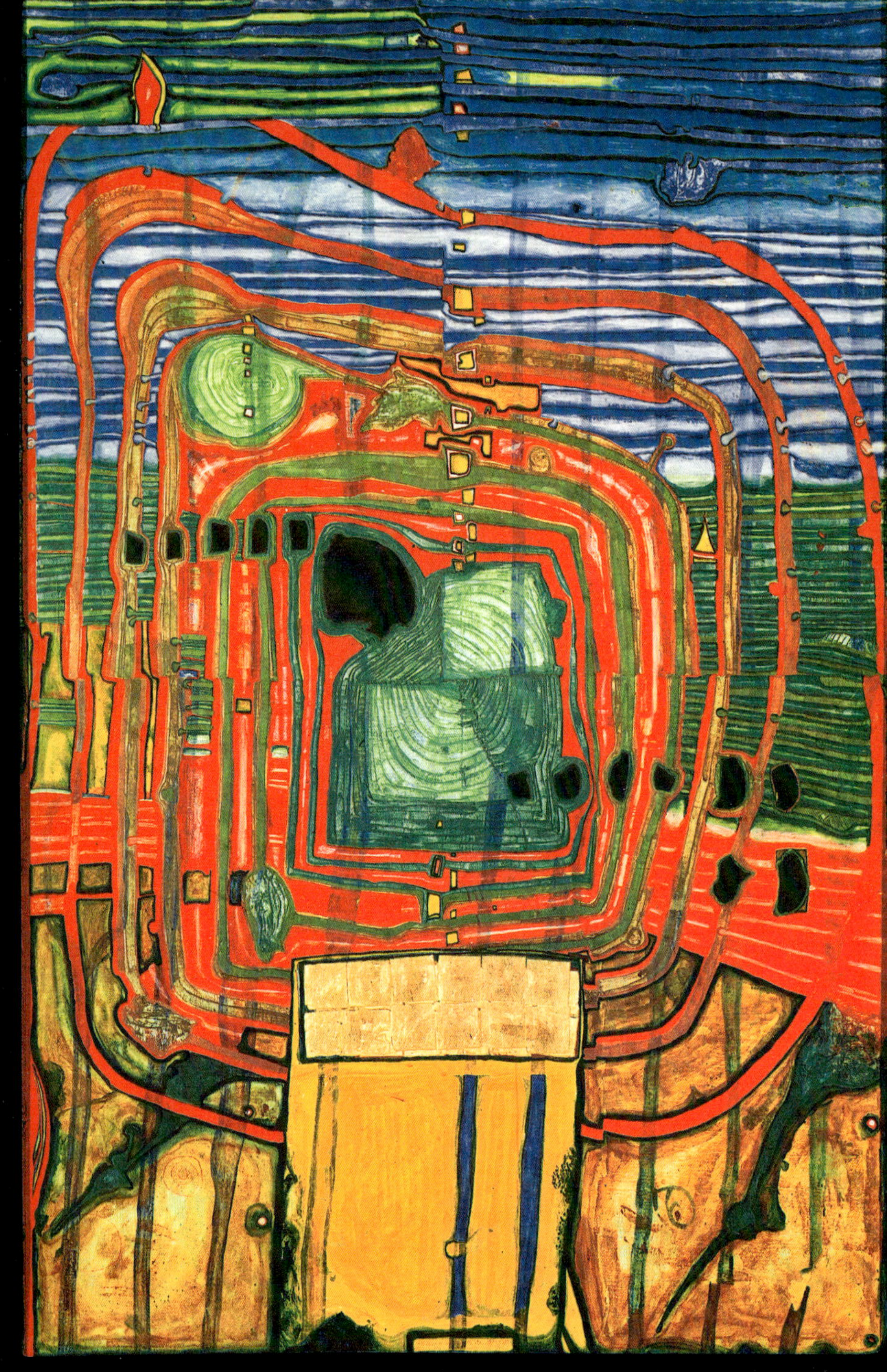

Hommage Au Tachisme
Hommage Au Tachisme
La Picaudière | La Picaudière, 1961

Andreas Hirsch

Die Kunst des grünen Weges – Hundertwassers Renaissance

Die Zeit ist reif für eine Renaissance des Friedensreich Hundertwasser. Dieser Maler, der als Friedrich Stowasser (1928–2000) in Wien geboren wurde, zählte mit seinen Werken zu den interessantesten und originellsten Protagonisten der internationalen Kunstavantgarde der 1950er- und 1960er-Jahre. Ab den 1970er-Jahren reihte er sich zudem unter die Meister der Druckgrafik des 20. Jahrhunderts ein – Seite an Seite mit einem Pablo Picasso, Joan Miró und Salvador Dali. Mitte der 1980er-Jahre wurde er zu einem der weltweit führenden Gestalter eines menschen- und naturgerechten Bauens gegen den Mainstream.

Während all dieser Zeit war er – wie bereits seine frühen Texte und Aktionen zeigen – ein Advokat für einen Friedensschluss der Menschen mit der Natur, ein Vordenker für ein Leben in Harmonie mit der Natur. Seine bereits knapp nach dem Zweiten Weltkrieg erstmals formulierte Zivilisationskritik attackierte den herrschenden Zeitgeist mit seinem Wachstumsdenken und Fortschrittsglauben frontal. Entsprechend stießen seine Thesen vielfach auf Unverständnis und Ablehnung.

Als Künstler war er über die Maßen erfolgreich. Er nahm 1959 an der V. Biennale in São Paulo teil, vertrat Österreich 1962 auf der Biennale von Venedig, war 1964 Teilnehmer der Documenta III in Kassel und fand sein grafisches

The Art of the Green Path — Hundertwasser's Renaissance

The time is ripe for a renaissance of Friedensreich Hundertwasser. Born in Vienna as Friedrich Stowasser (1928–2000), this painter was among the most interesting and original protagonists of the international art avantgarde of the 1950s and 1960s. In the 1970s he went on to join the ranks of the twentieth century masters of graphic art, alongside Pablo Picasso, Joan Miró or Salvador Dali. In the mid-1980s he became one of the world's leading designers of a form of architecture catering to the needs of man and nature in opposition to the mainstream.

Throughout this time, he was—as can be seen even in his early texts and actions—an advocate for a peace agreement between man and nature, and a leading thinker in promoting life in harmony with nature. His critique of civilization, articulated soon after the Second World War, represented a frontal attack on the prevailing spirit of the time with its philosophy of growth and belief in progress. Accordingly, his theories frequently met with incomprehension and rejection.

As an artist, he was successful beyond measure. In 1959 he participated in the 5th Biennial of São Paulo, in 1962 he represented Austria at the Venice Biennale, in 1964 he participated in the documenta III in Kassel and in 1974 his achievements in graphic art were honored in an exhibition at the Albertina in Vienna, which subsequently traveled around the world. After years of ascendency

Werk 1974 in der Albertina in Wien innerhalb einer Ausstellung gewürdigt, die von dort aus um die Welt ging. Nach Jahren des Aufstiegs in der Kunstwelt wandte er sich einem viel breiteren Publikum zu und bewies, dass weltweite Bekanntheit und ökonomischer Erfolg auch außerhalb der Kunstinstitutionen möglich sind. Damit öffnete er auch für andere Künstler einen Freiraum und setzte seine Bekanntheit für die Verbreitung seiner Ideen eines besseren Lebens und einer Achtung vor der Natur ein.

Hundertwasser hat seine Ideen und Visionen nicht nur selbst gelebt, er hat konkrete Lösungen vorgeschlagen und umgesetzt, denen auch die heutige Wissenschaft ihre Weitsicht und Gültigkeit bescheinigt. Seine Projekte zur Wiederbegrünung der Städte durch Dachgärten und aus den Fenstern wachsende Bäume, seine Konzepte zur Wiederherstellung natürlicher Kreisläufe und seine Aktionen zur Ermächtigung des Einzelnen zu ökologisch bewusstem Handeln – sie alle finden sich heute als Trends wie ‚vertical gardening‘ oder ‚guerilla gardening‘ wieder.

Nun, da das Echo der Kontroversen von einst verhallt ist, kann eine umfassende Würdigung dieses hochgradig eigenständigen, innovativen Künstlers und ökologischen Visionärs stattfinden. Nun öffnet sich der Weg zu einer Neuentdeckung Hundertwassers, ein Weg in seine Welt, zu dem dieses Buch Wegweiser sein möchte. Entsprechend stehen auf den 13 Stationen der Reise die Bilder und die Worte von Friedensreich Hundertwasser selbst im Mittelpunkt. Sie sind eingebettet in einen Chor profilierter Stimmen aus Kunstwelt und Ökologie, den Blick zeitgenössischer Fotografinnen und Fotografen auf Hundertwasser und Material zu seinem Leben und Werk.

in the art world, he turned to a much wider public and proved that worldwide renown and economic success can also be obtained outside of the institutions of art. In doing so, he created greater freedom for other artists, as well, and used his renown to disseminate his ideas of a better life and respect for nature. Hundertwasser not only lived his ideas and visions himself, he also proposed and realized specific solutions, whose foresight and validity are now attested to by science. His projects for re-greening cities through roof gardens and trees growing out of windows, his concepts regarding the restoration of natural cycles, and his actions to empower the individual to consciously act in an ecologically sound manner, are now reflected in trends such as "vertical gardening" or "guerilla gardening."

Now that the echo of erstwhile controversy has faded away, a comprehensive appreciation of this highly independent, innovative artist and ecological visionary can finally take place. The way is now open for a rediscovery of Hundertwasser, a way into his world, to which this book is intended as a guide. Hence, each of the thirteen stations of the journey focuses on the work and words of Friedensreich Hundertwasser himself. They are embedded in a choir of prominent voices from the worlds of art and ecology, images of Hundertwasser as seen by contemporary photographers, and materials documenting his life and work.

May this volume serve as a companion for all those who are interested in Hundertwasser, regardless of how they found their way into his world. It is dedicated to those who share their thoughts with us in the texts they contributed or offer us various glimpses of

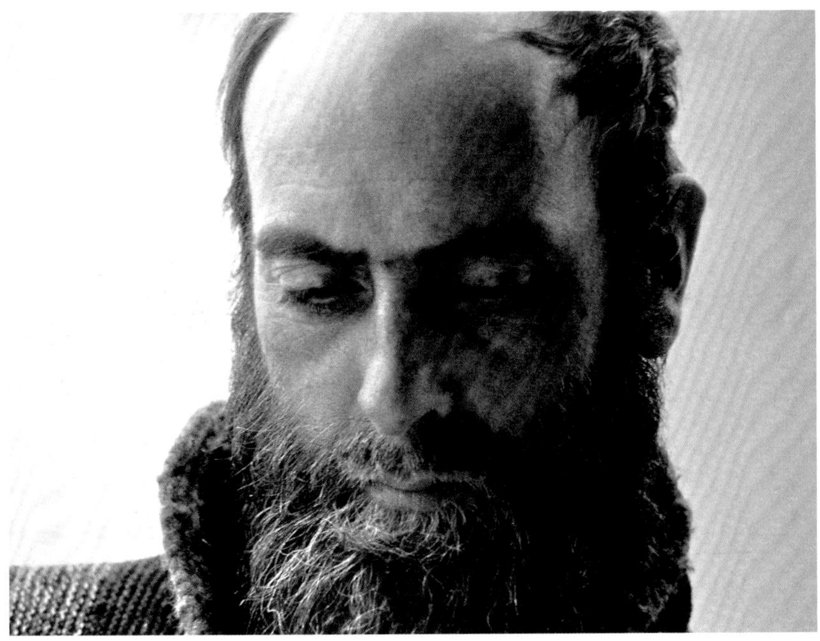

Friedensreich Hundertwasser
Venedig | Venice, circa 1972
Foto | Photo: Manfred Bockelmann

Das Buch möge jenen, die sich für Hundertwasser – aus welcher Richtung auch immer in seine Welt gelangend – interessieren, als Begleiter dienen. Es ist allen, die hier in ihren Texten ihre Gedanken mit uns teilen und uns in ihren Fotografien verschiedene Blicke auf Hundertwasser gewähren, gewidmet – allen voran aber Joram Harel und Andrea Christa Fürst, ohne deren Kenntnisreichtum und Unterstützung mein Traum von *Hundertwasser. Die Kunst des grünen Weges* nie hätte Wirklichkeit werden können. Das Buch sei aber auch gerade jenen neuen Generationen gewidmet, für die Hundertwasser oft nur noch eine historische Person aus einem anderen Jahrhundert ist. Mögen sie Inspiration und Ermutigung für ein besseres Leben darin finden, und mögen die Visionen des Friedensreich Hundertwasser in ihnen ihre Renaissance erleben.

Andreas Hirsch
Wien, im April 2011

Hundertwasser in their photographs—first and foremost, however, to Joram Harel and Andrea Christa Fürst, without whose extensive knowledge and support my dream of *Hundertwasser: The Art of the Green Path* could never have been realized. At the same time, it is specifically dedicated to that new generation to whom Hundertwasser is often no more than a historic figure from a different century. May they find in it inspiration and encouragement for a better life, and may the visions of Friedensreich Hundertwasser experience a renaissance in them.

Andreas Hirsch
Vienna in April, 2011

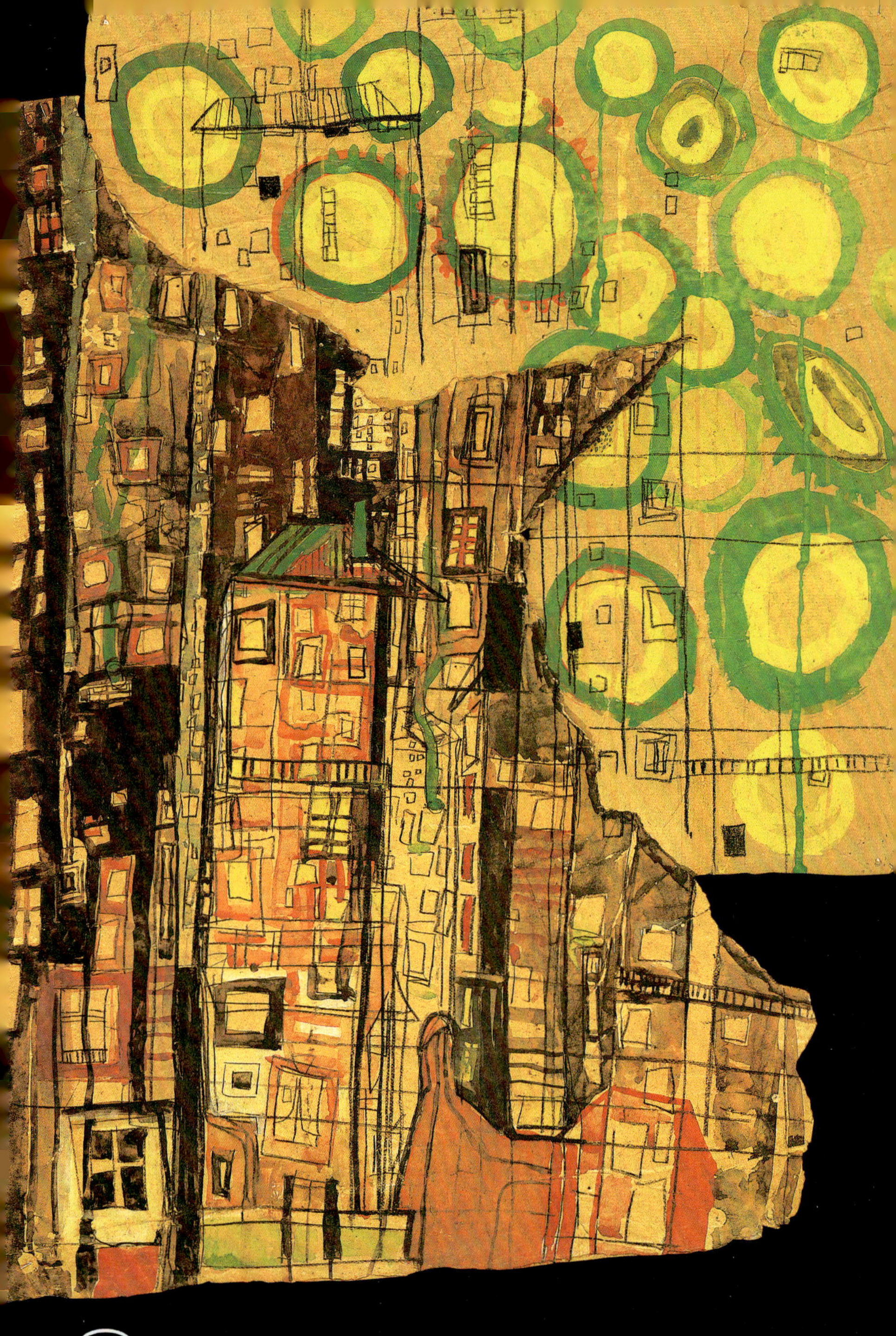

Die Sonnenblumen und die Stadt
Sunflowers and the City
Saint-Mandé | Saint-Mandé 1949

Andreas Hirsch

Eine Traumreise in Hundertwassers Welt

Es beginnt zu regnen. Schließlich öffnet sich die Tür und der bärtige Mann tritt vor das Haus mit der ‚Flaschenwand'. Der Regen stört ihn nicht. Er bemerkt uns nach einer Weile und bittet mit einer einfachen Kopfbewegung herein. Wir sind angekommen im Paradies. Wir sind nun in seiner Welt. Eine lange Reise liegt hinter uns. Eine noch längere hat er hinter sich. Wir leben in seiner Welt, sagt er. Die Saat sei aufgegangen, Spuren seiner Ideen überall. Er bietet uns zu trinken an, reicht Speisen aus selbstgemahlenem Korn. Wie die frischen Triebe am Tulpenbaum, so habe eine neue Generation begonnen seinen Idealen zu folgen. Jedoch haben wir auf unserer Reise auch viel zerstörte Natur und viel Unglück gesehen. Daher lauschen wir mit Staunen seinen zufriedenen und optimistischen Worten, als er uns an den Beginn seiner Reise erinnert.

Die Farbe an der Wand

Es ist im Jahr 1949 in Rom, auf seiner ersten großen Reise. Da sieht er in einem Restaurant diese Fliesen an der Wand, die nicht aufhören ihn zu faszinieren. Der Fluss der farbigen Glasur prägt sich ihm für alle Zeiten ein. Gerade hat er Wien und die Akademie verlassen, wo es für ihn nichts zu lernen gab. Es ist nun klar, er wird Maler werden, seinen Familiennamen Stowasser schreibt er nun Hundertwasser. Er wird etwas Besonderes aus sich machen. Das ist er seinen toten Verwandten schuldig, die während des Holocaust ermordet wurden.

A Dream Journey into Hundertwasser's World

It starts raining. Finally the door opens and the bearded man steps out in front of the house with the "bottle wall." The rain doesn't bother him. After a while he notices us and, with a simple nod of his head, invites us in. We have arrived in paradise. We are now in his world. A long journey lies behind us. An even longer one lies behind him. We live in his world, he says. The seeds have sprung; traces of his ideas are everywhere. He offers us something to drink and serves food made of home-ground grain. Like the fresh shoots on the tulip tree, he says, a new generation has started to follow his ideals. Yet on our journey we have often seen nature destroyed, as well as considerable adversity. Thus we listen with astonishment to his satisfied and optimistic words, as he reminds us of the beginning of his journey.

The Color on the Wall

It is the year 1949 in Rome, on his first major journey, he is sitting in a restaurant and sees these tiles on the wall that keep him fascinated. The flow of the colorful glaze forever brands itself on his memory. He has just left Vienna and the academy, where there was nothing for him to learn. Now it is clear: he will become a painter. He changes his surname from Stowasser to Hundertwasser. He will make something special of himself. He owes that to his dead relatives who were murdered in the Holocaust.

Hundertwasser makes his paints from anything that is available, using various kinds of

Hundertwasser stellt seine Farben aus allem her, was sich bietet, verwendet Erden, einmal sogar Teile eines Ameisenhaufens. Farbe ist ihm so kostbar, dass sie nur sparsam verwendet werden darf. Kein Farbrest darf verschwendet werden, wird er viele Jahre später seinen Studenten einschärfen. Er ist ein Hungerkünstler in jenen Jahren, kultiviert seine Autarkie durch ein Leben ohne Geld.

Er vermalt die Farben unvermischt, setzt in seinen Bildern reine Farben nebeneinander. Eine besondere Vorliebe hat er für Schwarz, das die anderen Farben erst zur Geltung bringt. Seine Liebe zu Regentagen ist Teil seines Kults der Farbe, denn an einem Regentag beginnen die Farben zu leuchten, wie er sagt.

Malen ist eine religiöse Handlung

Mitten im Trubel einer Hotellobby im Paris der 1950er-Jahre sitzt Hundertwasser und malt versunken an einem Bild. Er faltet das Papier, um seine Bilder mit sich tragen zu können, und hat stets einen kleinen Malkasten bei sich. Er malt langsam und bedächtig. Malen ist für ihn eine religiöse Handlung. In dieser Zeit bringt er seine erste Spirale zu Papier, ein Motiv, das forthin zu einem zentralen Element seines Formenkanons wird.

In Paris findet er sich mitten im Sturm der internationalen Avantgarde. Er ist maßgeblicher Teil einer sich im Nachkriegseuropa formierenden Moderne, zu der er später so gerne im Widerspruch gesehen wird. Hundertwasser zählt zu den interessantesten und eigenständigsten Malern jener Zeit. In der Pariser Kunstszene gibt und findet er wesentliche Impulse, begegnet Künstlern und Kri-

earth and, at one time, even parts of an anthill. Paint is so precious to him that it has to be used sparingly. No leftover paint is allowed to be wasted, as he will impress upon his students many years later. He is a "hunger artist" in those years, cultivating his self-sufficiency through a life without money.

He applies the paints unmixed, juxtaposing pure colors in his paintings. He has a particular preference for black, which makes the other colors appear to be more intense. His love of rainy days is part of his cult of color, because colors light up on a rainy day, as he says.

Painting Is a Religious Act

Amidst the hustle and bustle of a hotel lobby in Paris in the 1950s, Hundertwasser is sitting and raptly working on a painting. He folds the paper, in order to be able to carry his paintings with him, and he always carries a small paint box as well. He paints slowly and deliberately. To him, painting is a religious act. Around this time he commits his first spiral to paper, an image that will become a key element of his repertoire of forms.

In Paris he finds himself in the midst of the storm of the international avant-garde. He is an essential part of the modernist movement forming in postwar Europe, a movement with which he is later often perceived to be at odds. Hundertwasser is among the most interesting and independent painters of that time. In the Paris art world he both provides and receives crucial impulses, encountering artists and critics who, like René Brô and Pierre Restany, Shinkichi Tajiri, Jean Tinguely, Yves Klein and Georges Mathieu, will accompany him throughout his life.

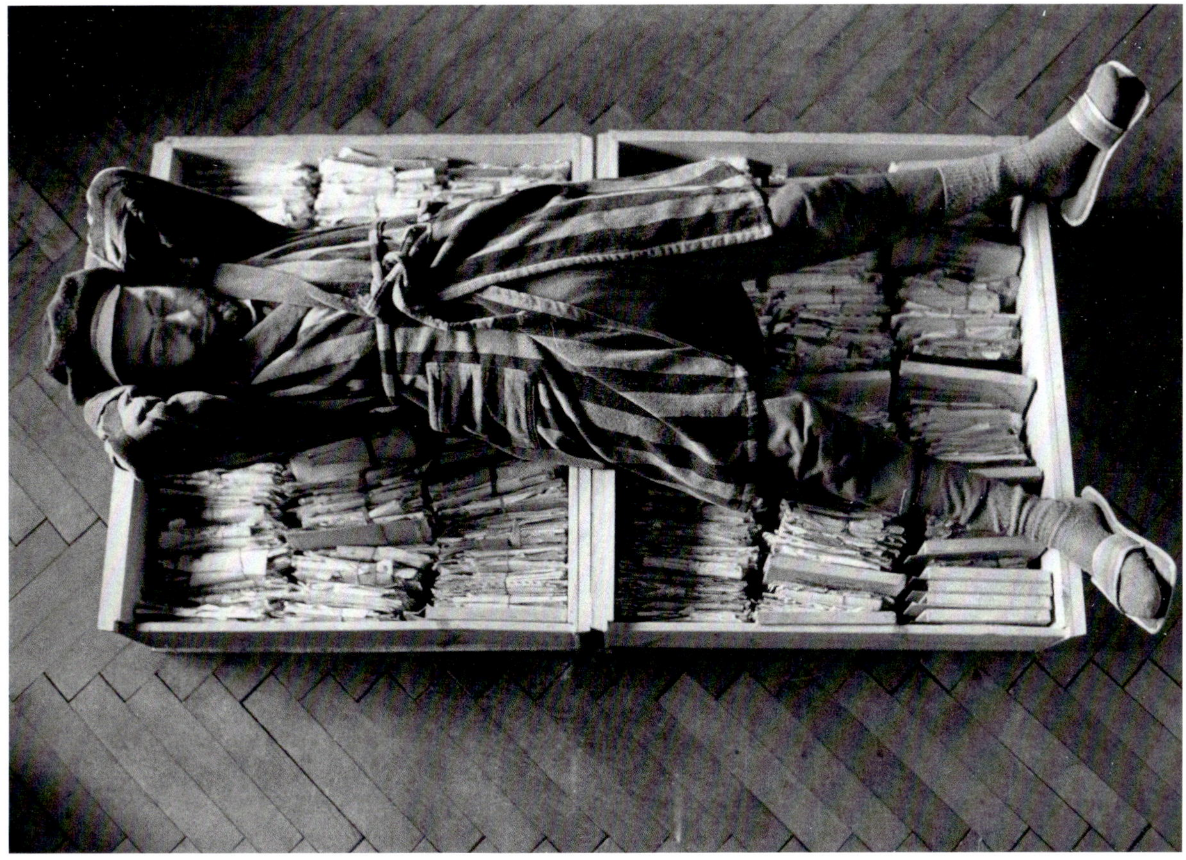

Hundertwasser auf Bündeln seiner Korrespondenz
Hundertwasser on bundles of his correspondence
Venedig | Venice, Jahr unbekannt | Date unkown
Foto | Photo: Stefan Moses

tikern, die ihn – wie René Brô und Pierre Restany, wie Shinkichi Tajiri, Jean Tinguely, Yves Klein und Georges Mathieu – ein Leben lang begleiten werden.

Er beginnt, in ersten Texten zu seinen Ausstellungen, seine Zivilisationskritik zu formulieren, eine Kritik, die im anhebenden Wirtschaftsaufschwung und Fortschrittsdenken niemand hören möchte.

In first texts for his exhibitions, he gradually drafts his critique of civilization, a critical stance that—given the incipient economic recovery and widespread belief in progress—nobody wants to hear.

The Naked Prophet

In a Munich gallery in 1967 a naked painter stands on a piece of paper, reciting a manifesto. He is flanked on either side by two

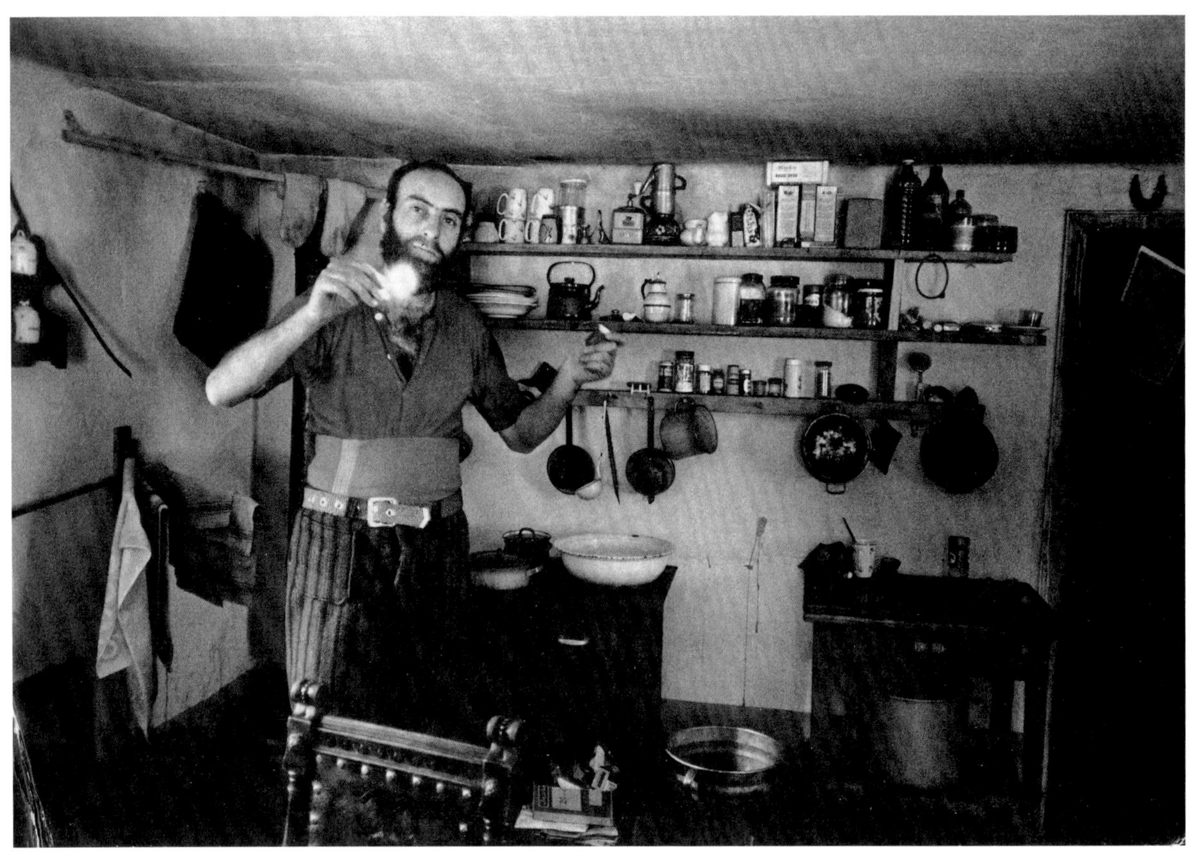

Hundertwasser in der Hahnsäge im Waldviertel, Österreich
Hundertwasser in the Hahnsäge, his house in Austria's Waldviertel
Waldviertel, 6. Januar 1968 | Waldviertel, January 6, 1968
Foto | Photo: Stefan Moses

Der nackte Prophet

In einer Münchner Galerie im Jahr 1967 steht ein nackter Maler auf einem Stück Papier und trägt ein Manifest vor. Flankiert wird er von zwei ebenfalls nackten jungen Frauen und zwei – bekleideten – Malerfreunden, umringt von Galeriepublikum und Presseleuten. Mit Verve agitiert er gegen den Rationalismus in der Architektur und greift dabei auf seine reichen Erfahrungen

young women, who are also naked, and two—dressed—painter friends. They are surrounded by the gallery audience and members of the press. Full of verve, he agitates against rationalism in architecture, drawing, in the process, on his extensive experience with artistic actions during the previous decade, as well as on his growing body of writings, in which he expounds his vision.

mit künstlerischen Aktionen aus dem vorangegangenen Jahrzehnt und auf den wachsenden Korpus seiner Schriften, in denen er seine Vision darlegt, zurück.

Seine asketische Gestalt an jenem Abend erinnert an die Propheten der jüdischen Tradition, die ihre Botschaft vortragen, nachdem sie sich in die Einsamkeit der Wüste zurückgezogen hatten. Was sich da aus seinen Reden und Manifesten formt, zielt auf die Heilung jener Kluft, die den Menschen von der Natur trennt. Er will die Menschen zurück in das Paradies führen, aus dem sie sich selbst vertrieben haben, in dem sie eigentlich leben, wüssten sie es nur zu erkennen und zu würdigen.

Als prophetisch wird sich seine Botschaft erst viel später erweisen, als die Folgen ungehemmten Wachstums, Umweltzerstörungen, Klimawandel und Artensterben sich nicht mehr übersehen lassen und auch die Wissenschaft feststellt, dass die Menschheit einen ‚point of no return' überschritten hat. Der nackte Prophet erweist sich als Rufer in der Wüste, dessen Mahnungen und Vorschläge Jahrzehnte später das allgemeine Bewusstsein erreicht haben.

Seite an Seite mit den Handwerkern am Bau

In den 1980er-Jahren finden wir den Maler Hundertwasser in Wien Seite an Seite mit den Maurern und Fliesenlegern auf der Baustelle des ersten Hauses, das er nach seinen Vorstellungen realisieren darf. Aus dem scharfen Architekturkritiker, der auszog, um Häuser zu heilen, ist ein Gestalter von Häusern geworden, der seinen ganzen Reichtum an Ideen und Erfindungen in den Dienst seiner

His ascetic figure that night is reminiscent of the prophets of the Jewish tradition who declaim their message after retreating into the solitude of the desert. What evolves from his speeches and manifestoes aims at healing the rift that separates man from nature. He wants to lead people back to paradise, from whence they have expelled themselves, but where they, in fact, live, if they would just recognize and appreciate it.

His message will only prove to be prophetic much later, when the consequences of rampant growth, destruction of the environment, climate change and the extinction of species can no longer be ignored, and even science declares that mankind has passed a point of no return. The naked prophet turns out to be a voice in the wilderness, whose admonitions and recommendations have now found their way into general awareness decades later.

Alongside the Construction Crew

In the 1980s we find the painter Hundertwasser in Vienna alongside masons and tile setters on the construction site of the first building that he is allowed to build according to his own ideas. The caustic architecture critic, who had set out to heal houses, has become a designer of houses who places the entire wealth of his ideas and inventions in the service of his vision of humane architecture and life in harmony with nature. Like a Leonardo or a Leibnitz, he comes up with solutions that have now found recognition in building biology and climatology.

In doing so, the artist Hundertwasser draws on the richness of his artistic vision, his paintings early on combined architecture

Vision eines menschengerechten Bauens und Lebens im Einklang mit der Natur stellt. Wie ein Leonardo oder ein Leibnitz ersinnt er Lösungen, die heute Anerkennung in der Baubiologie und der Klimatologie gefunden haben.

Der Künstler Hundertwasser schöpft dabei aus dem Reichtum seiner künstlerischen Vision, in der schon früh Architektur und Natur auf seinen Gemälden eine Verbindung eingehen, in der jene paradiesisch mit der Natur versöhnte Menschheit lebt, die er später mit seinen Gebäuden und Aktionen zu fördern sucht.

Unterwegs zum Pflanzen von Bäumen im Paradies

Der Baum ist für Hundertwasser ein Bruder des Menschen. Als ‚Baummieter' empfiehlt er ihn den Bewohnern von Stadthäusern, ein Mieter, der in Form von Sauerstoff und Kühlung, von Grün und wohltuender Präsenz seine Miete entrichtet. In Mailand setzt er 1973 im Rahmen einer Kunstaktion solche ‚Baummieter' in Fassaden mehrerer Häuser. Wir sehen ihn über sein eigenes Land in der Bay of Islands in Neuseeland gehen, einen jungen Baum im Rucksack, stets unterwegs zum Pflanzen Tausender und Abertausender Bäume.

Auch dies ist weit mehr als ein symbolischer Akt eines Künstlers, der die Natur liebt und eine vegetative Lebensform propagiert. Es ist – auch wenn das in seinem waldreichen Heimatland Österreich noch immer kurios wirken mag – im globalen Zusammenhang eine wesentliche Maßnahme gegen den Rückgang der Wälder, die für den Sauerstoff- und Wasserhaushalt des Planeten essenziell sind. Das Überleben der Menschen ist selbst auf einer sehr profanen Ebene mit dem Überleben der Bäume eng verknüpft.

and nature which in turn was inhabited by man living in paradisiacal harmony with nature, and this is what he would later seek to promote through his buildings and actions.

Underway Planting Trees in Paradise

For Hundertwasser, the tree is a brother to man. He recommends them to the residents of city dwellings as "tree tenants," tenants that pay their rent in the form of oxygen and cooling, of greenery and soothing presence. In Milan, in 1973, he set such "tree tenants" into the façades of several buildings as part of an art action. We see him walk across his own property on the Bay of Islands in New Zealand, carrying a young tree in his backpack, always underway planting thousands and thousands of trees.

This, too, is much more than a symbolic act on the part of the artist who loves nature and propagates a vegetative lifestyle. Even if this may still seem curious in his well-forested native country of Austria, in a global context it is a crucial step against the loss of forests, which are essential for air quality and the water balance of the planet. Even on a very mundane level, the survival of mankind is inextricably linked to trees.

Hundertwasser at Sea

Hundertwasser fulfilled two of his lifelong dreams, after having spent many years preparing himself. One is the dream of New Zealand, Austria's antipode. In this part of the world, far away from Europe, he finally finds refuge in a relatively intact natural environment on his property on the Bay of Islands. And the other—realized more than a decade earlier—is the dream of owning a ship and living on it. We see Hundertwasser

Hundertwasser auf See

Zwei Lebensträume hat sich der Maler Hundertwasser erfüllt, auf die er sich jeweils über Jahre hinweg vorbereitet hatte. Da ist der Traum von Neuseeland, dem Land der – von Österreich aus betrachtet – Antipoden. In diesem Teil der Welt, fernab von Europa, findet er schließlich in relativ unzerstörter Natur ein Refugium auf seinem Land in der Bay of Islands. Und da ist – ein gutes Jahrzehnt davor – der Traum, ein eigenes Schiff zu besitzen und auf diesem zu leben. Wir sehen Hundertwasser am Steuer des alten Salzfrachters, den er nach seinen Vorstellungen umbauen ließ und auf den Namen ‚Regentag‘ taufte – einen der Namen, die er auch sich selbst verlieh.

Das Schiff ‚Regentag‘ als fahrende Behausung wird für ihn zu einem Stück wiedergefundenem Paradies. Auch seine Wohnungen auf dem Festland – seien es die einfachen, einschichtigen Häuser in der Normandie und im österreichischen Waldviertel, sei es das Gärtnerhaus im Giardino Eden auf der Giudecca in Venedig – sie nähern sich alle einer Form von höhlenartiger Behausung, wie sie in der Kajüte seines Schiffes exemplarisch Gestalt angenommen hat. Konsequent erinnert auch seine letzte Wohnung in der Heimatstadt Wien auf dem Dach des KunstHausWien an ein Schiff über dem Häusermeer.

Sein Schiff verkörpert die Freiheit, jederzeit in See stechen, jederzeit weiterreisen zu können, von Kontinent zu Kontinent, in einer globalen Spiralbewegung zu bleiben, wie sie Hundertwassers Lebensweg kennzeichnete, der dann an einem Samstag im Februar des Jahres 2000 auf See – an Bord der Queen Elizabeth 2 im Pazifischen Ozean – zu Ende ging.

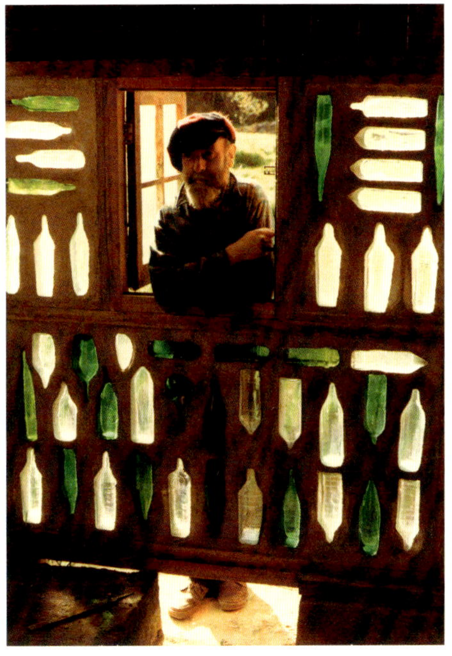

Hundertwasser und sein Bottlehouse in Neuseeland
Hundertwasser and his Bottlehouse in New Zealand
Bay of Islands, Neuseeland | Bay of Islands, New Zealand, 1982
Foto | Photo: Herbert Prasch

at the helm of the old salt freighter, which he had converted according to his own designs and christened *Regentag* (Rainy Day), a name that he gave himself as well.

As a navigable dwelling, the ship *Regentag* became a piece of paradise regained for him. This is also true of his houses on land—whether the plain, one-storey houses in Normandy and in Austria's Waldviertel, or the gardener's house in the Giardino Eden on Giudecca in Venice—all of them approximate the form of a cave-like dwelling, similar to the shape taken by the cabin of his ship. Consequently, his last apartment on the roof of the KunstHausWien in his native city of Vienna is likewise reminiscent of a ship above the sea of houses.

Mit der Mutter

Die letzte Station führt uns zurück an den Anfang. Es ist in den frühen 1970er-Jahren in der Wohnung seiner Kindheit und Jugend am Donaukanal in Wien. Wir sehen Hundertwasser mit seiner Mutter nicht lange vor ihrem Tod. Elsa Stowasser malt an einem großen Bild von Venedig. Sie nimmt so Anteil am Leben ihres berühmten Sohnes, den sie einst alleine aufgezogen und wohlbehalten durch Bürgerkrieg, Krieg und den Terror der Nationalsozialisten gebracht hat.

Die inneren Bilder aus der Märchenwelt seiner Kinderbücher, die Naturbilder der Ausflüge in das Wiener Umland und die nach dem Ende der Schrecken des Krieges aufleuchtenden Farben seiner Welt rettet der Maler Friedensreich Hundertwasser in sein Werk hinüber. Sie verschmelzen zu seiner unverwechselbaren Bildsprache, lassen seine Häuser weithin strahlen und werden zum Träger seiner Mission. Das Vermächtnis der toten jüdischen Verwandten, etwas Bedeutendes im Leben zu schaffen, trägt er mit sich. Der bärtige Mann weiß, dass ihm das gelungen ist. Als er uns zur Tür begleitet, blickt er zu Boden, es liegt ein stilles Lächeln auf seinen Lippen. Draußen im Regen gleitet sein Blick versonnen in die Ferne, streicht über die Hügel von Hundertwassers Welt und über die Landschaften dahinter, die er immer mehr zu einer Welt werden sieht, die durchdrungen ist von seinen Visionen.

His ship epitomizes the freedom to set sail at any time, to continue one's journey at will, from continent to continent, to continue the spiral path across the globe that characterized Hundertwasser's journey throughout his life, a life that ended on a Saturday in February of the year 2000, at sea—on board the *Queen Elizabeth 2* in the Pacific Ocean.

With his Mother

The final stage takes us back to the beginning. It is the early 1970s in the apartment of his childhood and adolescence on the Donaukanal in Vienna. We see Hundertwasser with his mother, not long before her death. Elsa Stowasser is working on a large-scale painting of Venice. In this way she takes an active interest in the life of her famous son, whom she once reared by herself and led safely through civil war, war and the terror of the National Socialists.

The inner images of the fairy-tale world of his children's books, the images of nature from his trips to the Vienna countryside, and the colors of his world that lit up after the horror of the war had ended: all these are preserved by the painter Friedensreich Hundertwasser in his work. They conflate into his distinctive visual language, let his buildings shine bright and far and become the bearers of his mission. The legacy of his dead Jewish relatives, to create something important in life, he carries with him. The bearded man knows that he has succeeded in this. When accompanying us to the door, he looks down, his lips forming a quiet smile. Outside, in the rain, he gazes dreamily into the distance, out over the hills of Hundertwasser's world and across the landscapes beyond, which he sees as a world increasingly informed by his visions.

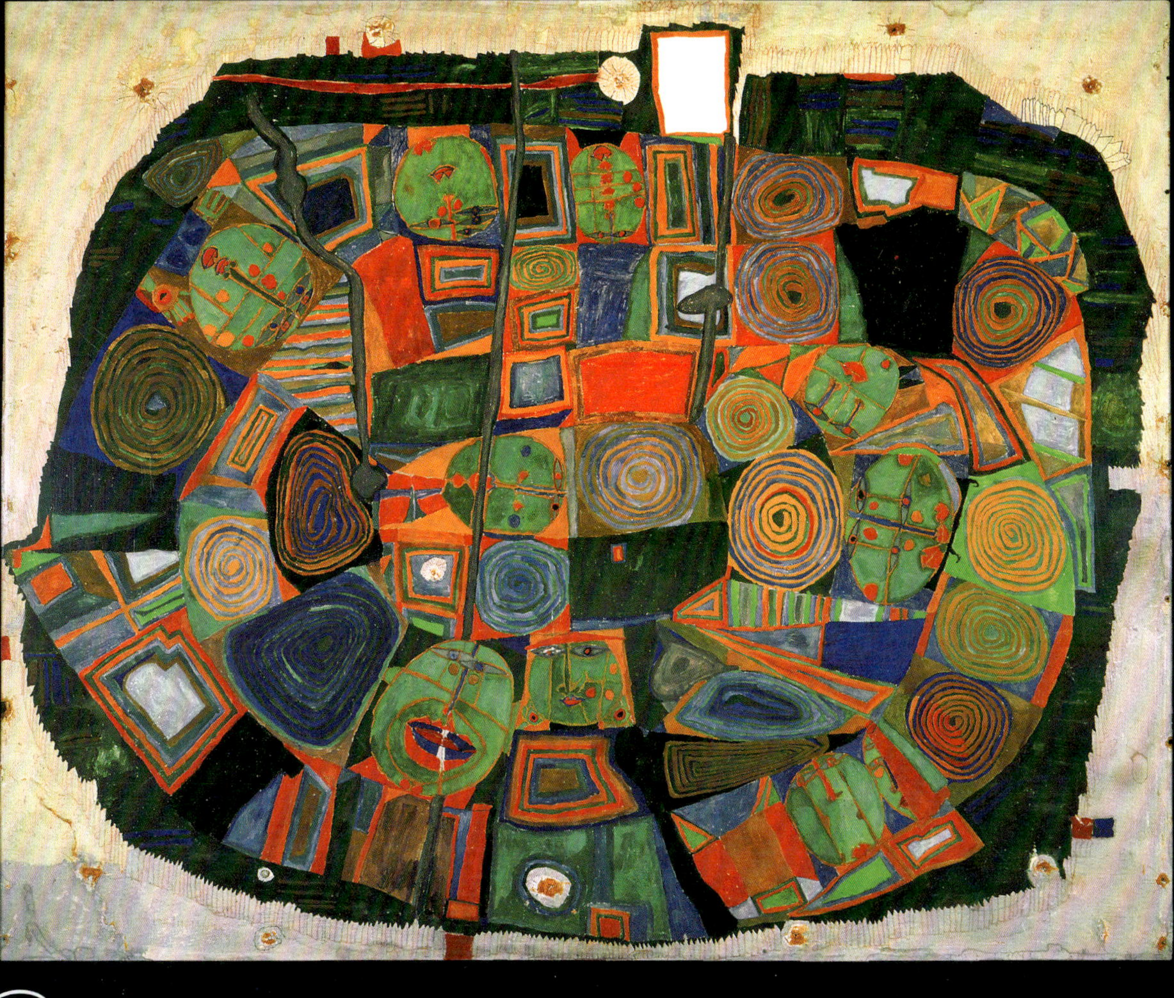

Der Garten der glücklichen Toten
The Garden of the Happy Dead
Saint-Maurice | Saint-Maurice, 1953

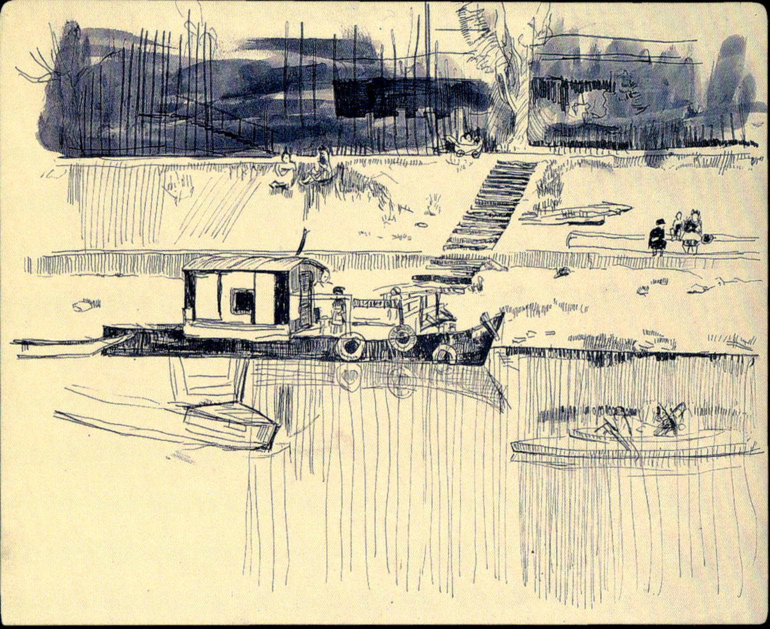

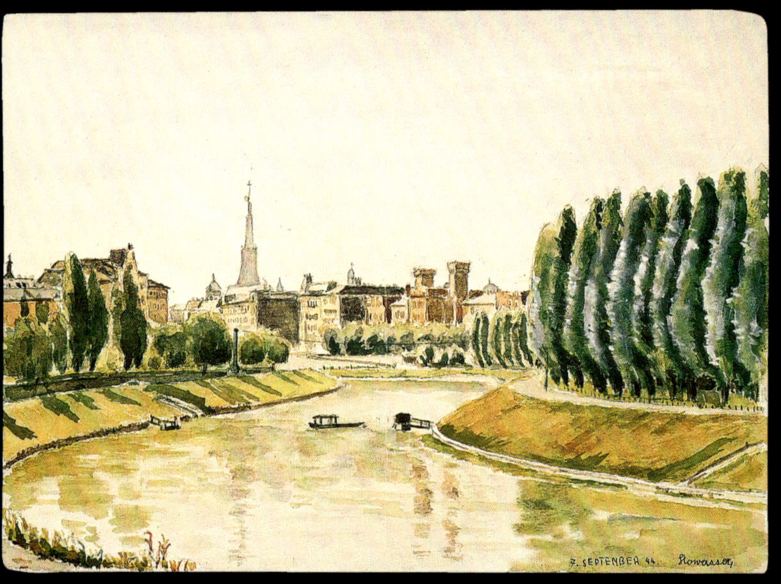

JW 211 / (50) **Überfuhr über den Donaukanal**
Ferry Across the Danube Canal
Wien | Vienna, 1949

JW 55 / (6) **Donaukanal mit Überfuhr, Rossauer Kaserne und Stephansturm**
Danube Canal with Ferry, Rossau Barracks and Tower of St. Stephan's
Wien | Vienna, 1944

Aus Stowasser wird Hundertwasser – Eine Welt nimmt Farbe an

Als im Frühjahr 1945 die Herrschaft der Nationalsozialisten und der Zweite Weltkrieg zu Ende gehen, verändert sich auch die Welt des 17-jährigen Friedrich Stowasser. Die graue Welt beginnt für ihn Farbe anzunehmen – und Farbe wird ein Charakteristikum seines Werkes werden. Die Verwandtschaft seiner jüdischen Mutter war während des Holocaust ermordet worden, er selbst diesem Schicksal nur knapp entgangen. Zur Mutter Elsa Stowasser, die ihn alleine großzog, bleibt eine lebenslange enge Bindung bestehen. Die ermordeten Verwandten leben in seiner Mission fort, etwas Besonderes im Leben zu tun.

1949 ändert Friedrich Stowasser, dessen Begabung schon früh sichtbar wurde, seinen Namen in ‚Hundertwasser' und entschließt sich, Künstler zu werden. Ein Studium der Malerei bei Robin Christian Andersen an der Akademie der bildenden Künste in Wien bricht er rasch ab; er tritt seine erste lange Reise an. Er soll für den Rest seines Lebens ein Reisender bleiben, zu Hause auf verschiedenen Kontinenten und Meeren.

Stowasser Becomes Hundertwasser— A World Takes on Color

When National Socialist rule and World War II come to an end in the spring of 1945, the world changes for 17-year-old Friedrich Stowasser as well. A world previously grey starts to take on color for him—and color becomes an essential feature of his work. The relatives of his Jewish mother had been murdered in the Holocaust, a fate he himself only barely escaped. Throughout his life, he will remain particularly close to his mother, Elsa Stowasser, who had raised him on her own. The murdered relatives live on in his mission to do something special in life.

From 1949 on, Friedrich Stowasser, whose artistic talent had become evident at an early age, calls himself "Hundertwasser," deciding to become an artist. He begins attending painting classes at the Academy of Fine Arts in Vienna under Robin Christian Andersen, but he soon abandons his studies and embarks on his first extended journey. For the rest of his life he will remain a polyglot traveler and be at home on various continents and seas.

Hundertwasser mit seiner Mutter
im Museum des 20. Jahrhunderts
Hundertwasser with his mother at
the Museum of the 20th Century
Wien | Vienna, 1972
Foto | Photo: Gabriela Brandenstein

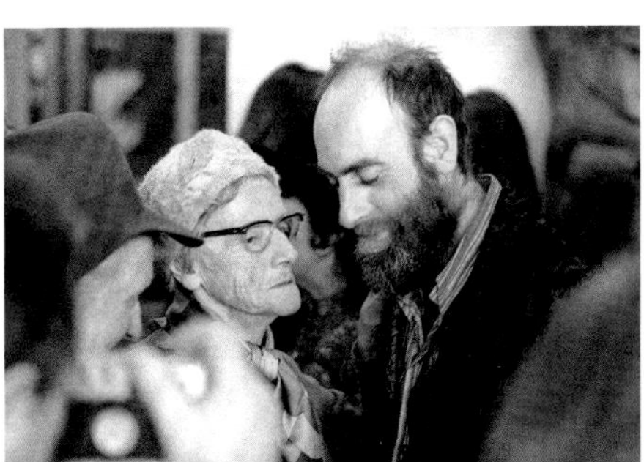

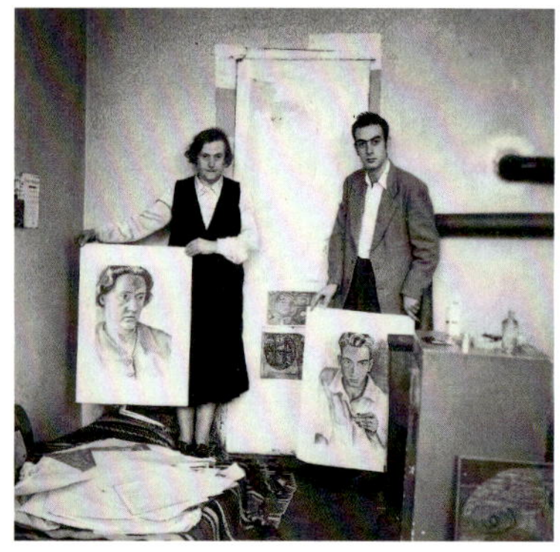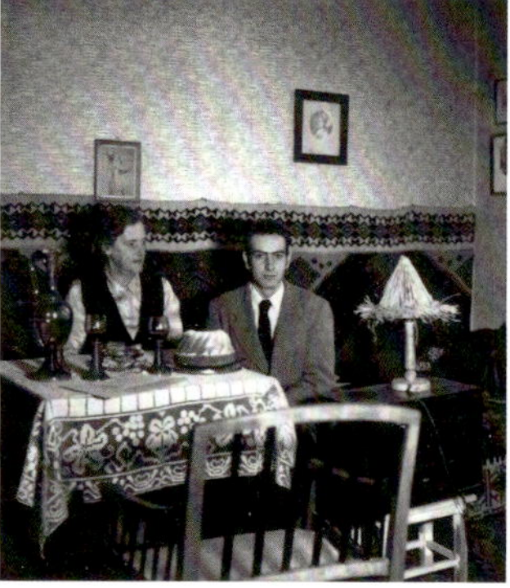

Hundertwasser mit seiner Mutter in der Wohnung
in der Oberen Donaustraße in Wien
Hundertwasser with his mother in the apartment
on Obere Donaustrasse in Vienna
Wien | Vienna, circa 1954/1955

Hundertwasser mit seiner Mutter in der Wohnung
in der Oberen Donaustraße in Wien
Hundertwasser with his mother in the apartment
on Obere Donaustrasse in Vienna
Wien | Vienna, circa 1954/1955

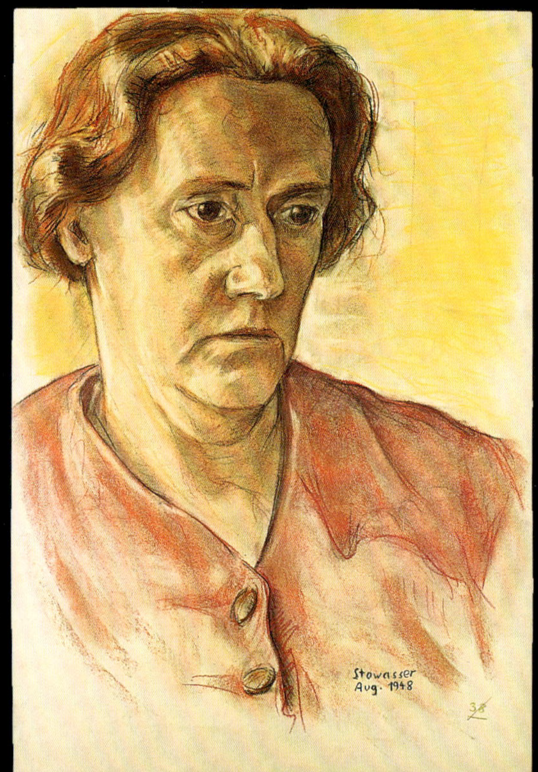

JW 136 / ㉙ **Portrait meiner Mutter**
Portrait of My Mother
Wien | Vienna, 1948

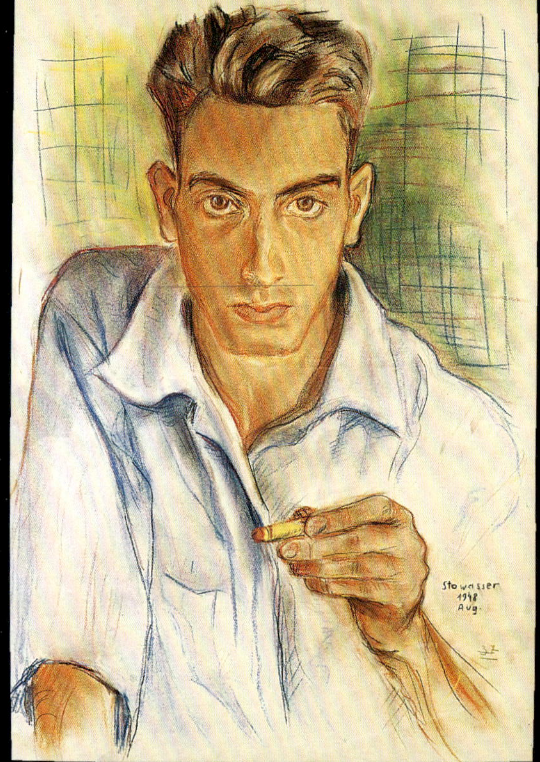

JW 135 / ㉘ **Selbstportrait**
Self-Portrait
Wien | Vienna, 1948

Walter Koschatzky

Die Anfänge

[Seinen] Oeuvre-Katalog begann der Künstler
... mit einer Zeichnung *Nr. I Radio in Perspektive gezeichnet,* die er in den Tagen des Februar-Aufstandes 1934 in Wien, also als Fünfjähriger, hergestellt hatte. Zwar muss er das Blatt als verschollen bezeichnen, doch bemerkenswert daran ist die angegebene Motivation. Er nennt den Anlass für seine Zeichnung »Um meine Mutter zu beeindrucken«. Schon diese erste Notiz also führt uns zu einem entscheidenden Aspekt seines Charakterbildes. Gewiss auch mit dem frühen Tod des Vaters in Zusammenhang, hatte er sich von Jugend an sehr stark zur Mutter hin orientiert. Nach 1938 aber waren es dann wohl die Schicksale der Familie seiner jüdischen Mutter in der Hitlerzeit, die das so enge Band auch als eine innere Beziehung besonderer Art hatten entstehen lassen. ...

Das Kriegsende im Jahr 1945 war in Wien auch für den heranwachsenden Friedrich Stowasser von einschneidender Bedeutung. Es fiel mit dem Entschluss zusammen, Maler zu werden. Ein Künstler und Lehrer von großer Bedeutung für die österreichische Kunst, Herbert Boeckl, hatte, nachdem er ein Aquarell des jungen Schülers gesehen hatte, Frau Stowasser davon überzeugt, dass es für den Sohn nur diesen einen Weg geben dürfe.

... Gewiss war es auch mehr als eine Äußerlichkeit, dass sich der Zwanzigjährige nun

The Beginnings

The artist started [his] catalogue raisonné ... with a drawing, *No. I Radio Drawn in Perspective,* which he had created during the 1934 February Uprising in Vienna, that is, at age five. Although he was forced to designate this work as lost, it is nevertheless remarkable because of what he cites as his motivation. Hundertwasser writes that his drawing was motivated by a desire "to impress my mother." This first remark already leads us to a crucial aspect of his character. Doubtlessly linked to the early death of his father, he started to gravitate markedly towards his mother at an early age. After 1938, it was quite likely the fate of his Jewish mother's family during the Hitler era that caused this strong bond to grow into a special kind of inner relationship. ...

Hundertwasser bei seiner Mutter in Wien
(Filmstill aus *Hundertwassers Regentag* von Peter Schamoni)
Hundertwasser visiting his mother in Vienna
(film still from *Hundertwassers Regentag* by Peter Schamoni)
Wien | Vienna, 1972
Foto | Photo: Peter Schamoni

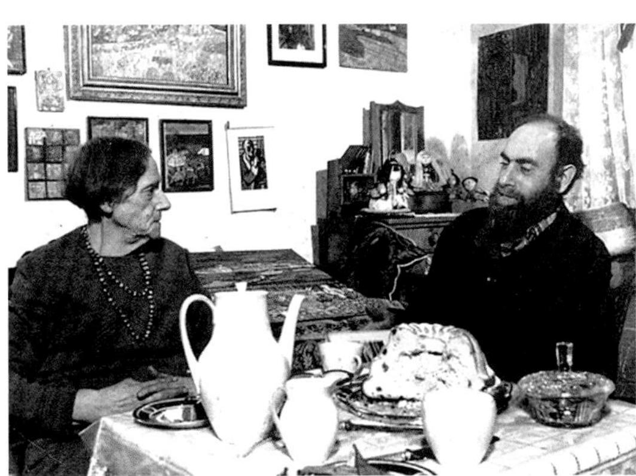

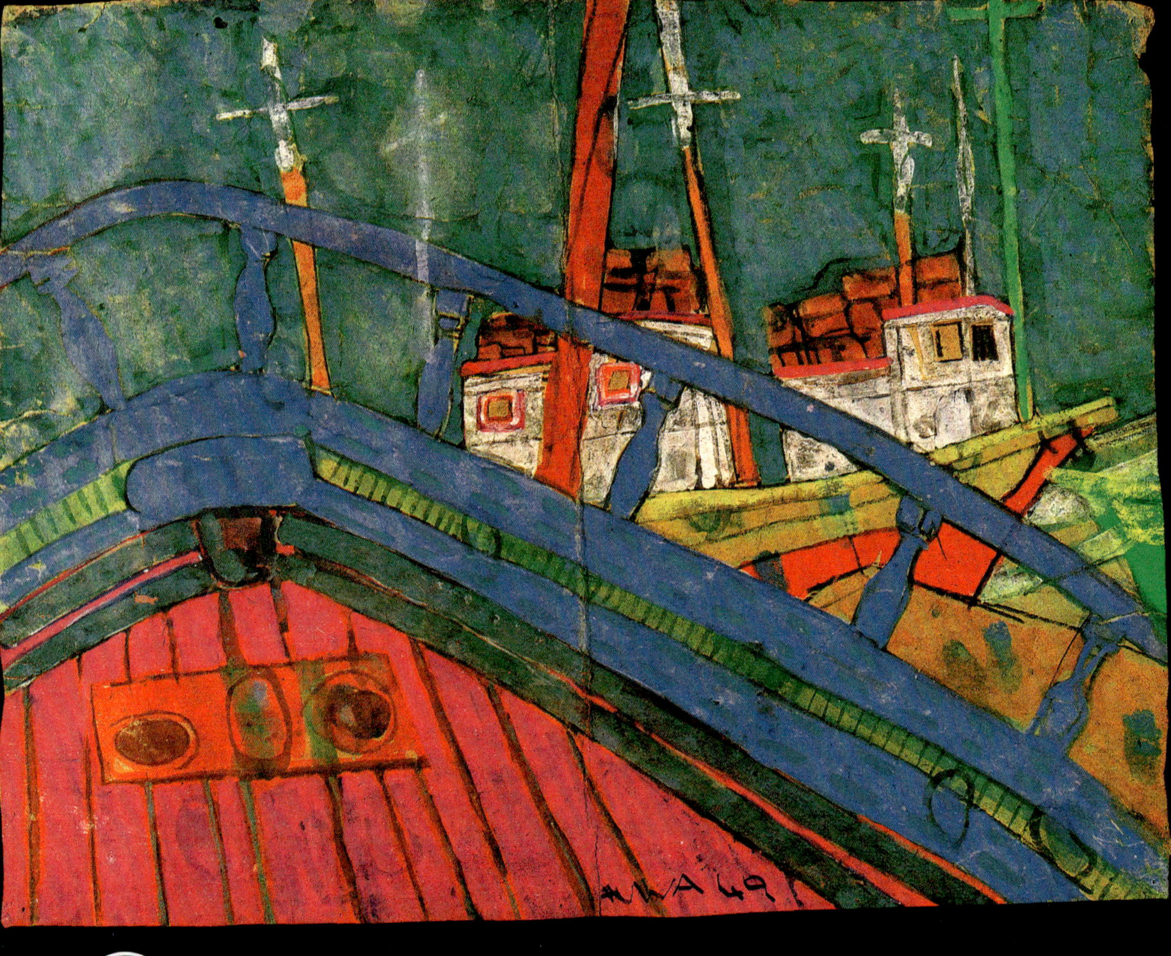

JW 269 / 73
Fischerboote im Regen
Fishing Boats in the Rain
Palermo | Palermo, 1949

1949 entschließt, seinen Namen zu ändern. Er übersetzt die Silbe Sto einfach wörtlich in Hundert und so begann deutlich eine neue Lebensphase.

… [Auf seiner zweiten Reise nach Italien im Juli 1949, Anm. d. Hrsg.] sollte er die entscheidenden Begegnungen finden. Da ist zunächst ein Begegnen von Kunstwerken, die ihn faszinieren; mit Fresken in Assisi, aber auch mit einfachen Keramikkacheln, die zerrinnende Farben zeigen, in einem kleinen Lokal in Rom. Seine Augen beginnen sich zu öffnen. Er begegnet aber dann in Florenz jungen Franzosen, unter ihnen dem Maler René Brô; beide erkennen rasch, wie nahe sich ihre Wege sind. Sie wandern von da an gemeinsam nach dem Süden, erreichen schließlich Sizilien, und eine bleibende Freundschaft hatte begonnen. Seinem Freund folgt Hundertwasser im Herbst 1949 nach Paris, er wird bis Juli 1950 hier bleiben. Diese Lebensphase schließt ganz klar das Frühwerk ab.

Aus: *Walter Koschatzky, Stowasser 1943 – Hundertwasser 1974* (Ausst.-Kat. Wien, Albertina), Wien 1974

The end of the war in 1945 was also of decisive importance for the adolescent Friedrich Stowasser in Vienna. It coincided with his decision to become a painter. After seeing a watercolor done by the schoolboy, Herbert Boeckl, an artist and teacher of central importance to Austrian art, convinced Mrs. Stowasser that this was the only path for her son to follow.

… Surely, it was again more than just a formality for the twenty year-old to decide to change his name in 1949, by simply translating the syllable Sto [Russian for "hundred"] literally into Hundert, thus clearly beginning a new phase of his life.

… [His second trip to Italy in July of 1949; editor's note] held decisive encounters in store for him. First, he was to encounter works of art that fascinated him: frescoes in Assisi, but also simple ceramic tiles displaying a wash of color in a small restaurant in Rome. His eyes were gradually opening. Then, in Florence, he met some young Frenchmen, among them the painter René Brô; both quickly realized how close their paths were. From then on they made their way south together, eventually reaching Sicily, and an abiding friendship was born. In the fall of 1949, Hundertwasser followed his friend to Paris, where he stayed until July of 1950. This phase of his life clearly marked the end of his early career.

From: Walter Koschatzky, *Stowasser 1943– Hundertwasser 1974*, ex. cat. (Vienna: Albertina, 1974)

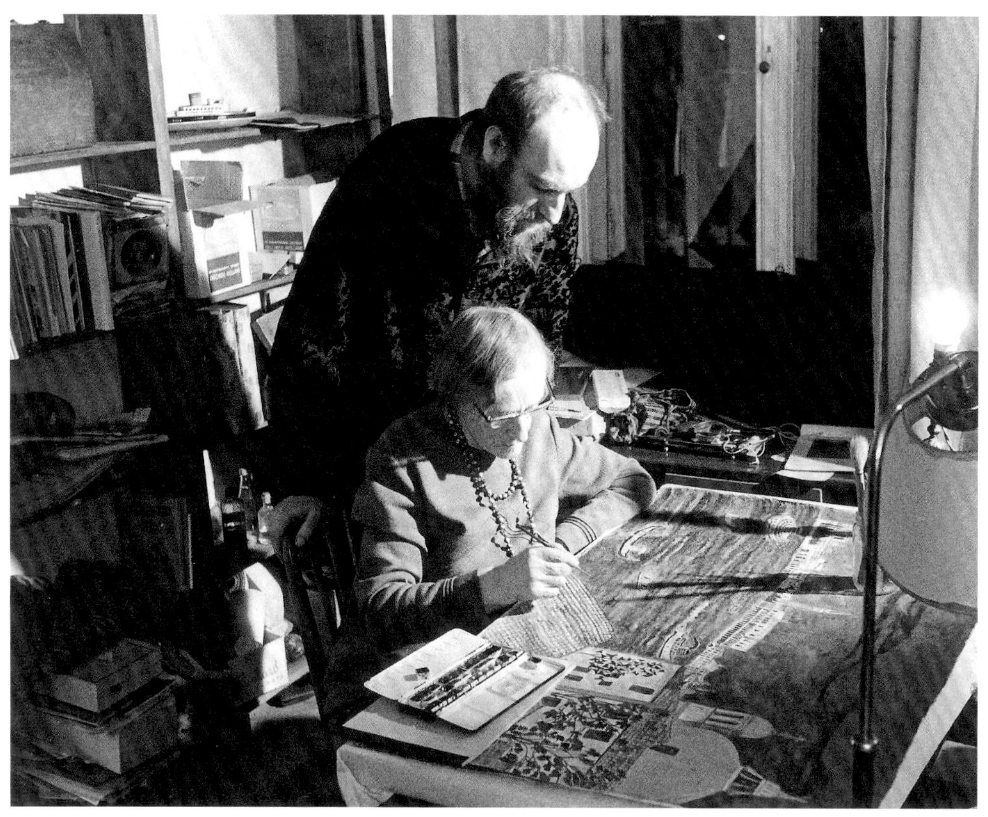

Hundertwasser bei seiner
malenden Mutter in Wien
(Filmstill aus *Hundertwassers
Regentag* von Peter Schamoni)
Hundertwasser visiting his mother,
who is painting, in Vienna
(film still from *Hundertwasser's
Rainy Day* by Peter Schamoni)
Wien | Vienna, 1971
Foto | Photo: Peter Schamoni

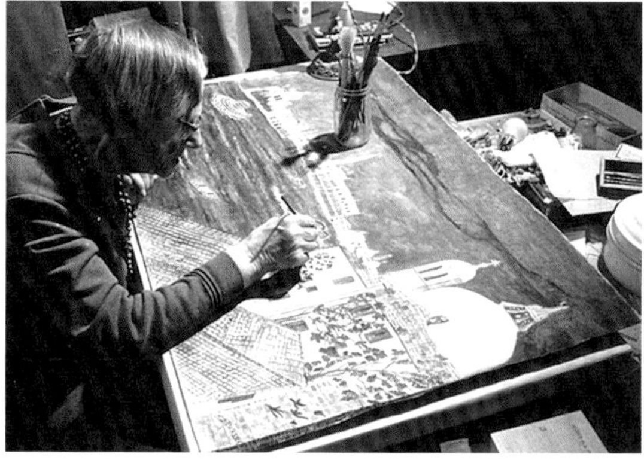

Hundertwassers Mutter Elsa Stowasser beim Malen
Hundertwasser's mother, Elsa Stowasser, painting
Wien | Vienna, 1971
Foto | Photo: Peter Schamoni

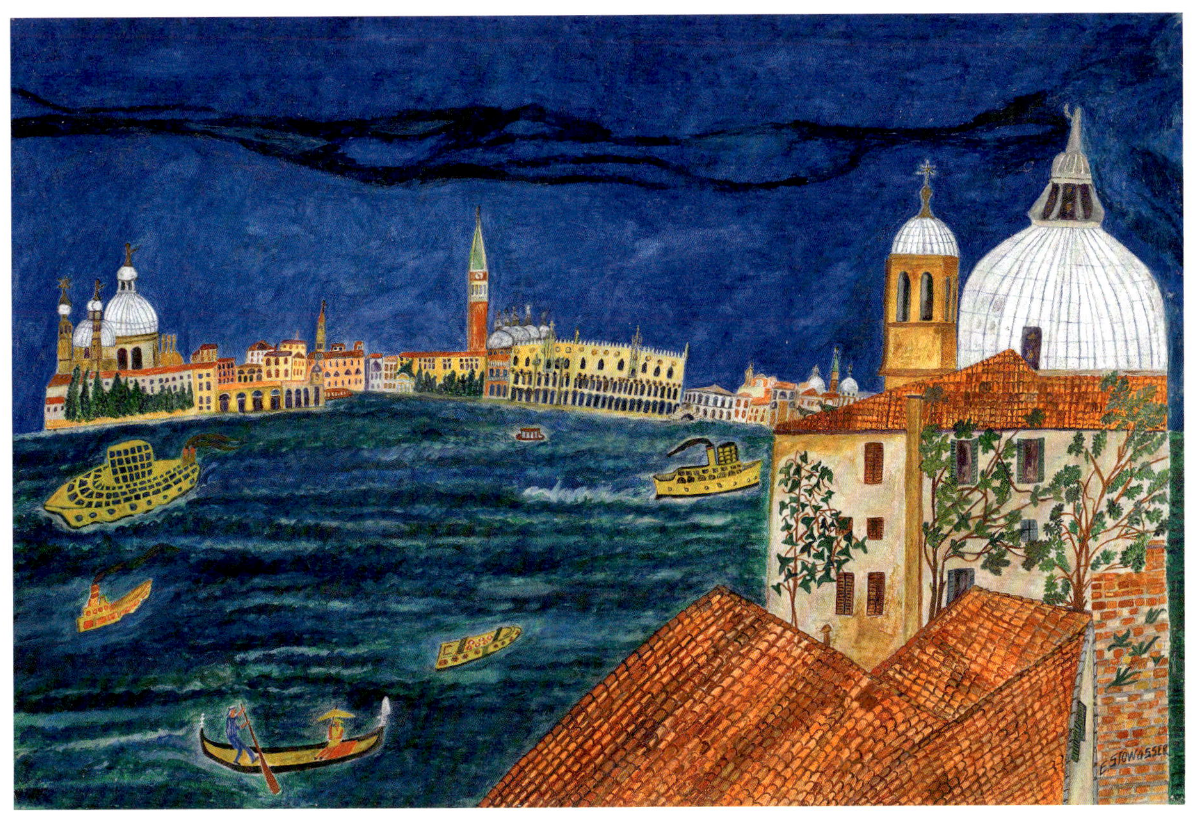

Elsa Stowasser
Venedig
Venice
Wien | Vienna, 1972

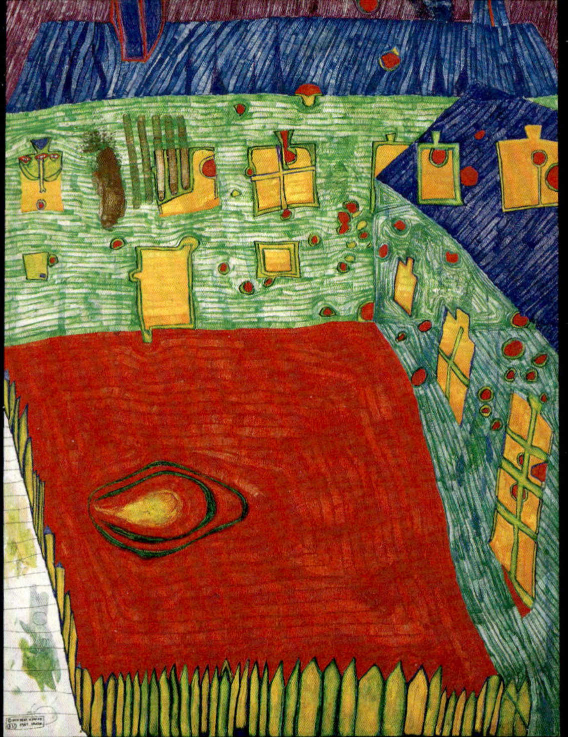

(531) **Judenhaus in Österreich**
Jew's House in Austria
Venedig | Venice, 1961

Ich habe das Gefühl
als ob all die Ermordeten
Menschen aus der Familie
meiner Mutter mich dazu
ausersehen und beauftragt
haben etwas Bedeutendes
zu tun, das so stark und gross
stärker und grösser
sein soll als das was sie
alle zusammen hätten tun können,
würden sie noch leben

Verfasst anlässlich einer Ausstellung zu den Bücherver-
brennungen vom 10. Mai 1933, veranstaltet von der
Israelitischen Kultusgemeinde (Wien, Internationales Kult
zentrum Annagasse), Wien 24. April – 30. Juni 1979

I have this feeling
as if all those murdered
people from my mother's family
have chosen and appointed me
to do something significant
that should be powerful and great,
more powerful and greater
than what they all together
could have done,
were they still alive

Composed on the occasion of an exhibition
commemorating the book burnings of May 10, 1933,
organized by the Israelitische Kultusgemeinde (Jewish
Religious Community) at the Internationales Kultur-
zentrum Annagasse, Vienna, April 24 to June 30, 1979

Ich habe das Gefühl
als ob all die verstorbenen
Menschen aus der Familie
meiner Mutter mich dazu
ausersehen und beauftragt
haben etwas Bedeutendes
zu tun das so stark und groß
sein soll als das was sie
alle zusammen hätten tun können,
würden sie noch leben

Hildebrandtscher Roman
23. März 1979

Stärker und größer

Friedensreich Hundertwasser mit selbstgemachten Schuhen
Friedensreich Hundertwasser wearing shoes of his own making
Wien | Vienna, circa 1952
Foto | Photo: Helmut Baar

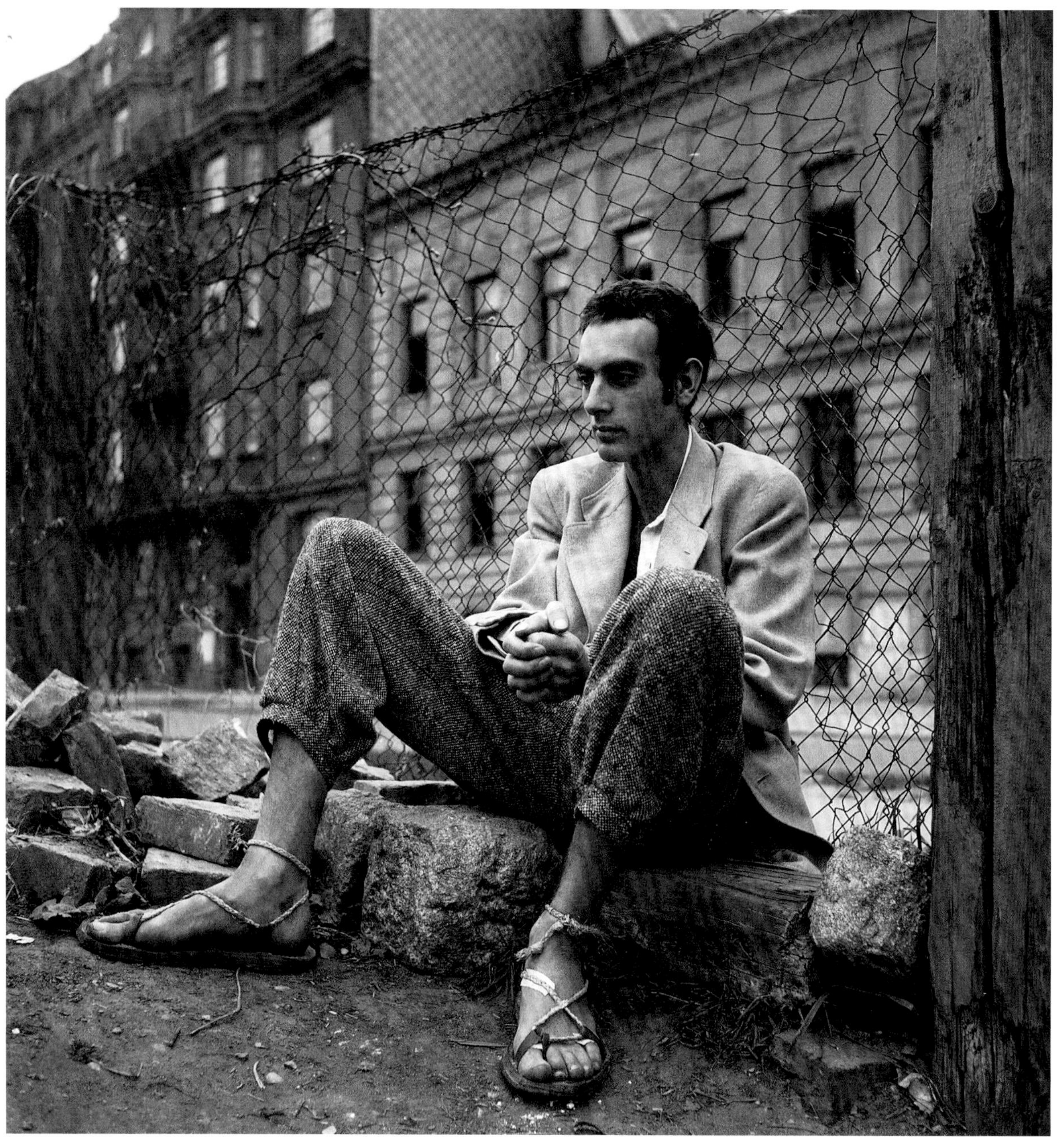

Der junge Maler Hundertwasser

Ich sah Hundertwasser auf dem Gang zur
Aula, mit einer Mappe unter dem Arm, ein
magerer Bursche. Er hatte etwas Schlottern-
des, Schlenkerndes in allen Bewegungen
und in seinen Augen den sanften Glanz des
unbedingten Glaubens an eine wunderbare
Kunst, die alle verstehen können, die alle
ergreifen kann, die alle machen können.
Und so sprach er auch von seiner Malerei,
wie der Tor vom Paradies. Seine Einfalt und
Bestimmtheit waren, wie die Sicherheit jener
scheinbar unbeholfenen Linien, die er zog,
von bezwingender Stärke, vor allem aber
waren es die aus Egon Schieles Vermächtnis wiedergeborenen Farben seiner Blätter
und jene an Paul Klee erinnernde Sensibilität
der Stilisierung von Mensch und Landschaft,
die mir so ungemein gefielen.

Ernst Fuchs

Aus: Ernst Fuchs, „Der Freund H.", in:
Stowasser 1943 – Hundertwasser 1974
(Ausst.-Kat. Wien, Albertina), Wien 1974

The Young Painter Hundertwasser

I saw Hundertwasser in the hallway leading
to the auditorium; he was carrying a portfolio under his arm—a gaunt fellow. His
movements had something slouchy and
dangly about them and the subtle radiance
in his eyes reflected his unconditional belief
in an art so miraculous that everyone would
be able to understand it, be moved by it and
create it. That's also the way he talked about
his paintings, like a fool describing paradise.
His single-mindedness and determination
were compelling, like the certainty of those
seemingly awkward lines he drew, but what
appealed to me most of all were his colors,
which seemed to have been born of Egon
Schiele's legacy, as well as his sensitive styl-
ization of man and landscape, which was
reminiscent of Paul Klee.

Ernst Fuchs

From: "Ernst Fuchs, Der Freund H.," in
Stowasser 1943–Hundertwasser 1974,
ex. cat. (Vienna, Albertina, 1974)

Ich liebe Schiele
(1950/1951)

Ich liebe Schiele, Picasso und Klee und ihresgleichen und Giotto, die
Alten und ihresgleichen. Doch dazwischen und sonst ist gähnende Leere.
Das Einfache ist weit noch. …

Ich werde die Farbe so reich hinsetzen, wie die Häuser hier zusammen-
stehen in Grau und Grün. …

Eine Malerei von dir ist nur dann gut, wenn sie mehr sagen kann als die
Zeichnungen der Kinder, gleich schön ist wie die Formen der gepflügten
Felder und wie die Menschen und Mädchen, die dir entgegengehen und
fast so schön wie die Blätter der Bäume und Gräser, wie die Blumen.

Aus: Friedensreich Hundertwasser, „Ich liebe Schiele“,
aus den Tagebüchern 1950/1951

I Love Schiele
(1950/1951)

I love Schiele, Picasso and Klee and their ilk, and Giotto, the old masters
and the like. But in-between and besides them there is a yawning empti-
ness. The simple is still broad. …

I will place the color as opulent as the houses here stand together in gray
and green. …

A painting by you is good only when it can say more than the drawings
of children, when it is equally beautiful as the appearance of ploughed
fields and human beings and girls who come towards you, and almost as
beautiful as the leaves of trees and grass, as the flowers.

From: Friedensreich Hundertwasser, "Ich liebe Schiele,"
from his diaries (1950/1951)

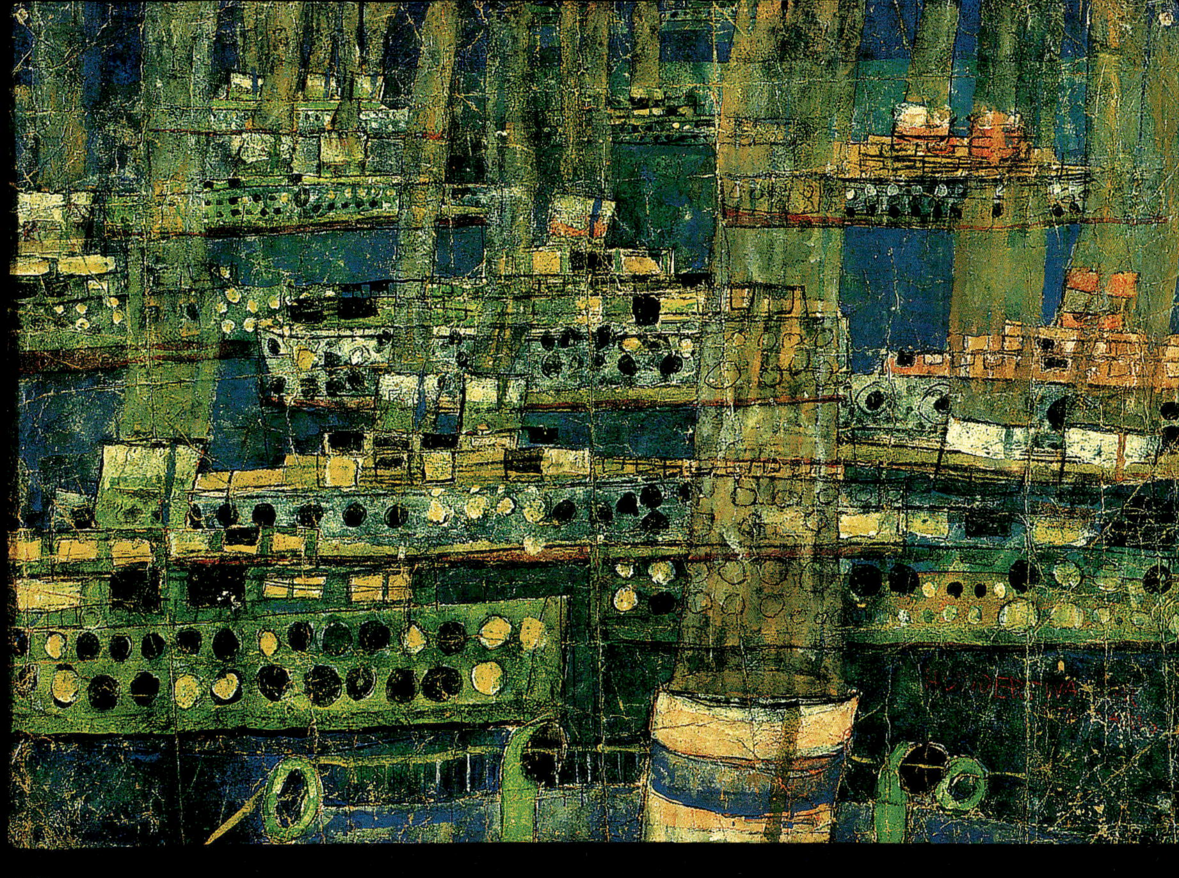

Singende Dampfer I
Singing Steamers I

Europäer der sich seinen Schnurbart hält
European Twirling His Moustache
Bürgeralm, Aflenz | Bürgeralm, Aflenz, 1951

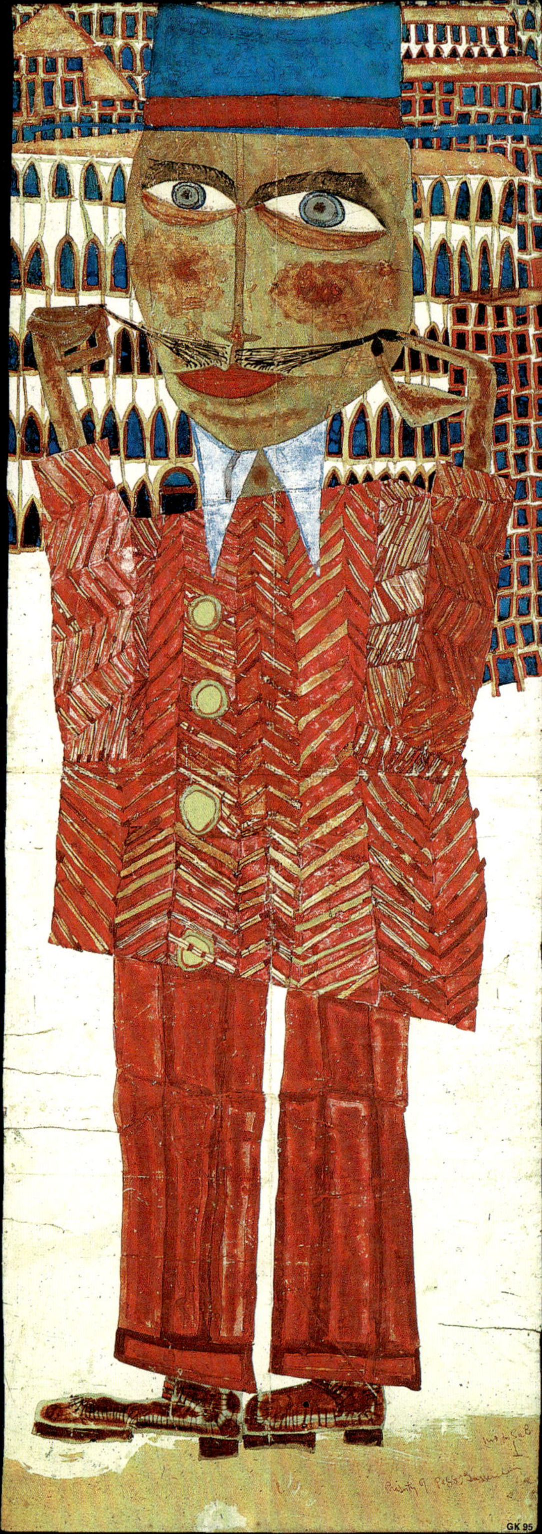

2

Kunstszene im ‚Strohkoffer'

The Art Scene at the "Strohkoffer"

Es ist ein Treffpunkt der Kunstszene in der Wiener Nachkriegszeit, wo Hundertwasser seine erste relevante Ausstellung hat: Der ‚Strohkoffer' unter der American Bar von Adolf Loos, das Quartier des Art Club, in dem sich Künstler des Fantastischen Realismus und des Informel versammeln. Zwar bleibt Hundertwasser ein Außenseiter, jedoch hat er hier 1952 und 1953 gleich zwei Ausstellungen. Seine Werke – namentlich das Bild *Europäer, der sich seinen Schnurbart hält* – sorgen für Kontroversen.

Sein späterer Stil ist bereits erkennbar, 1953 malt er zudem seine erste Spirale. Schon in diesen Bildern finden sich Häuser, auf denen Bäume wachsen. Jahrzehnte später wird Hundertwasser solche Gebäude fordern und schließlich selbst gestalten. In seinen Texten zeichnen sich bereits Duktus und Themen seiner späteren Manifeste ab. Im ‚Strohkoffer' begegnet Hundertwasser dem Kunsthistoriker Wieland Schmied, der jene Monografie über ihn verfassen wird, die ein halbes Jahrhundert später Teil seines Werkskataloges ist.

It is a haunt of the art scene in postwar Vienna, the site of Hundertwasser's first notable exhibition: the so-called "Strohkoffer," in the basement beneath the American Bar designed by Adolf Loos, then home of the Art Club, where artists of Fantastic Realism and Art Informel would gather. Although Hundertwasser remains an outsider, he still stages two exhibitions at the "Strohkoffer," one in 1952 and one in 1953. His works, notably the painting *European Twirling His Moustache,* trigger heated controversy.

What was later to become his characteristic style is already evident; in 1953 he also paints his first spiral. Even in these early paintings we find houses with trees growing on them. Decades later, Hundertwasser will be calling for such buildings and eventually design them himself. Texts he writes during this early period in Vienna already reveal the characteristic style and subjects of his later manifestoes and speeches. At the "Strohkoffer," Hundertwasser also meets the young art historian Wieland Schmied, who will write, among other things, the monograph on him that—half a century later—is part of his catalogue raisonné.

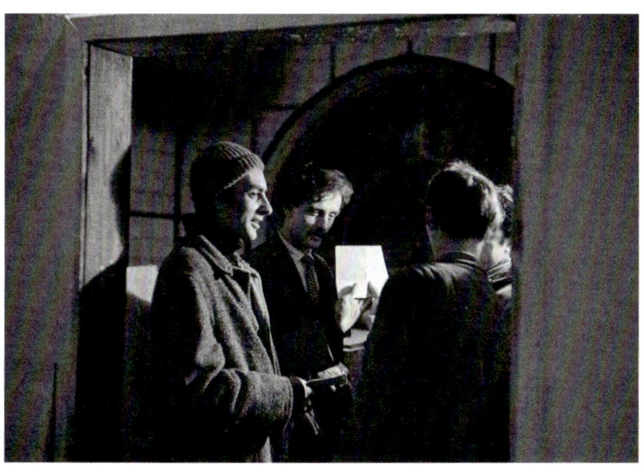

Hundertwasser im ‚Strohkoffer'
Hundertwasser at the "Strohkoffer"
Wien | Vienna, 1952
Foto | Photo: Erich Lessing

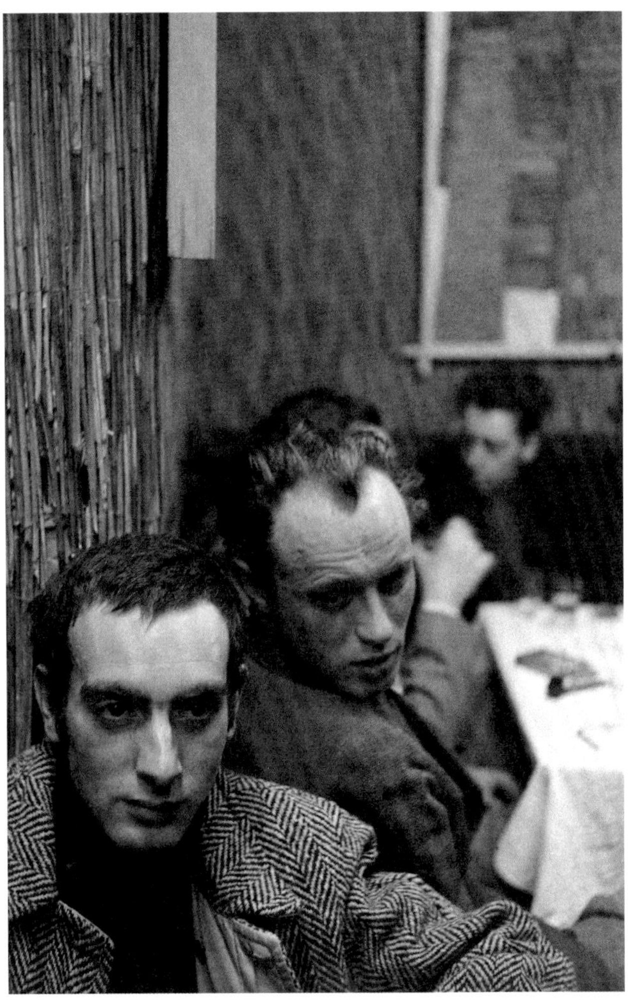

Hundertwasser im ‚Strohkoffer‘
vor seinem Bild
Neunundneunzig Köpfe
Hundertwasser at the "Strohkoffer"
in front of his painting
Ninety-Nine Heads
Wien | Vienna, 1952
Foto | Photo: Erich Lessing

Hundertwasser im ‚Strohkoffer‘ genannten Lokal
des Art Club im Kärntner Durchgang in Wien
Hundertwasser at the so-called "Strohkoffer,"
the home of the Art Club on Kärntner Durchgang
in Vienna
Wien | Vienna, 1952
Foto | Photo: Erich Lessing

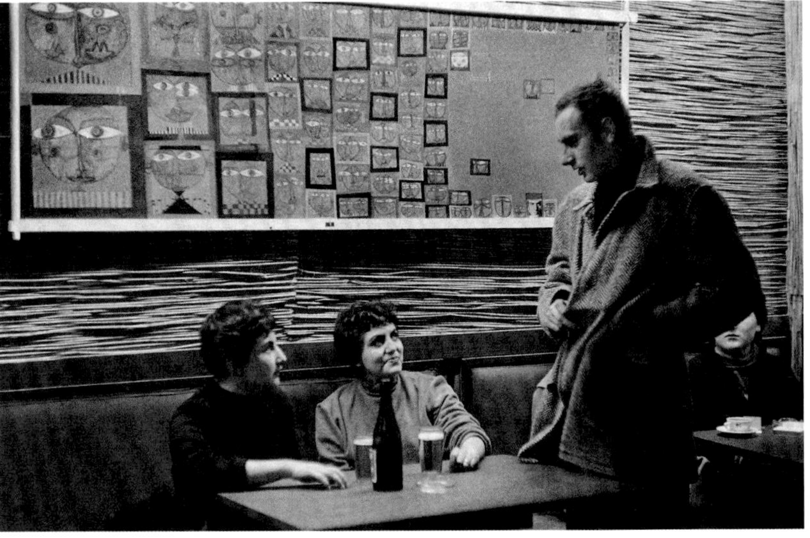

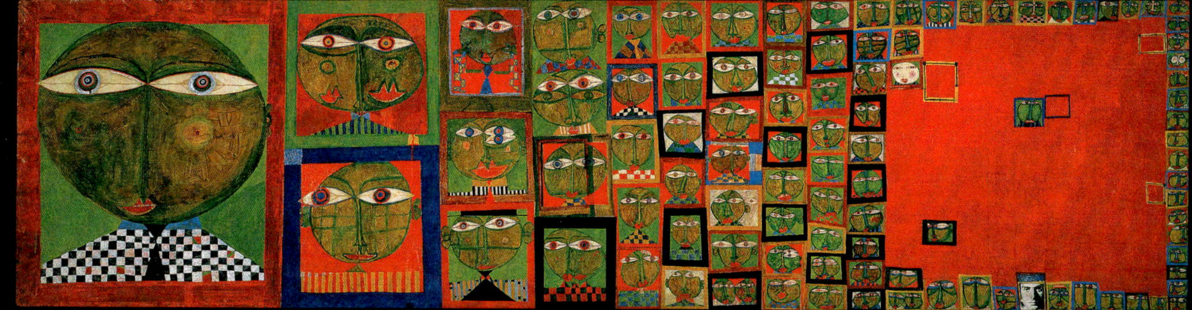

(134) **Neunundneunzig Köpfe – Beiordnung von 99 Köpfen**
Ninety-Nine Heads
Wien | Vienna, 1952

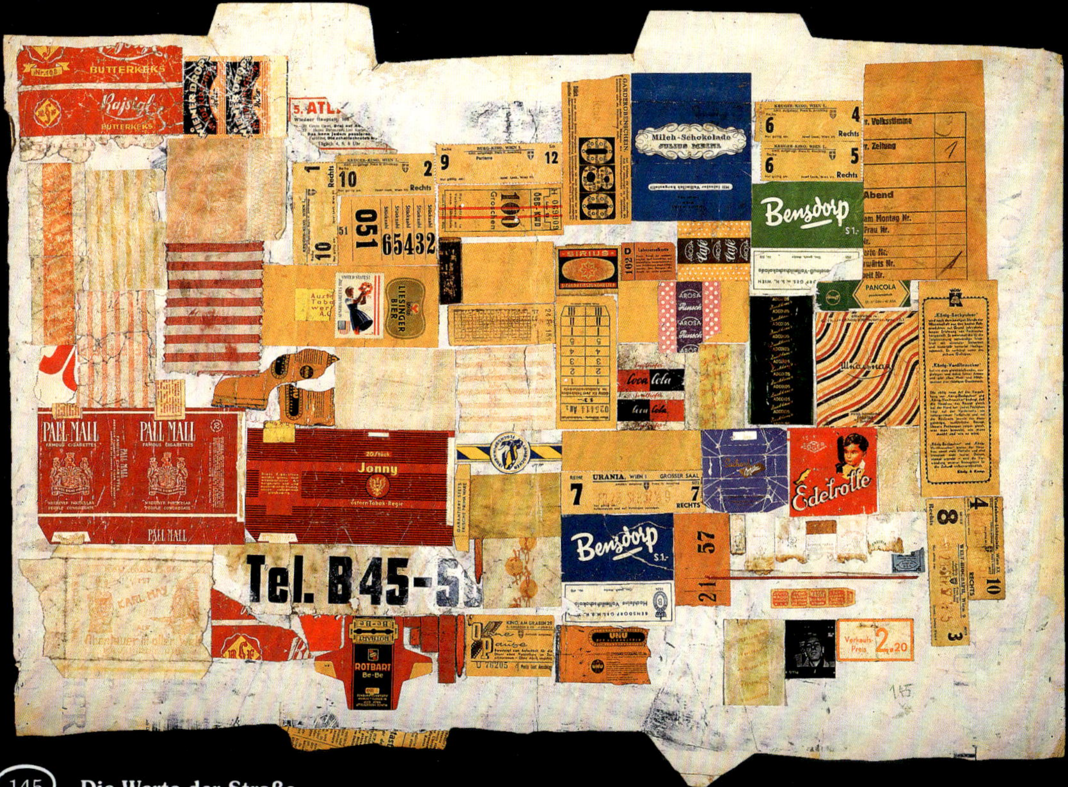

(145) **Die Werte der Straße**
Values of the Street
Wien | Vienna, 1952

Ich hatte dann meine Ausstellung dort [im Art Club, Anm. d. Hrsg.] und wartete verzweifelt auf
Leute, die sich dafür interessierten. Es kam aber kaum jemand. Ich hatte immerhin zusätzlich
zu meinen Bildern noch Postkarten zu verkaufen. Ich hatte damals schon großes Talent, meine
Bilder in Form von Reproduktionen, als Postkarten und in Katalogen unter die Leute zu bringen.
Für meine erste Ausstellung gab es keinen Katalog, aber eine Postkartenserie, aus der ab und zu
eine gekauft wurde. Eine Postkarte kostete drei Schilling. Mit dem Geld konnte ich mir dann eine
Burenwurst kaufen. ...
Ich habe in der ‚Strohkoffer'-Galerie des Art Clubs etliche Bilder ausgestellt, die ich zu meinen
Hauptwerken rechne: *Wenn ich eine Negerin hätte, würde ich sie lieben und malen,* 1951 in
Aflenz gemalt, die *Beiordnung von neunundneunzig Köpfen.* Ich wollte diese hermetische Reihe
symbolisieren, und es war auf diesem Bild das erste Mal, dass ich diese koboldartigen Köpfe
machte, die ursprünglich von René Brô sind. ... Ich habe mich damals schon sehr für Schiffe
interessiert, für Bullaugen und Wellen. Ein nächstes Hauptwerk: *Singende Dampfer.* Die Rauch-
fahnen steigen senkrecht auf aus den verschiedenen Dampferschloten. Also hat jeder Dampfer
eine Stimme, und diese Stimmen zusammen ergeben ein Lied. ... Ich habe bereits 1951, das
muss man sich nur vorstellen, bepflanzte Häuser gemalt, Bäume auf Wolkenkratzern. Man kann
also nicht abstreiten, dass ich diese Idee schon sehr früh verfolgt habe, aber das war damals
eher instinktiv.

Aus: Friedensreich Hundertwasser, „Ich hatte wenig mitzureden", geschrieben 1980 für:
Otto Breicha (Hrsg.), *Der Art Club in Österreich – Zeugen und Zeugnisse eines Aufbruchs,* Wien 1981

My Exhibition at the Art Club

Then I had my exhibition there [at the Art Club, editor's note] and waited desperately for people
who would be interested in it. However, hardly anybody showed up. After all, I had not only
my paintings to sell, but also postcards. Even back then I had a great talent for disseminating
my paintings in the form of reproductions, as postcards and in catalogs. There was no catalog
accompanying my first exhibition, but there was a series of postcards, from which every now
and then one was bought. A postcard cost three schillings. With that money I could then go and
buy myself a *burenwurst.* ...
At the Art Club's "Strohkoffer" gallery I showed several paintings that I rate among my most important works: *Wenn ich eine Negerin hätte, würde ich sie lieben und malen* (If I had a Negress,
I Would Love Her and Paint Her), painted in Aflenz in 1951, *Beiordnung von neunundneunzig
Köpfen* (The Coordinateness of Ninety-Nine Heads). I wanted to symbolize this hermetic sequence,
and in this painting it was the first time that I created those puckish heads that were originally
René Brô's. ... Even then I was very interested in ships, in portholes and waves. A next major work:
Singende Dampfer (Singing Steamboats). The trails of smoke rise vertically from the steamboats'
chimneys. Each steamboat thus has a voice, and together these voices add up to a song. ...
Just think, I was already painting houses with vegetation planted on them and trees on skyscrapers
as early as 1951. It is thus undeniable that I pursued this idea very early on, even if it was more
intuitive at the time.

From: Friedensreich Hundertwasser, "Ich hatte wenig mitzureden," written in 1980 for publication in
Otto Breicha, ed., *Der Art Club in Österreich–Zeugen und Zeugnisse eines Aufbruchs* (Vienna: Jugend und Volk, 1981)

Wieland Schmied

Eine frühe Begegnung mit Hundertwasser

Ich habe Hundertwasser im Dezember 1951 oder Januar 1952 kennengelernt. Es war im Wiener Art Club, in seinem damals neu eröffneten Quartier, dem sogenannten ‚Strohkoffer'. Dieser Name, der sich bald allgemein durchsetzte – man sprach nur noch vom ‚Strohkoffer', wenn man den Art Club meinte –, stammte von Fritz Wotruba. Er bezog sich auf die Wände der tagsüber als Galerie, abends als Gastwirtschaft dienenden Räumlichkeiten, die mit Schilfmatten ausgeschlagen waren. Der ‚Strohkoffer' befand sich im Keller unter der seinerzeit als ‚American Bar' bekannten Lokalität (heute wieder Loos-Bar) im Kärntner Durchgang, die ich niemals besucht habe, weder damals noch irgendwann später.

Ich war in Begleitung von H. C. Artmann, meinem älteren Freund, dem ich manche Entdeckung verdanke, zur Eröffnung der neuen Räumlichkeit gekommen. Ich erinnere mich an die fulminante Eröffnungsansprache von Albert Paris Gütersloh, dem Präsidenten der österreichischen Sektion des Art Clubs, ohne dass ich Einzelheiten seiner Rede behalten habe und wiedergeben könnte. Aber es bedeutete mir immer wieder eine Freude, Gütersloh zu erleben, ihm zuzuhören und auf manche überraschende Wendung seiner Ansprache gefasst zu sein, seiner Stimme zu lauschen und seiner Gestik zu folgen, mit der

An Early Encounter with Hundertwasser

I met Hundertwasser in December of 1951 or January of 1952. It was at the Vienna Art Club, at its newly opened location, the so-called "Strohkoffer" (Straw Suitcase). Fritz Wotruba came up with the name, and it soon became generally accepted—the Art Club was always referred to as the "Strohkoffer" after that. He was referring to the rush mat-covered walls of the premises that served as a gallery during the day and as a restaurant at night. The "Strohkoffer" was located in the basement below an establishment then known as the "American Bar" (now the Loos Bar again) on Kärntner Durchgang (off Kärntner Straße), a place I have never visited, not back then nor at any later point in time.

HWG 1/ 132

Hundertwasser Art Club – Rotaprint Portfolio Hundertwasser Art Club — Rotaprint Portfolio
Wien | Vienna, 1951

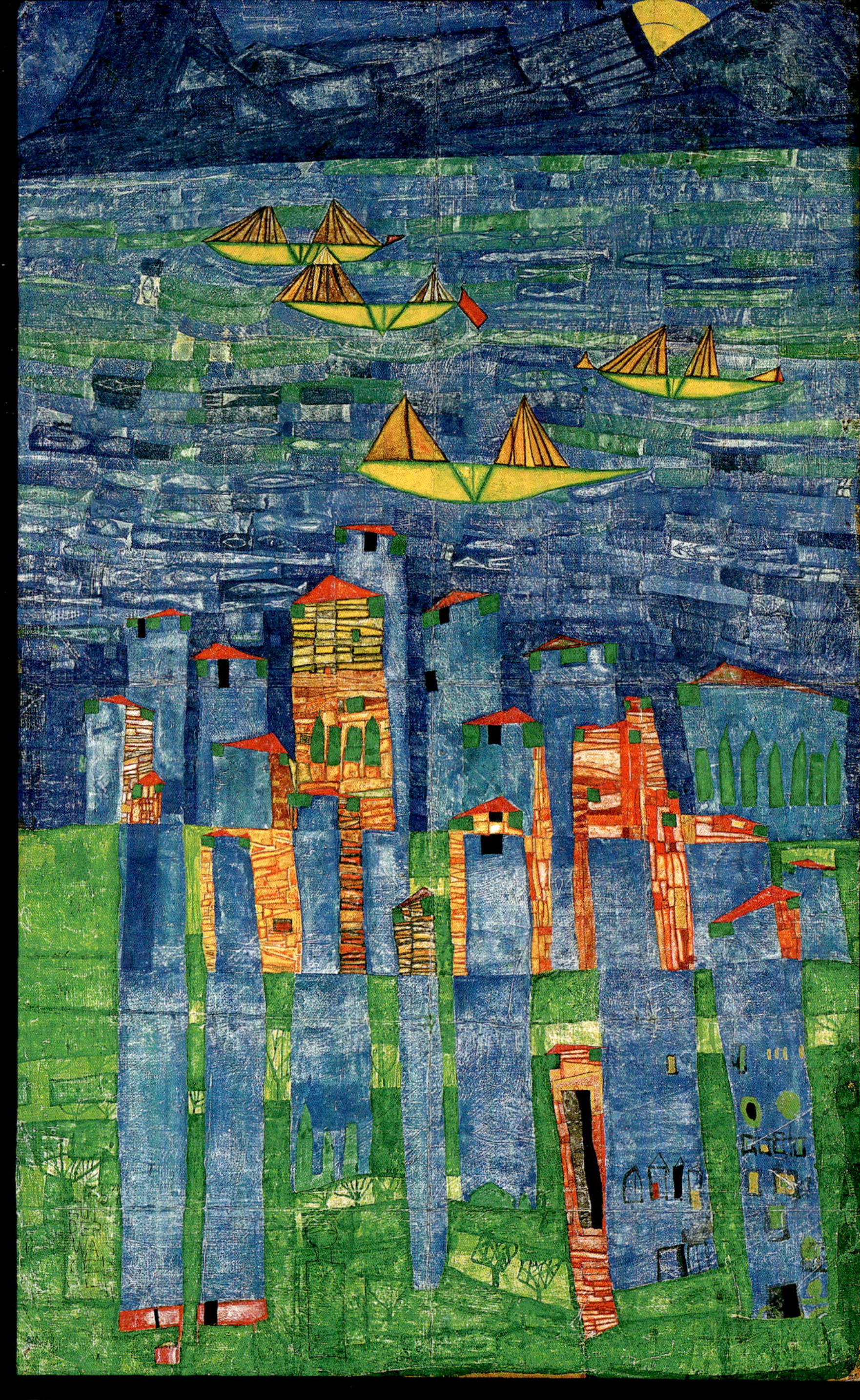

(117) **Gelbe Schiffe – Das Meer von Tunis und Taormina**
Yellow Ships—Sea of Tunis and Taormina
Taormina | Taormina, 1951/1962

er das Vorgetragene unterstrich. Eröffnet wurde mit einer Accrochage der Mitglieder. Die folgende Ausstellung – zugleich die erste Einzelausstellung im ‚Strohkoffer‘ – war Hundertwasser gewidmet. Ob ich bei der Accrochage oder bei der folgenden Einzelausstellung mit Hundertwasser ins Gespräch kam, weiß ich nicht mehr. Daher die Unsicherheit bezüglich des Datums unserer ersten Bekanntschaft. Es war jedenfalls nicht im Gedränge der Eröffnung, dass wir einander näher kennengelernt haben.

Von Hundertwasser hing das Bild *Gelbe Schiffe – Das Meer von Tunis und Taormina,* das im Sommer zuvor entstanden war, an der Stirnwand einer engen Nische, in die ein Tisch und hölzerne Bänke eingeschoben waren. Ich weiß nicht mehr genau: saß Hundertwasser unter seinem Bild, und ich kam hinzu, oder war es umgekehrt, und ich hatte unter dem genannten Bild im abends stets vollen ‚Strohkoffer‘ einen Sitzplatz ergattert?

Aber ich weiß noch, dass es dieses Bild war, unter dem ich dem Maler das erste Mal bewusst begegnet bin. Seither ist das Bild *Gelbe Schiffe – Das Meer von Tunis und Taormina* fest in meiner Erinnerung verankert. Noch heute gehört es zu meinen absoluten Lieblingsbildern. Es sprach mich aus mehreren Gründen an: einmal wegen der poetischen Weltsicht, die es ausstrahlt (und die auch in dem Zusammenspiel der Farben, insbesondere des Gelbs und Blaus, zum Ausdruck kommt); dann wegen der eigenartigen Form der Realisierung (etwa dem Einsatz von ‚Mundbooten‘, die auf dem Meer unterwegs sind), einer Form, die ich damals wie heute als etwas Besonderes empfinde; und schließlich – drittens – weil das Bild von der Erfahrung

I arrived for the opening of the new space together with H. C. Artmann, my older friend, to whom I owe many a discovery. There was a memorably brilliant address by Albert Paris Gütersloh, the president of the Austrian section of the Art Club, although I don't remember the particulars of it. Yet it was always a pleasure to attend Gütersloh's speeches, listen to his voice, follow the gestures with which he punctuated his words and be braced for many surprising twists. The space was inaugurated with an exhibition of work by Art Club members. The next exhibition—which was also the first solo show at the "Strohkoffer"—was devoted to Hundertwasser. Whether I got into a conversation with Hundertwasser at the inaugural exhibition or at the subsequent solo show, I don't remember; hence the uncertainty regarding the exact date of our first meeting. At any rate, it was not in the jam of the opening that we first got to know each other better.

Hundertwasser's painting *Gelbe Schiffe – Das Meer von Tunis und Taormina* (Yellow Ships—Sea of Tunis and Taormina), a work he had painted the previous summer, hung on the back wall of a narrow niche that had a table and wooden benches slid into it. I don't have a clear memory: was Hundertwasser sitting underneath his painting and was it I who joined him, or was it the other way around, and had I managed to find a seat underneath that particular painting in the "Strohkoffer," which was always crowded in the evening?

But I do remember that it was underneath this painting that I first consciously met the painter. Since that time, the painting *Gelbe Schiffe–Das Meer von Tunis und Taormina* has been firmly embedded in my memory.

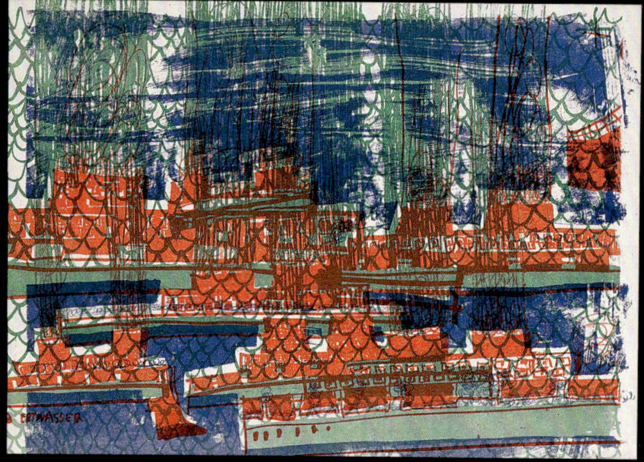

HWG 9/(132)/VIII **Singende Dampfer**
Singing Steamers
Blatt 8 aus dem Art Club Rotaprint Portfolio
Sheet 8 from the Art Club Rotaprint portfolio
Wien | Vienna, 1951

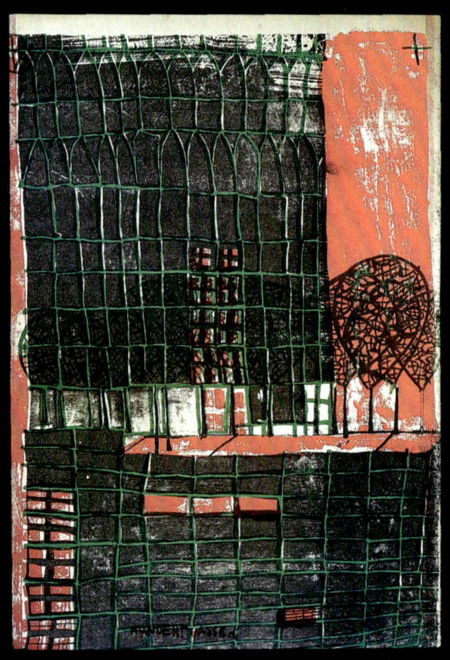

HWG 3/(132)/II **Hochhaus mit Bäumen**
Skyscraper with Trees
Blatt 2 aus dem Art Club Rotaprint Portfolio
Sheet 2 from the Art Club Rotaprint portfolio
Wien | Vienna, 1951

fremder Plätze erzählt, die für mich nach wie vor Orte der Sehnsucht darstellen. Wie nah Tunesien und Sizilien auf seinem Bild einander sind! Als gehörten sie zusammen, als würde das Meer Tunis und Taormina für immer verbinden. Rückblickend bin ich glücklich, dass Hundertwasser von meinen Empfindungen für dieses Bild wusste, dass ich bei späteren Begegnungen davon gesprochen habe.

Was mich seinerzeit an der Person Hundertwasser fesselte, war nicht nur die Tatsache, dass er der erste bildende Künstler war, den ich näher kennenlernte (wie H. C. Artmann der erste Dichter in meinem Bekanntenkreis war), es war auch nicht nur sein auffälliges Auftreten, die merkwürdige Aufmachung, die selbst gemachte ‚autarke‘ Kleidung – von den Sandalen bis zum Pullover –, in der er erschien, sondern – und das in erster Linie – der Umstand, dass er aus eigener Kraft und Initiative, ohne Geld und per Anhalter, weit gereist war. Hundertwasser war weit herumgekommen und brachte etwas vom Hauch fremder Länder mit. Er kannte die Welt, die ich erst kennenlernen wollte.

Hundertwasser lud mich ein, ihn in seiner Wohnung in der Oberen Donaustraße im 2. Wiener Gemeindebezirk, der ‚Leopoldstadt‘, zu besuchen, und mehr als einmal war ich bei ihm. Ich weiß noch, dass er mir ein Butterbrot servierte, auf einem Teller, auf dem auch einige Schamhaare lagen. Ich aß das Brot, aber legte die Schamhaare beiseite. Hundertwasser beobachtete genau, was ich tat, enthielt sich jedoch jeden Kommentars.

Dafür erzählte er mir ausführlich, wie er zum Namen Hundertwasser gekommen war, mit dem er stets seine Bilder signierte. Sein

And it is still one of my absolute favorite paintings today. It appealed to me for several reasons: firstly, because of the poetic view of the world that it exudes (and which is reflected in the interplay of colors, particularly of the yellow and blue); secondly, because of the unusual manner in which it was executed (for instance, with the "mouth boats" floating on the sea), a manner that I perceived as something special back then and still do today; and, finally, because the painting relates the experience of being in foreign places, places that still evoke a longing in me today. How close to one another Tunisia and Sicily are in his painting! As if they belonged together, as if the sea would forever connect Tunis and Taormina. In retrospect, I am happy that Hundertwasser was aware of my feelings toward this painting, that I shared them with him at later meetings.

What fascinated me about Hundertwasser as a person, at that time, was not merely the fact that he was the first visual artist with whom I became better acquainted (just as H. C. Artmann was the first poet among my acquaintances), nor just his striking and rather curious appearance, the homemade "self-sufficient" clothes—from the sandals through to the sweater—in which he showed up, but primarily the fact that he had traveled far, by himself and on his own initiative, without any money, by means of hitchhiking. Hundertwasser had seen many places and there was an air of foreign countries about him. He knew the world that I hoped I would get to know.

Hundertwasser invited me to visit him at his apartment on Obere Donaustraße in Vienna's second district, "Leopoldstadt," and I came and visited more than once. I remember how

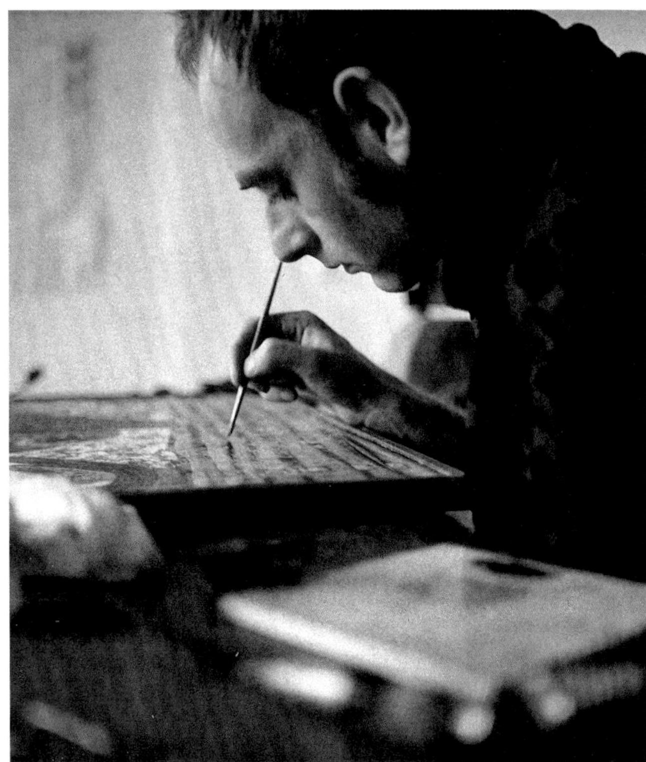

Hundertwasser in seinem Zimmer in der Wohnung
in der Oberen Donaustraße in Wien
Hundertwasser in his room in the apartment
on Obere Donaustrasse in Vienna
Wien | Vienna, circa 1960
Foto | Photo: Elfriede Mejchar

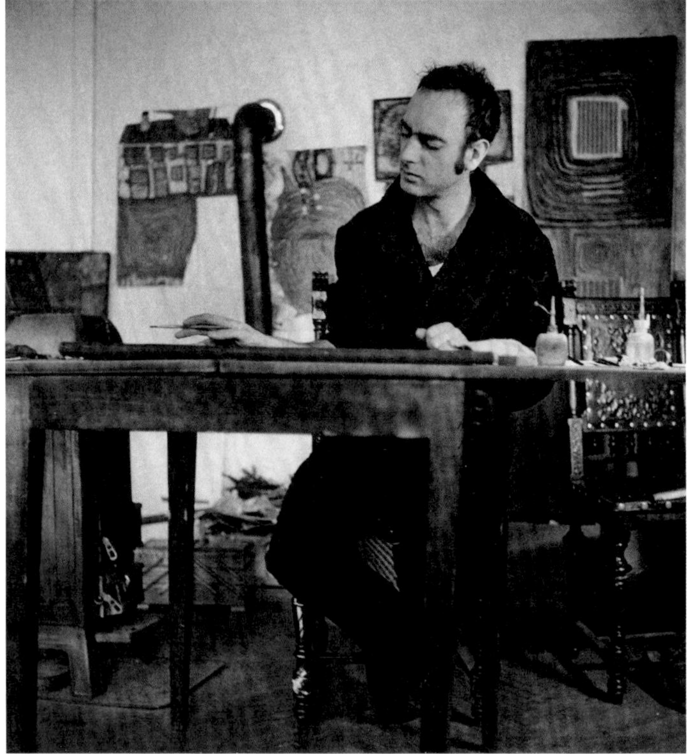

Hundertwasser in seinem Zimmer in der Wohnung
in der Oberen Donaustraße in Wien
Hundertwasser in his room in the apartment
on Obere Donaustrasse in Vienna
Wien | Vienna, circa 1960
Foto | Photo: Elfriede Mejchar

eigentlicher Name war Stowasser, wie das bekannte Lateinlexikon, das ein Herr Stowasser herausgegeben hatte, und die Vorsilbe ‚sto‘ bedeutet im Slawischen ‚hundert‘. So einfach war das. Und ‚Hundertwasser‘ klinge doch viel poetischer als ‚Stowasser‘. Ich widersprach nicht.

Ebenso ausführlich fiel die Einführung in die eigene Kleiderordnung aus. Alles musste selbst gemacht sein. Das war Hundertwassers Philosophie: unabhängig zu sein von allen anderen, auf dem zu beharren, was die eigene Empfindung verlangte, und nur ihr zu folgen. Nichts anderes anzuerkennen.

Hundertwassers erste Einzelausstellung fand in der Presse ein geteiltes Echo. Er war der Kritik zu ungewohnt, zu experimentierfreudig, zu „avantgardistisch“. Das erregte den Widerwillen so manches Kunstkritikers. Ich erinnere mich noch, dass einer von ihnen – ich glaube es war Jörg Lampe – abfällig von den „Wanzenrahmen“ sprach, die der Künstler verwendete, um seine Werke zu präsentieren. Doch beim Publikum war die Ausstellung von Hundertwasser ein Erfolg, weshalb man sie binnen Jahresfrist wiederholte. Außerdem hatte Hundertwasser 1952 viel produziert, sodass er Anfang 1953 so manche neue Arbeit vorweisen konnte. Inzwischen war ich selbst Kunstkritiker geworden – bei der Zeitschrift *Die Furche* –, sodass ich erste Gedanken zum Werk dieses Künstlers zu Papier bringen konnte. Ich bewahre diese Rezension noch immer auf.

Wenn ich heute – im Jahr 2011 – ein Urteil über Hundertwasser abgeben soll, so muss ich zuallererst sagen, dass ich mich in seinem Fall – mehr als sonst – als Partei fühle. Das schließt nicht aus, dass ich viele Einwände

he served me a sandwich on a plate that had some pubic hairs lying on it as well. I ate the bread, but I put the pubic hairs aside. Hundertwasser observed everything I did, yet refrained from making any comments.

But, on the other hand, he did recount at length how he had obtained the name Hundertwasser, which he used to sign his paintings. His real name was Stowasser, like the Mr. Stowasser who edited a well-known Latin dictionary, and the Slavonic prefix "sto" means "hundred" (German "hundert"). It was as simple as that. And didn't "Hundertwasser" sound so much more poetic than "Stowasser?" I didn't contradict him.

The introduction to his personal dress code was equally detailed. Everything had to be homemade. That was Hundertwasser's philosophy: to be independent of all others, to insist on what one's own sensibility called for and to abide by it alone. Not to accept anything else.

Hundertwasser's first solo exhibition met with a mixed response in the press. Critics found him too unusual, too experimental, too "avant-garde," and several reacted with aversion. I remember one of them—I think it was Jörg Lampe—dismissively referring to the "bug-infested frames" the artist used to present his works. Yet Hundertwasser's show was a success with the public, which is why there was another within the year. Hundertwasser had, moreover, been very productive in 1952, so that he was able to show many new works in early 1953. In the meantime, I had become an art critic myself—for the journal *Die Furche* (The Furrow)—, allowing me to commit my initial

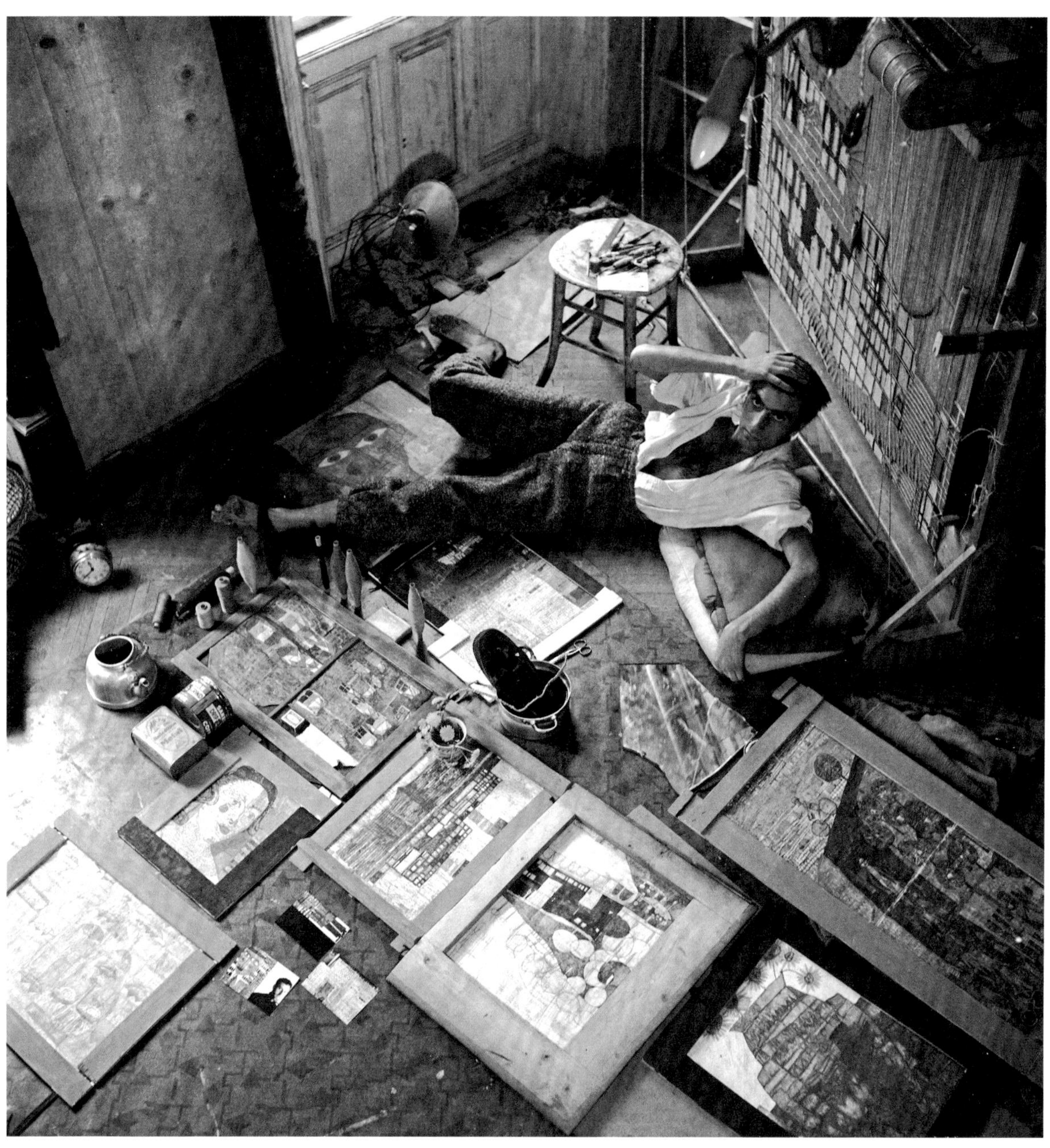

Hundertwasser in seinem Zimmer in der Wohnung
in der Oberen Donaustraße in Wien
Hundertwasser in his room in the apartment on
Obere Donaustrasse in Vienna
Wien | Vienna, 1952
Foto | Photo: Helmut Baar

gegen das habe, was er gemacht und was er gesagt hat. Insbesondere seiner Rede zum Empfang des Österreichischen Staatspreises 1981 habe ich öffentlich und vehement widersprochen. Nachzulesen in den von Otto Breicha herausgegebenen *Protokollen*. Was Hundertwasser sagen wollte, war in etwa: Warum hat die neu entstehende Kunst nicht den Weg genommen, den er selbst für richtig und angemessen empfand, nämlich den des Einverständnisses mit der Natur und dem von ihr verwirklichten Schönheitsideal, auch wenn dieses Utopie bleiben muss? Herausgekommen ist hingegen eine Verdammung der Moderne, wie ich sie in solcher Schärfe von keinem Künstler hören wollte. Schon gar nicht von Hundertwasser.

Zwei Gründe sind es vor allem, die mich nach wie vor für Hundertwasser einnehmen und zu einer Ehrenrettung ansetzen lassen. Denn er hat eine solche Ehrenrettung nötig, so umstritten ist er heute, nicht zuletzt durch eigenes Verschulden. Durch eigenes Verschulden, das zwar erklärbar ist, aber was hilft das der Geltung seines Werkes? Erklärbar ist es durch seine Begründung nicht nur in seinem Charakter, sondern auch in seinem Schicksal, seiner Abstammung von einer jüdischen Mutter und der als Kind und Jugendlicher durchlebten Nazizeit. Das hat ihn geformt, mehr als ihm selbst bewusst war. So meinte er sich selbst und den eigenen Prinzipien treu zu bleiben, indes die Anderen nur Inkonsequenz bemerkten. Aber das ist eine andere Geschichte, ist ein weites Feld, wie man sagt.

Um zurückzukommen auf die beiden Gründe einer Ehrenrettung: Es ist einmal die Existenz seines Frühwerkes, mit dem er ebenbürtig steht neben Serge Poliakoff, Asger Jorn,

thoughts on this artist to paper. I have kept the review to this day.

Being asked to give my opinion on Hundertwasser today, in the year 2011, I must start by saying that in his case—more than in others—I feel biased. This does not mean that I do not object to a lot of things he has said and done. In particular, I publicly expressed my vehement objection to his speech at the award ceremony for the Austrian State Prize in 1981, as documented in the journal *Protokolle* edited by Otto Breicha. What Hundertwasser wanted to say was something like: why had the art that was newly emerging not taken the direction that he, Hundertwasser, considered the right and proper one, that is, a path in accordance with nature and the ideal of beauty manifested in it, even if this had to remain utopian by necessity? Instead, what came out was a condemnation of modernism so biting that I would not have wanted to hear it from any artist, let alone from Hundertwasser.

There are two reasons, above all others, that cause me to maintain my bias toward Hundertwasser and to step up in his defense. And he does, indeed, need to be defended, considering how controversial he is today, not least for reasons related to his own behavior. Behavior that can be explained, but yet what bearing does that have on the validity of his work? It can be explained, because it is rooted not just in his personality, but in his fate as well: the fact that he was born of a Jewish mother and, as a child and adolescent, lived through the Nazi era. This shaped him to a greater extent than he was aware of himself. Thus, while he believed that he was staying true to himself and to his own principles,

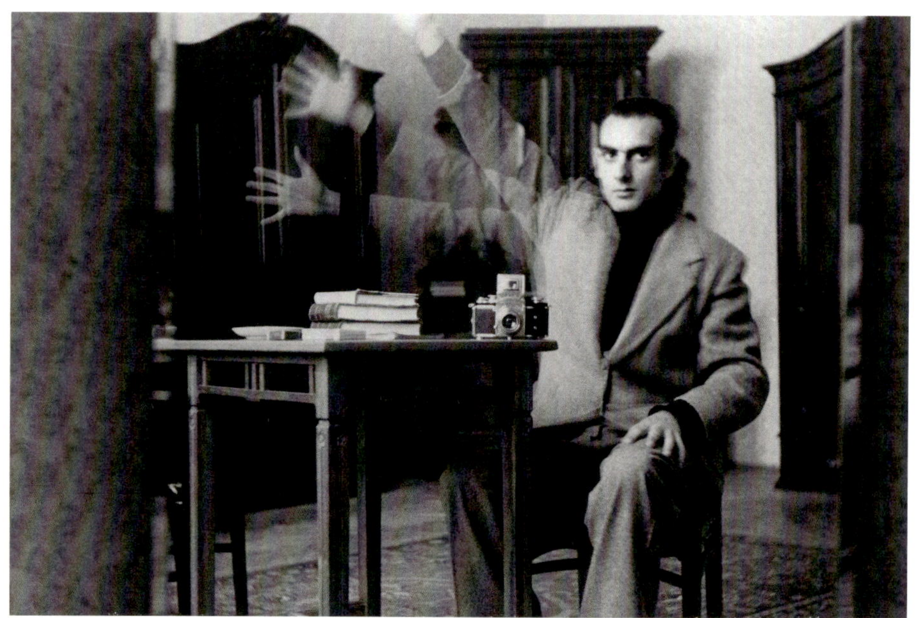

Selbstporträt im Spiegel
mit Selbstauslöser
Self-portrait in the mirror,
taken with the aid of a delayed-
action shutter release
Wien | Vienna, circa 1952

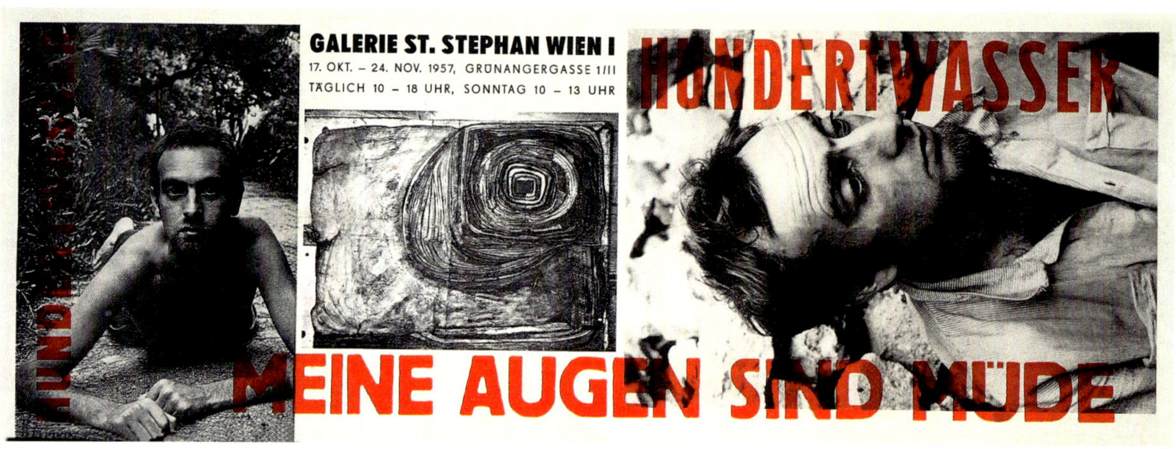

Meine Augen sind müde, Plakat der Ausstellung
in der Galerie St. Stephan, Wien
My Eyes Are Tired, poster for the exhibition
at Galerie St. Stephan, Vienna
Wien | Vienna, 1957

Antoni Tàpies, Jean Dubuffet, Sam Francis. Mit Hundertwassers Frühwerk meine ich die Bilder, die etwa 1950 bis 1965 entstanden sind, nach Überwindung der selbstverliebten Jugendarbeiten und vor dem Versuch, willentlich in den Schaffensprozess einzugreifen und den Bildern eine Richtung zu geben. Der Künstler meinte auf einmal ganz genau zu wissen, was eine bestimmte Malerei besagen wollte und was nicht. Das konnte bei der ihm eigenen, vom Unbewussten gelenkten Malweise, nicht gut gehen. Zwar kamen gelegentlich noch Werke zustande, die etwas vom Zauber und der Poesie der frühen Jahre hatten, aber sie wurden immer seltener und seltener.

Der zweite Grund ist sein Engagement für die Natur. Dieses ist einmalig. Er wollte die Gesetze der Natur ergründen, das Geheimnis ihrer Wachstumskraft herausfinden. Niemand hat sein Leben in diesem Maße der Natur gewidmet wie Hundertwasser.

others would perceive nothing but inconsistency. But that is a whole different matter, too broad a subject, as they say.

To return to the two reasons to step up in his defense: first, there is his early work, which puts him on the same level with artists such as Serge Poliakoff, Asger Jorn, Antoni Tàpies, Jean Dubuffet and Sam Francis. With Hundertwasser's early work, I mean the paintings he created roughly between 1950 and 1965, after overcoming the narcissist works of his adolescence and prior to his attempt to deliberately intervene in the creative process and impose a particular direction on his paintings. The artist suddenly believed that he knew exactly what a certain type of painting was trying to express and what not. Given his distinctive style of painting, and the fact that it was guided by the subconscious, that was bound not to work. At times it still resulted in works that retain some of the magic and poetry of the early years, but these became ever fewer and farther between.

The second reason is his commitment to nature, which is unique. He wanted to figure out the laws of nature, penetrate into the secret of its force of growth. The extent to which Hundertwasser devoted his life to nature is unmatched.

Ausstellungstext Art Club
(1953)

Wir sind nicht mehr fähig, Gleichnisse zum Leben zu schaffen. Wir sind nicht mehr fähig,
zu gestalten, die Ereignisse um uns und in uns zu deuten, ja nicht einmal zu erkennen.

Dadurch haben wir aufgehört Ebenbilder Gottes zu sein, und unser Dasein besteht zu Unrecht.
Wir sind eigentlich tot. Wir leben nicht mehr kraft unser selbst. Wir zehren an längst verwesten
Erkenntnissen. Wir zertreten das letzte sich aufbäumende wahre, ursprüngliche und mannigfaltige
Leben in unseren Kindern und in uns selbst erst durch das Gift unseres Erziehungssystems,
dann durch Gleichschaltung. Unser Erziehungssystem ist planmäßige Abtötung. ...

Die, die heute wahrhaft tätig sein und sich entfalten wollen, sehen sich gezwungen, erst den
Morast zu beseitigen, den wir auf sie aufgetürmt haben, den Morast, dessen Hintertücke die
gegenwärtig noch andauernde Wirrnis in der modernen Kunst beweist, der es trotz fünfzig-
jährigem Ringen noch immer nicht gelungen ist, ihn ganz abzuschütteln.
Doch die Sprache dieser neuen Kunst wird stetig klarer. Einigen Transautomatisten gelingt bereits
das Wunder einer neuen, von unserer europäischen Bluffzivilisation nicht mehr verhinderten
Gestaltung. Der Kunst fallen mehr und mehr gewisse Aufgaben zu, die bisher teils Wissenschaft,
teils Religion erfüllen zu können vorgaben, die nun aber eindeutig deren Zuständigkeit übersteigen. ...

Die moderne Kunst nach 1950 wagt es, uns mehr Klarheit als die Wissenschaft und mehr
Sicherheit als die Religion, beziehungsweise Geld und Waffen, zu bieten. Die Menschen, die
einer allumfassenden Gestaltung zustreben, bemühen sich, jenen Vorsprung einzuholen, der uns
von den neuen phänomenalen Entdeckungen trennt, die uns experimentell-unvorbereitet in die
Hände gefallen sind und zu deren Nutzung uns gleichwertig phänomenale geistig-menschliche
Vorbedingungen fehlen.

Aus: Friedensreich Hundertwasser, Ausstellungstext Art Club,
geschrieben 1952 für die Ausstellung im Art Club Wien, Januar 1953

Exhibition Text: Art Club

(1953)

We are no longer able to form parables to life. We are no longer able to create, to interpret events around and in us; we do not even recognize such events.

We have stopped being God's likeness and our existence is no longer justified. In truth, we are dead. No longer do we live from our own strength, we feed upon long-decayed knowledge. We crush the last bit of life, rebelling, true, spontaneous and varied life within us and within our children, first through the poison of our educational system and later on through general levelling. Our educational system is methodical killing. ...

Those who wish to be truly creative, who wish to unfold their talents, are forced to clear away the morass first, which we have heaped upon them, a morass, whose malice is revealed by the present confusion of modern art, who has not, in the past fifty years, been able to free itself from it. But the language of this new art grows ever more transparent. A few transautomatists have worked the miracle of a new creativity, no longer prevented by our european bluff-civilization. Art is now gaining certain tasks which science and religion pretended to be able to solve, but these tasks have definitely exceeded their competence. ...

Modern art post 1950 dares to offer more lucidity than science, more security than religion, money and arms. The human beings who strive after all-embracing creation try to catch up with the new, phenomenal discoveries which have fallen into our unprepared hands and for the use of which we lack all spiritual and human qualifications.

From: Friedensreich Hundertwasser, "Exhibition Text: Art Club,"
written for the exhibition at the Vienna Art Club in January 1953 (English version by the artist)

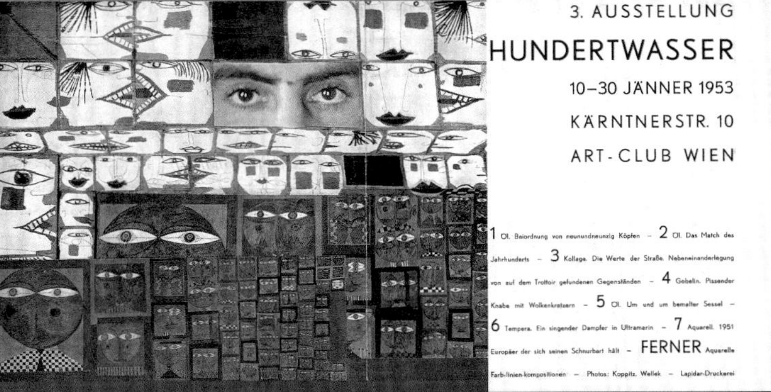

Einladungskarte zur Ausstellung im Art Club
Invitation to the exhibition at the Art Club

Hundertwasser in seinem Zimmer
in der Wohnung in der
Oberen Donaustraße in Wien
Hundertwasser in his room
in the apartment on
Obere Donaustrasse in Vienna
Wien | Vienna, 1952
Foto | Photo: Helmut Baar

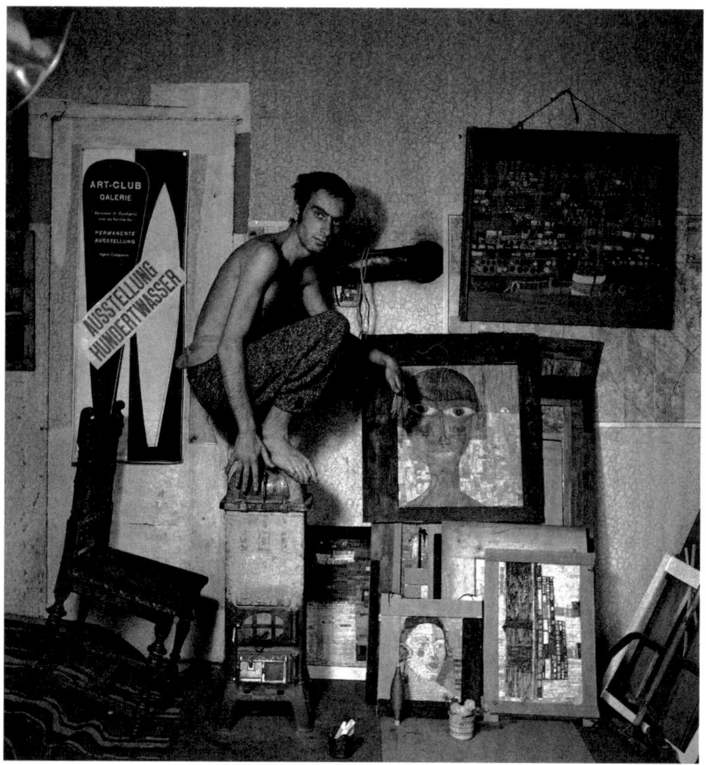

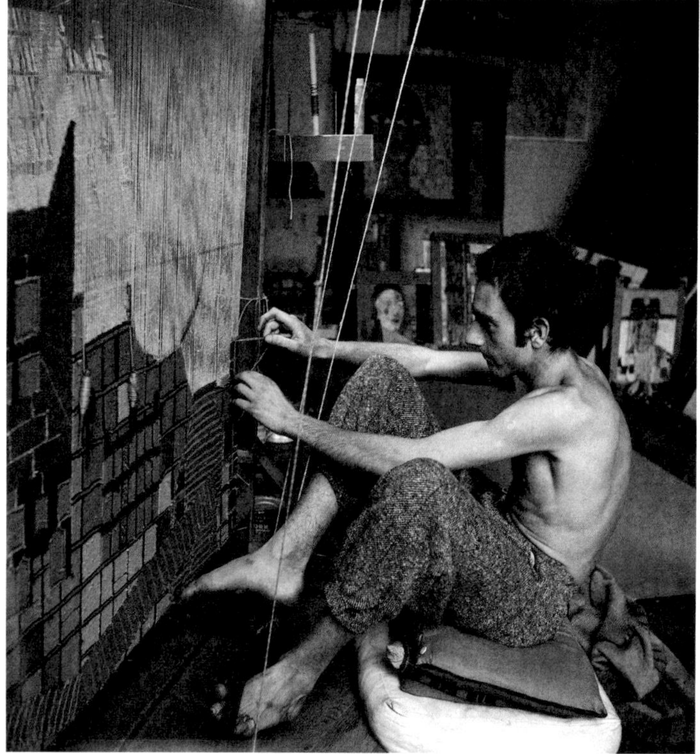

Hundertwasser arbeitet an der Tapisserie
Pissender Knabe mit Wolkenkratzer
Hundertwasser working on the tapestry
Pissing Boy with Sky-Scraper
Wien | Vienna, 1952
Foto | Photo: Helmut Baar

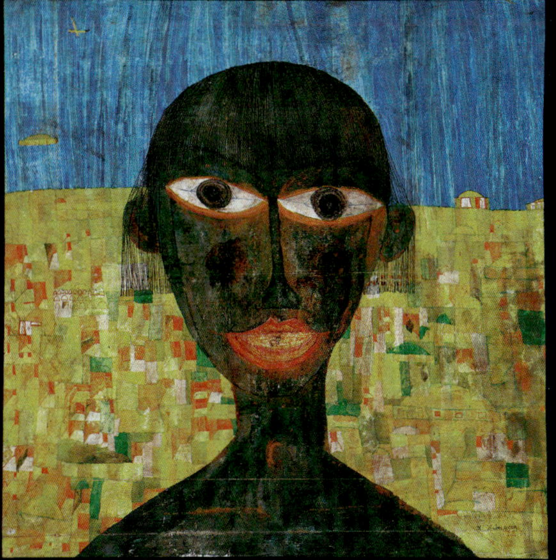

**Wenn ich eine Negerin hätte,
würde ich sie lieben und malen
If I Had a Negress I Would Love
and Paint Her**
Aflenz | Aflenz, 1951

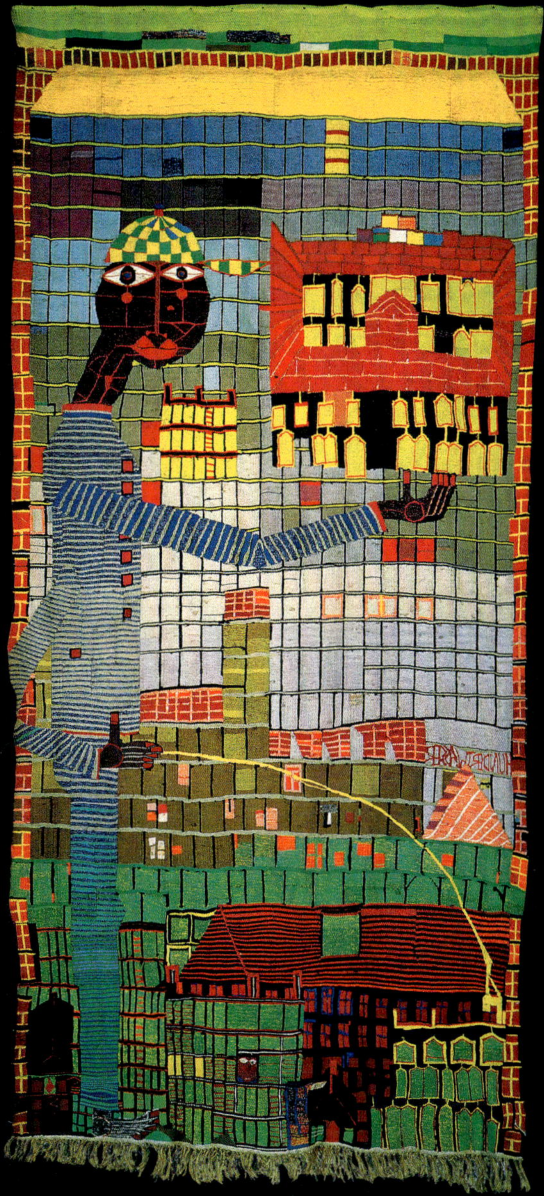

**Pissender Knabe mit Wolkenkratzer
Pissing Boy with Sky-Scraper**
Wien | Vienna, 1952

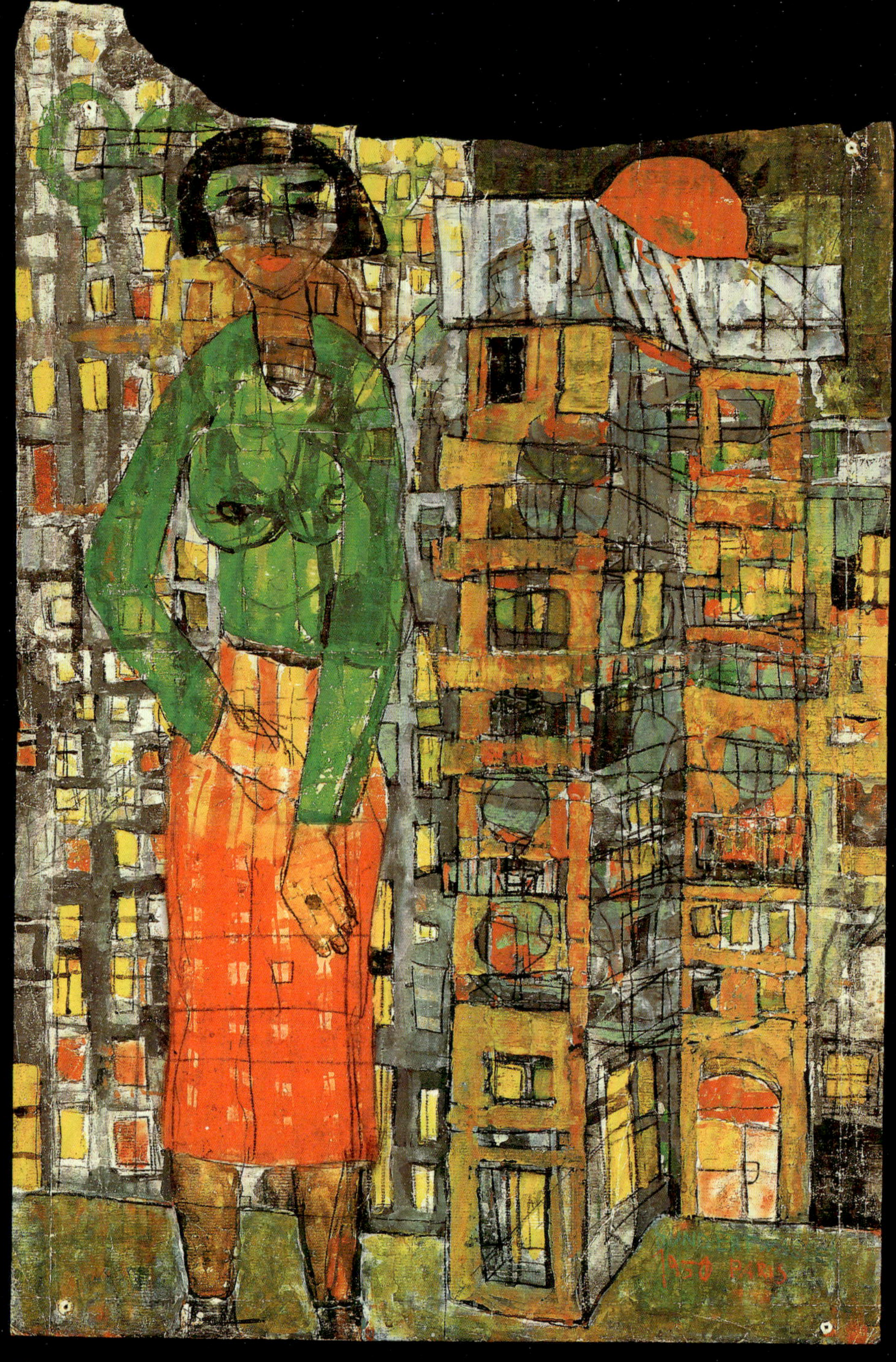

83 **Mädchen vor hohen Häusern mit Sonne – Vorstadtmädchen**
Girl in Front of High-Rises with Sun—Suburban Girl
Saint-Mandé | Saint-Mandé, 1950

3

Avantgarde in Frankreich

In Italien begegnet Hundertwasser dem jungen Maler René Brô, dem er nach Paris folgt. Brô und Hundertwasser malen gemeinsam zwei Wandbilder, übernehmen Charakteristika ihrer Bildsprache – man denke an die ‚Mandelaugen' – und bleiben einander ein Leben lang freundschaftlich verbunden. Die Zeit in Frankreich – teilweise als Gast der Familie Dumage, später mit eigenem Haus in der Normandie – erweist sich als prägend für die künstlerische Entwicklung Hundertwassers.

Hundertwasser ist damals aktiver Teil einer sich in Paris sammelnden Avantgarde. Seine Werke der 1950er-Jahre stehen mit ihrer Eigenständigkeit und Innovationskraft neben dem Werk eines Antoni Tàpies oder Yves Klein. Im Studio Paul Facchetti in Paris hat er 1954 seine erste internationale Ausstellung, in dem dazugehörigen Text formuliert Hundertwasser erstmals seine Kritik an der geraden Linie. Die Begegnung mit Pierre Restany, dem Theoretiker des Nouveau Réalisme, fällt in diese Zeit des künstlerischen Aufbruchs, in der Hundertwasser sich anschickt, der Avantgarde mit seinen Visionen voranzugehen.

Avant-Garde in France

In Italy, Hundertwasser meets the young painter René Brô and follows him to Paris. Together, Brô and Hundertwasser paint two murals, adopting key features of each other's imagery—consider the "almond eyes,"— and the two remain lifelong friends. The time spent in France—part of it as a guest of the Dumage family and later in his own house in Normandy—proves to be formative for Hundertwasser's artistic development.

Hundertwasser is an active member of the international avant-garde gathering in Paris at this time. In their aesthetic independence and innovative strength, his works from the 1950s are on a par with the work of an Antoni Tàpies or an Yves Klein. He has his first international exhibition at Studio Paul Facchetti in Paris in 1954; in an accompanying text, he articulates his criticism of the straight line for the first time. He also meets Pierre Restany, a theorist of Nouveau Réalisme, during this period of artistic new beginnings, in which Hundertwasser was preparing himself to lead the avant-garde with his artistic visions.

Hundertwasser in Paris
Hundertwasser in Paris
Paris | Paris, circa 1955
Foto | Photo: Franz Hubmann

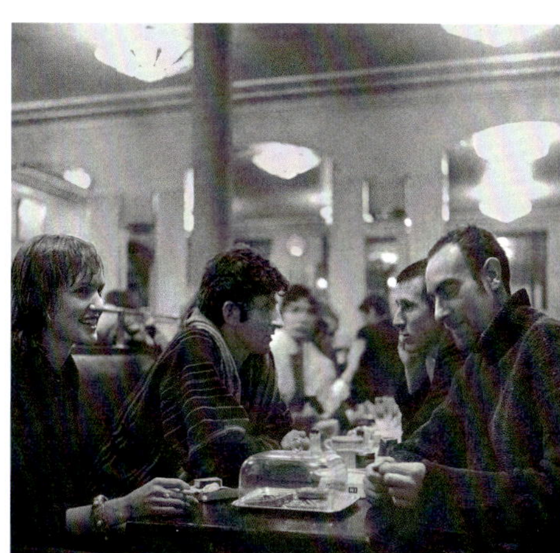

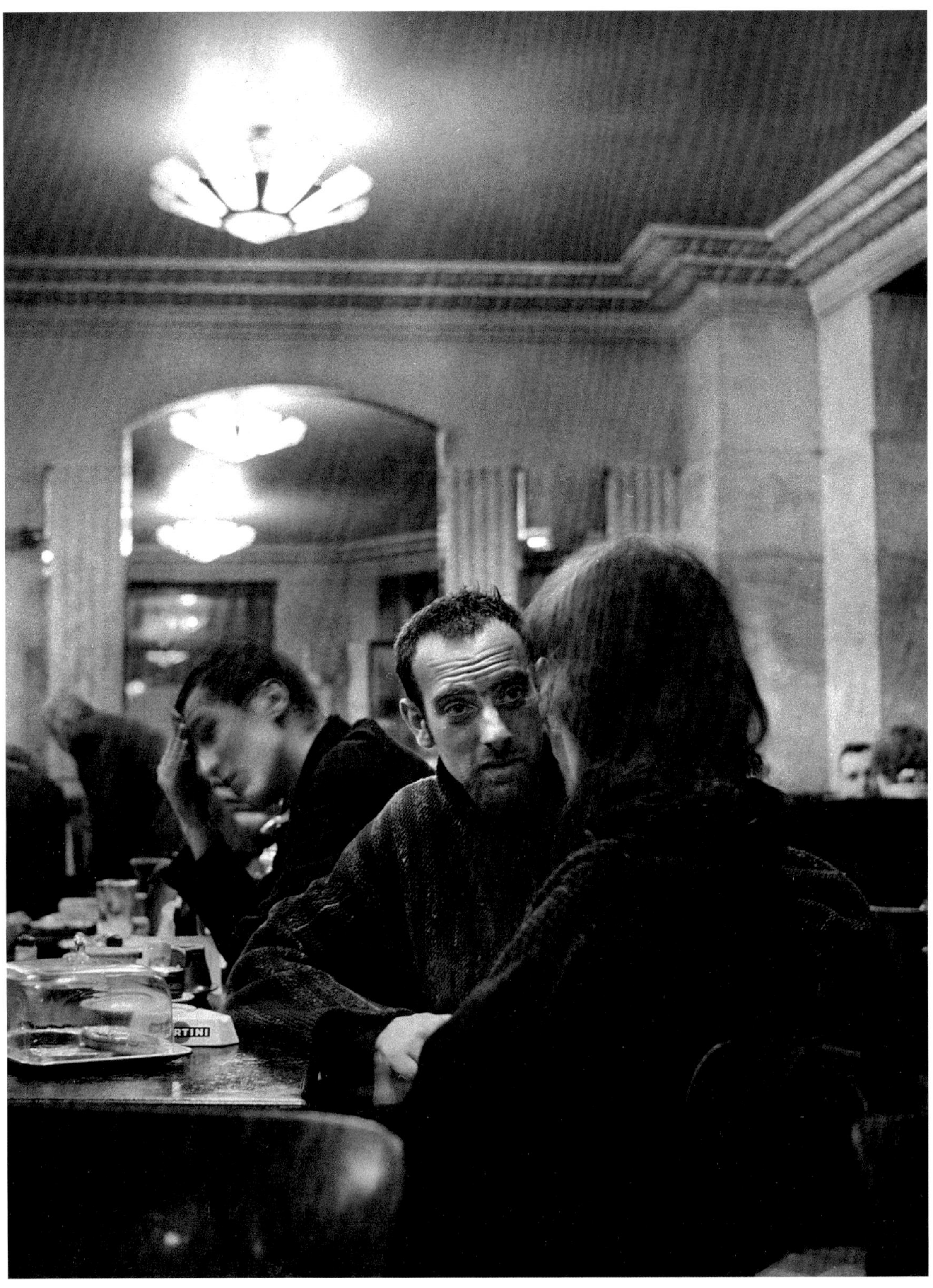

Es kam auch ganz so wie erträumt. 1949 trafen wir einander im Café Mabillon am Boulevard St. Germain, mit Selbstverständlichkeit der großen Künstlergruppe angehörend, die, aus allen Nationen zusammengewürfelt, das St. Germain nach dem Krieg besetzt hatte. Er war schon in Marrakesch gewesen, oder war es Tunis? In seinen Bildern war das silberweiße Licht der Wüste, es hatte sich selbst in das tiefste Blau seiner Palette geschlichen und strahlte aus allem, was er mir erzählte. … Alles trug sich in Schwarz gekleidet, Sartre, die Existentialisten trugen es, es war schön. … Der Ober forderte uns ganz entschieden zum hundertsten aber letzten Male auf, das Lokal zu verlassen, da wir schon den ganzen Vormittag, unverständliche Sprachbrocken in die französische Diskussion werfend, im Mabillon verbracht hatten. Wir waren in Paris, wir wollten hier bleiben, und wir blieben auch.

Ernst Fuchs

Aus: Ernst Fuchs, „Der Freund H.", in:
Stowasser 1943 – Hundertwasser 1974
(Ausst.-Kat. Wien, Albertina), Wien 1974

In Paris

It happened exactly as I had imagined. In 1949 we met at the Café Mabillon on Boulevard St. Germain, taking for granted that we belonged to the large group of artists, from any number of nations, that had taken over St. Germain after the war. He had already been to Marrakesh, or was it Tunis? His paintings contained the silvery white light of the desert that had even crept into the deepest blue of his palette and emanated from everything that he told me. … Everybody was dressed in black; Sartre, the existentialists wore it; it was beautiful. … The waiter told us in the strongest terms and for the hundredth, and last, time to leave the restaurant, as we had already spent the entire morning at the Mabillon, throwing unintelligible bits of French into discussion. We were in Paris and we wanted to stay there, so we did.

Ernst Fuchs

From: Ernst Fuchs, "Der Freund H.,"
in Stowasser 1943–Hundertwasser 1974, ex. cat.
(Vienna: Albertina, 1974)

---

links | left:
Hundertwasser in Paris (verfremdete Fotografie)
Hundertwasser in Paris (distorted photograph)
Paris | Paris, circa 1955
Foto | Photo: Franz Hubmann

rechts | right:
Hundertwasser in seinem Zimmer
als Gast der Familie Dumage
Hundertwasser in the room where he is
staying as a guest of the Dumage family
Saint-Mandé | Saint-Mandé,
Jahr unbekannt | Date unknown
Foto | Photo: Augustin Dumage

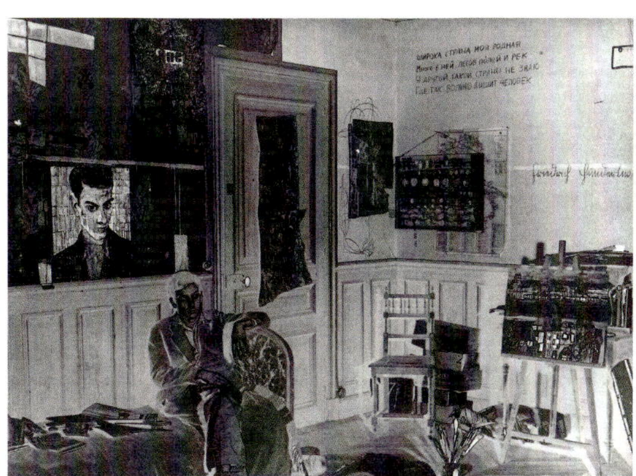

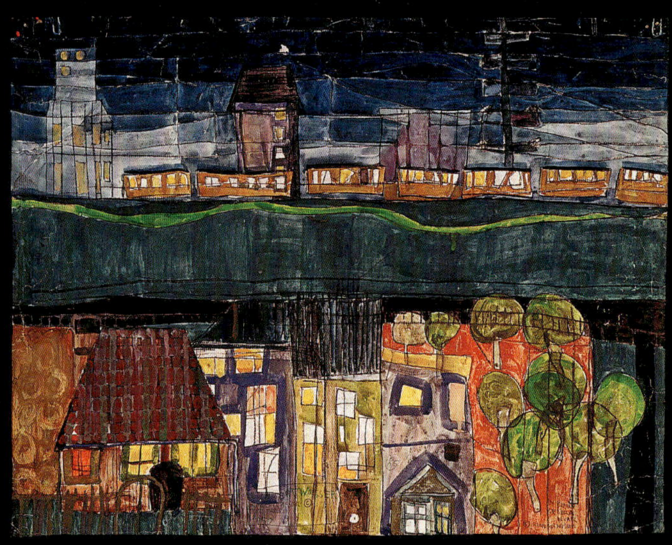

Die Bahn nach Sceaux
Railway to Sceaux
Saint-Mandé | Saint-Mandé, 1950

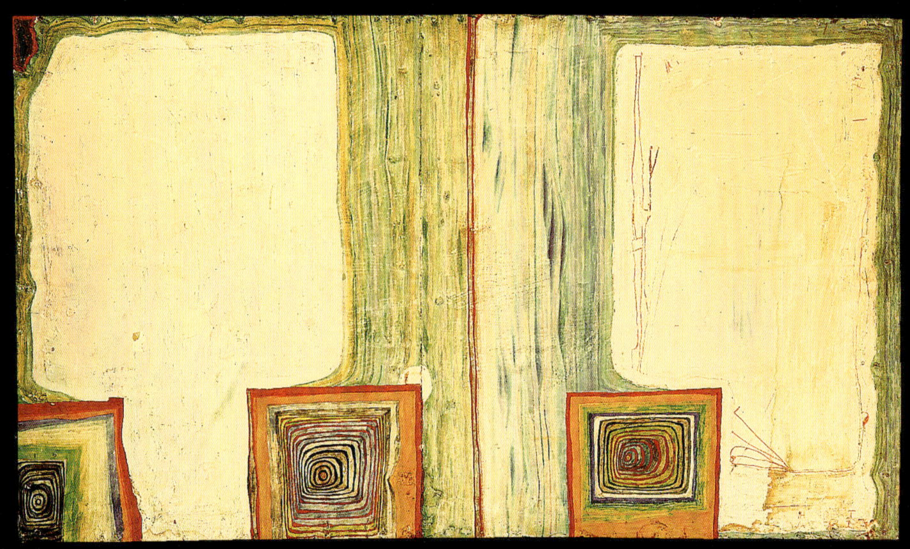

Autobus-Fenster
Bus Windows
Saint-Mandé | Saint-Mandé, 1954

60

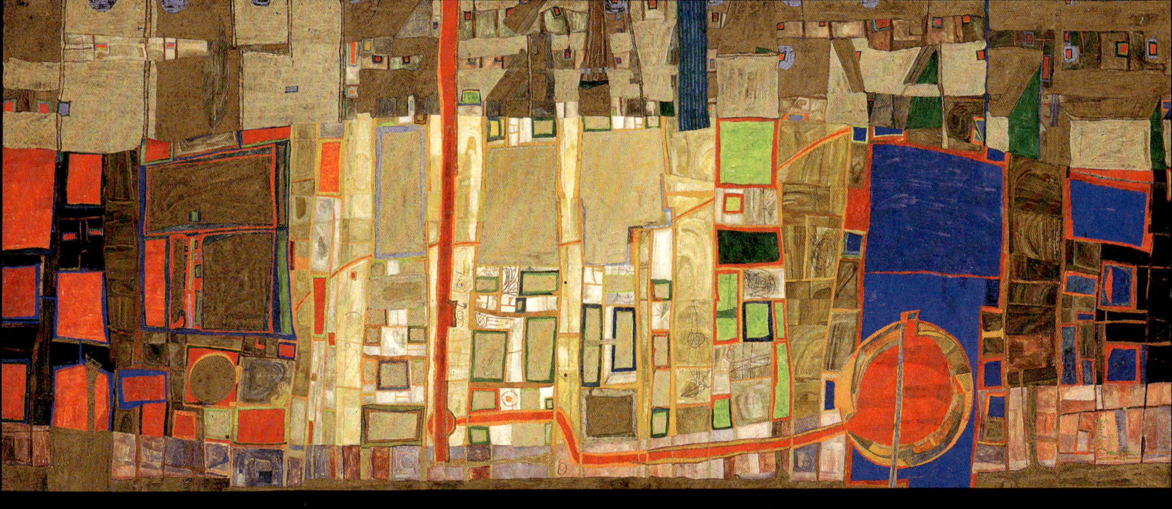

Die Stadt
The City
Saint-Maurice | Saint-Maurice, 1953

Die gerade Linie führt zum Untergang
(1953)

Ich habe ein Fahrrad. Paris ist groß. Ich möchte sagen, daß wunderbar die Linien sind, die ich
mit meinem Fahrrad durch diese große Stadt ziehe.
Die Linien sind genauso wunderbar wie alle anderen Linien, über die ich fahre, die andere Leute
hinter sich lassen.
Ich umfahre Menschen und Hindernisse.
Ich bin froh, daß ich mich als Maler endlich im Einklang und im direkten Kontakt mit den anderen
befinde.
Diese Linien, für die ich viele Stunden brauche und die mich müde machen und die bei meiner
Rückkehr riesige Kreise geworden sind, sind schöner, wahrer und gerechtfertigter als die, die ich
auf einem Papier ziehen könnte.
Ich wage zu sagen, daß die Linie, die ich mit meinen Füßen ziehe, um ins Museum zu gehen,
wichtiger ist als die Linien, die man innen im Museum auf Bildern aufhängt, aufgehängt vorfindet.
Und ich habe eine unendliche Genugtuung, wenn ich sehe, daß diese Linie niemals gerade
und niemals wirr ist, sondern daß sie ihre Berechtigung hat, so zu sein, wie sie ist, in jedem
kleinsten Teilabschnitt. Hütet euch vor der geraden und vor der betrunkenen Linie. Aber besonders
vor der geraden Linie. Die gerade Linie führt zum Untergang der Menschheit.
La ligne droite conduit à la perte de l'humanité.

Aus: Friedensreich Hundertwasser, „Die gerade Linie führt zum Untergang", geschrieben 1953
in Paris für den Katalog der ersten Ausstellung in Paris im Studio Paul Facchetti, 1954

The Straight Line Leads to the Downfall of Our Civilisation
(1953)

I have a bicycle. Paris is big. I want to say that the lines I draw with my bicycle through this
great city are extraordinary.
The lines are just as wonderful as all the other lines I cross traced by all the other people.
I ride around people and obstacles. I am happy at last to be in harmony and in contact with
the others.
These lines, for which I need many hours and which form an enormous circle by the time
I come back and which make me tired, are more beautiful, more genuine and more justified than
those I could draw on paper.
And I dare say that the lines I trace with my feet on the pavement walking to the museum are
more important than the lines I will find there hanging on the walls inside.
And it pleases me enormously to see that the line I trace is never straight, never confused, but
has a reason to be like this in every tiny part. Beware of the straight line and the drunken line.
But above all beware of the T-squared straight line.
The straight line leads to the downfall of humanity. La ligne droite conduit à la perte de l'humanité.

From: Friedensreich Hundertwasser, "The Straight Line Leads to the Downfall of Our Civilization,"
written in Paris, 1953, for the catalog accompanying his first Paris exhibition at Studio Paul Facchetti, 1954

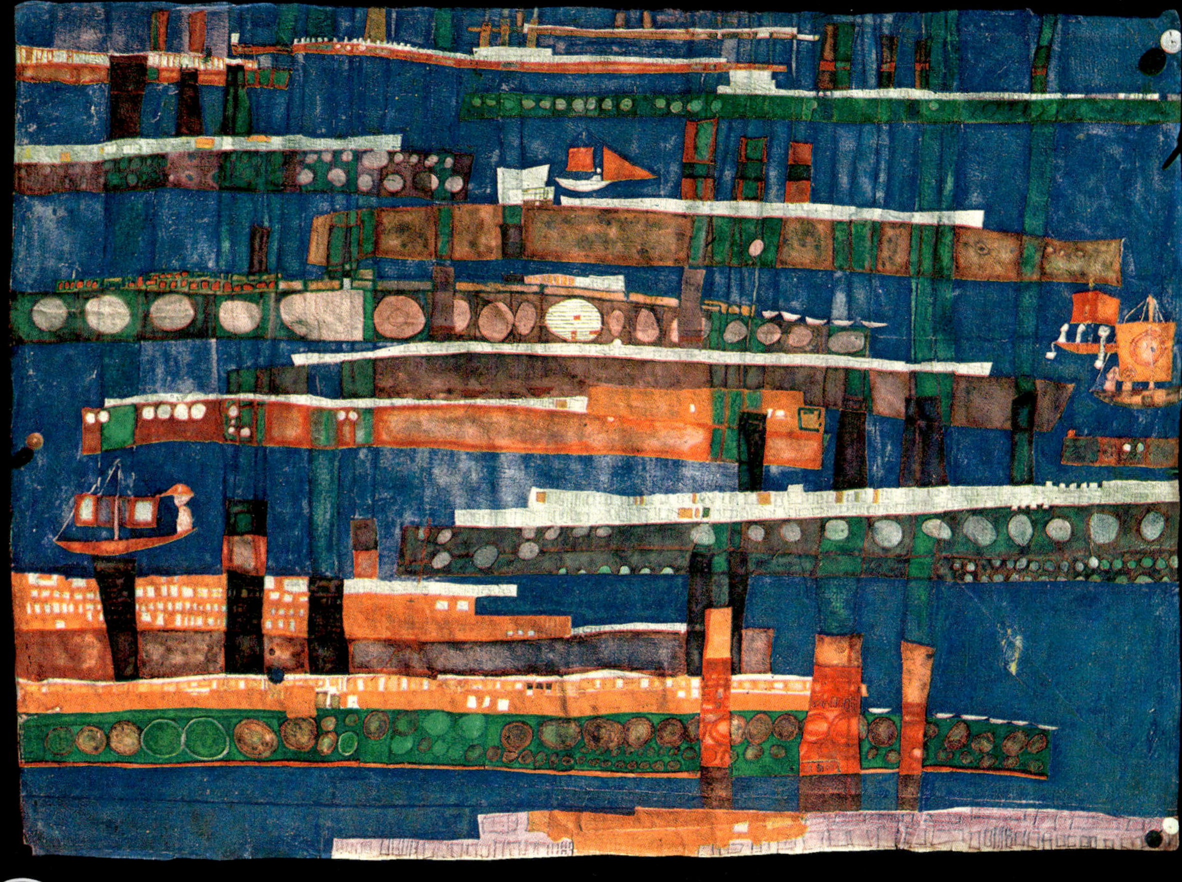

Singende Dampfer II
Singing Steamers II
Rettenegg | Rettenegg, 1950

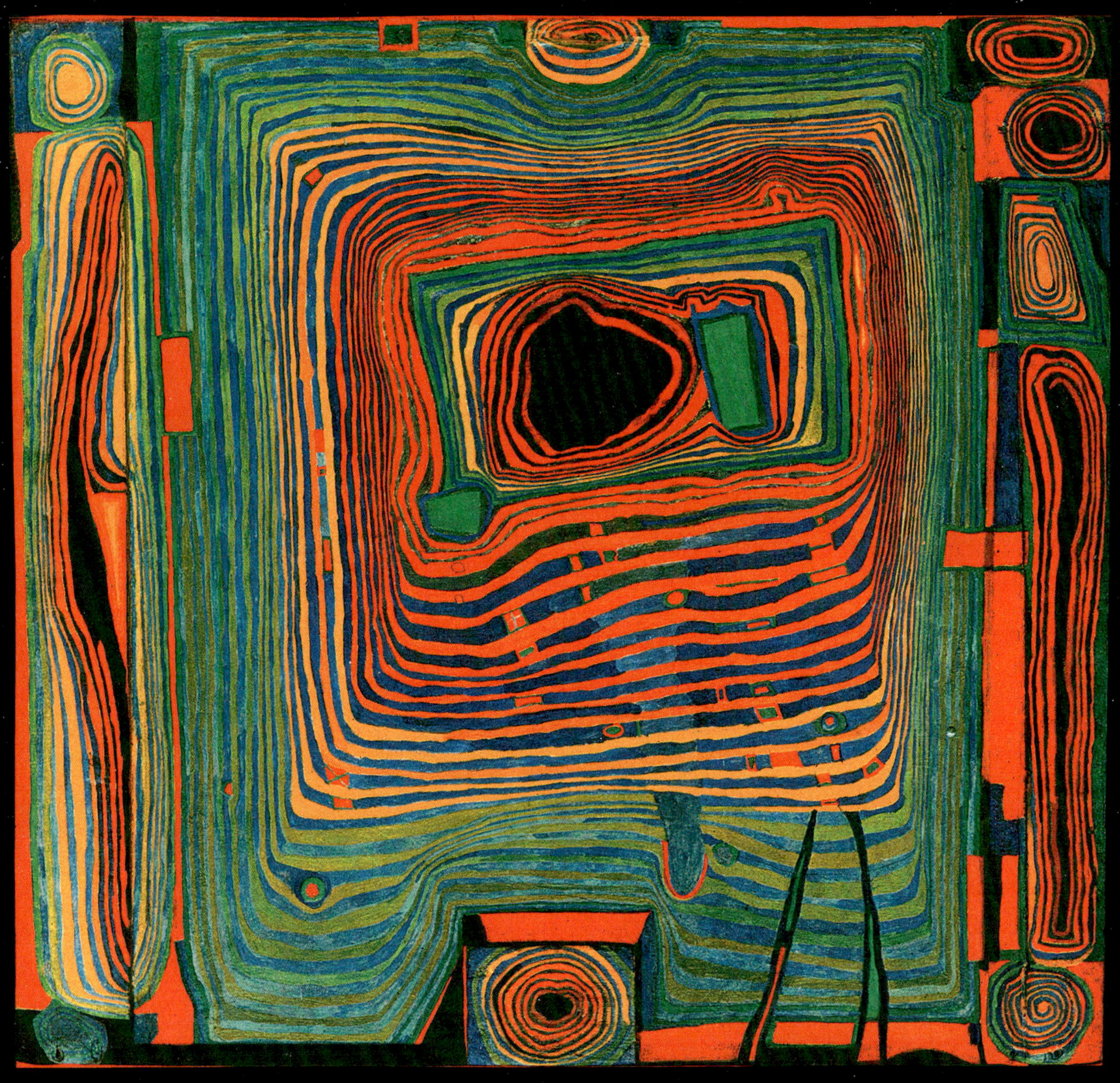

169 **Das Blut das im Kreis fließt und ich habe ein Fahrrad**
Blood Flowing in a Circle and I Have a Bicycle
Saint-Mandé | Saint-Mandé, 1953

Bildnerische Revolution

Die bildnerische Revolution der 1950er- und 1960er-Jahre, die Intensivierung der bildnerischen Grammatik bis zum Schritt über das Tafelbild hinaus zu raumergreifenden, architekturintegrierenden Formen und einer neuen, unmittelbare optische Reize verwendenden Bildsprache – diese Revolution wurde von einigen wenigen Malern vorbereitet, eingeleitet und initiiert. Friedrich Hundertwasser war einer von ihnen. Er steht kunsthistorisch neben Yves Klein, mit dem er in der ersten Hälfte der 1950er-Jahre in Paris arbeitete, aber auch neben Protagonisten und Vordenkern des Happenings und visionärer Kunstformen, wie Alan Kaprow, James Lee Byars, Joseph Beuys und Piero Manzoni.

Eine solche These wird überraschen, gilt Hundertwasser doch weitgehend als Inkarnation eines bildnerischen Populismus, von dem sich die meisten Künstler und Kunstkritiker der Gegenwart distanzieren. Doch genügt der unvoreingenommene Blick auf frühe Gemälde und Papierarbeiten von Hundertwasser, um die zentrale Stellung dieses Künstlers wahrzunehmen, die in gewisser Weise einer Wiederentdeckung harrt, zumindest was die koloristische Revolution der 1950er-Jahre und die Überwindung des tradierten Bildkonzepts betrifft. Möglicherweise, so lautet meine These, lässt sich das gesamte Werk von Hundertwasser, ausgehend von einer vorurteilslosen Neubewertung seines Frühwerks, neu deuten.

Robert Fleck

Aus: Robert Fleck, „Hundertwassers malerische Aktualität", in: Ingeborg Flagge (Hrsg.), *Friedensreich Hundertwasser – Ein Sonntagsarchitekt. Gebaute Träume und Sehnsüchte* (Ausst.-Kat. Frankfurt, Deutsches Architekturmuseum) Frankfurt 2005

Revolution in Painting

The revolution in painting in the 1950s and 1960s, the intensification of the grammar of visual representation to the point where the image moved beyond the panel picture and out into spatial forms that integrated the surrounding architecture and a visual vocabulary that emerged using new, direct optical stimuli — this was a revolution prepared, introduced and initiated by only a few painters. Friedrich Hundertwasser was one of them. In the history of art, he takes a place next to Yves Klein, with whom he worked in Paris for the first half of the 1950s, as well as next to protagonists and pioneers of the Happenings and of visionary art forms, such as Alan Kaprow, James Lee Byars, Joseph Beuys and Piero Manzoni.

Such a suggestion will come as a surprise, because Hundertwasser's oeuvre has largely been described as the incarnation of visual populism, and most contemporary artists and art critics distance themselves from it. Yet an unprejudiced glance at his early paintings and works on paper will suffice to discern the central position his oeuvre takes—awaiting as it does a kind of rediscovery, at least as regards the colorist revolution of the 1950s and the overcoming of the traditional concept of the picture. Possibly, so my hypothesis, we should reappraise Hundertwasser's entire oeuvre, starting from an unprejudiced reevaluation of his early works.

Robert Fleck

From: Robert Fleck, "The topicality of Hundertwasser's paintings," in *The Yet Unknown Hundertwasser*, ex. cat. (Vienna: KunstHausWien, 2008).

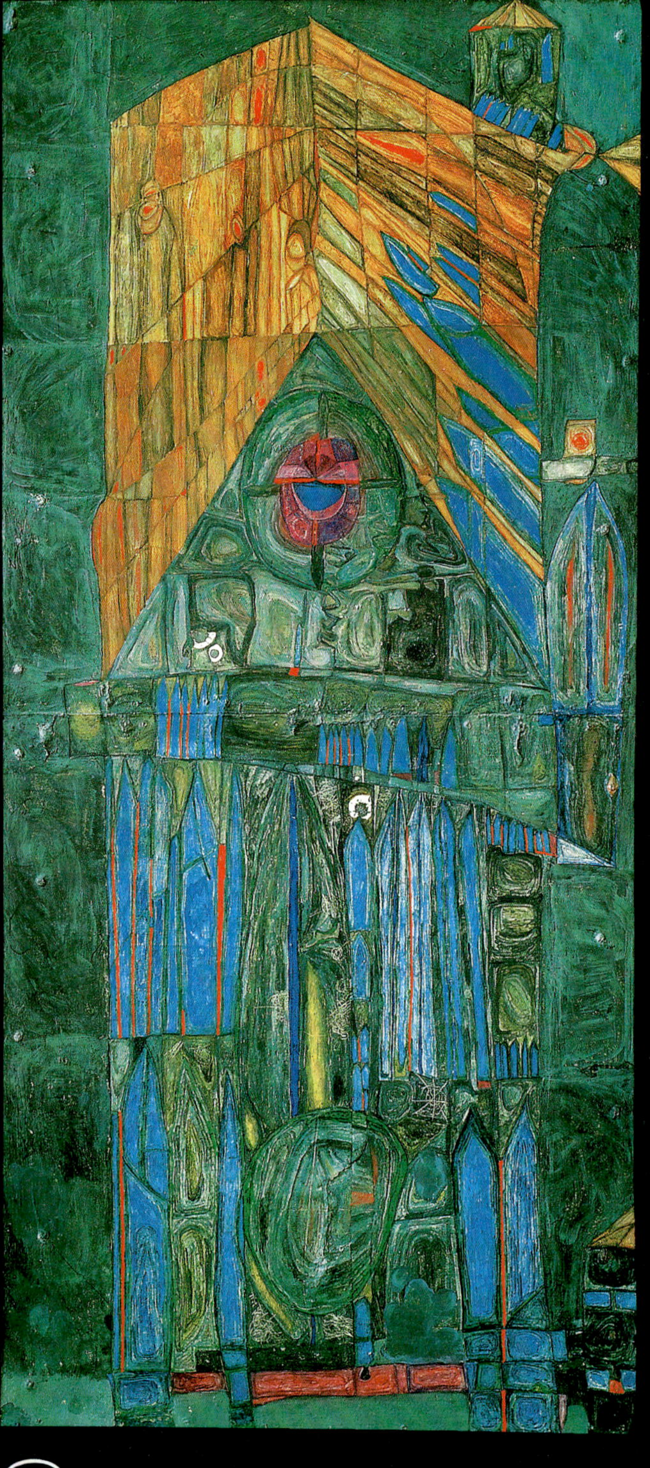

Kathedrale II
Cathedral II
Saint-Maurice | Saint-Maurice, 1953

Etwas später, 1953, hatten wir ein gemeinsames Atelier, zusammen mit René Brô, an der Porte de Charenton (neben dem Irrenhaus). Es war eine Baracke mit Zementboden. Und wenn auch das, woran wir arbeiteten, noch so verschieden und unvereinbar war, und wir bis zum Streit uns in gegensätzlichen Meinungen erhitzten, so teilten wir doch die Benützung des Fahrrades, die Metro-Karten, aßen aus einem Topf selbst gemahlenes Korn, das von einem Feld nicht unweit unseres Ateliers stammte, heizten mit Zeitungspapier den alten Eisenofen, und empfanden das alles als unglaublichen Aufstieg. Das war die Form unserer Freundschaft.

Ernst Fuchs

Aus: Ernst Fuchs, „Der Freund H.", in:
Stowasser 1943 – Hundertwasser 1974
(Ausst.-Kat. Wien, Albertina), Wien 1974

Fellow Painters

A little later, in 1953, we shared a studio, together with René Brô, at Porte de Charenton (next-door to the insane asylum). It was a shack with a cement floor. And even if the things we worked on were as disparate and incompatible as could be, and we got ourselves worked up to the point of fighting when arguing about our opposing views, we still shared the use of the bicycle and metro tickets, ate from the same pot, feeding on self-ground corn from a field not far from our studio, and fired the old iron furnace with newspapers, perceiving all this as a tremendous advancement. Such was the nature of our friendship.

Ernst Fuchs

From: Ernst Fuchs, "Der Freund H.,"
in Stowasser 1943 – Hundertwasser 1974,
ex. cat. (Vienna: Albertina, 1974)

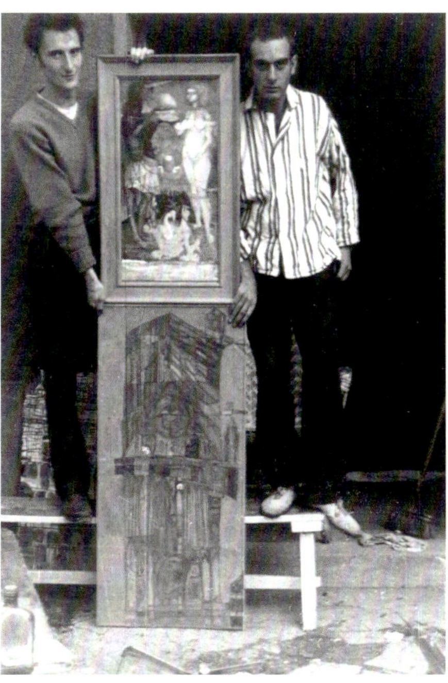

Ernst Fuchs und Hundertwasser in Paris
Ernst Fuchs and Hundertwasser in Paris
Paris | Paris, 1954

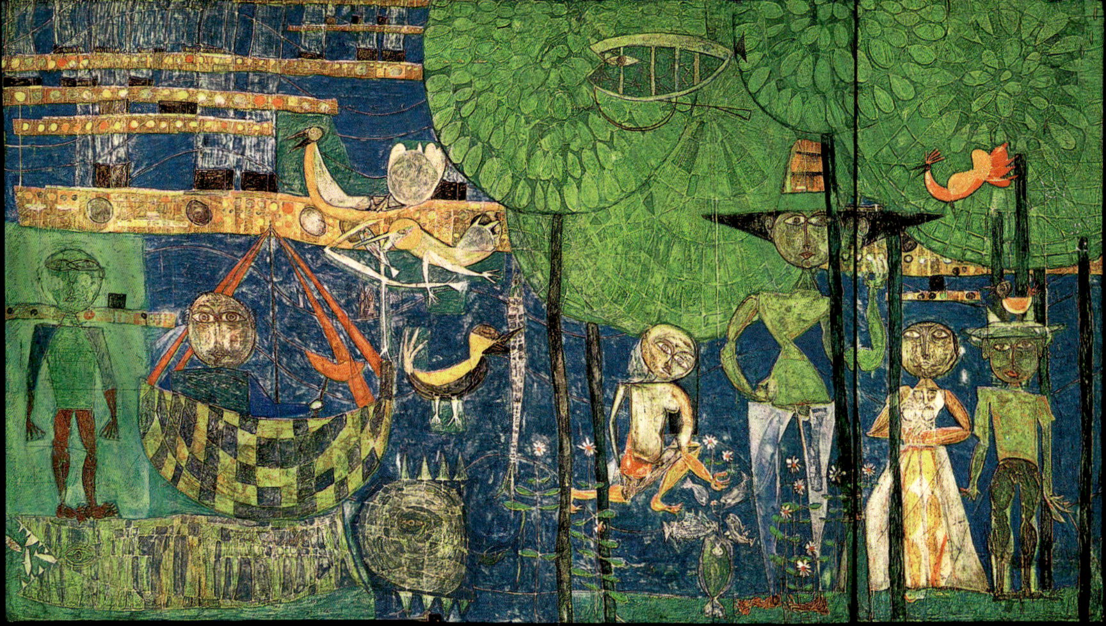

René Brô und | and Hundertwasser

96 **Paradies – Land der Menschen, Vögel und Schiffe**
Paradise — Land of Men, of Trees, Birds and Ships
Saint-Mandé | Saint-Mandé, 1950

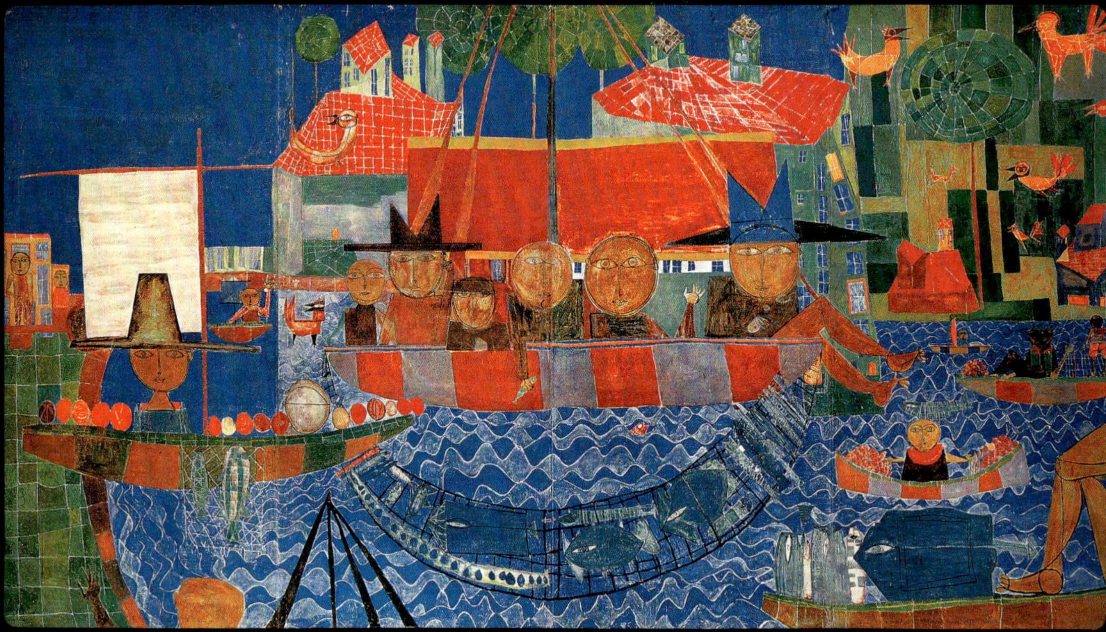

René Brô und | and Hundertwasser

97 **Der wunderbare Fischfang**
The Miraculous Draught
Saint-Mandé | Saint-Mandé, 1950

Hundertwasser während der Arbeit
an dem Wandgemälde *Paradies –
Land der Menschen, Vögel und
Schiffe*
Hundertwasser working on the
mural *Paradise—Land of Men,
of Trees, Birds and Ships*
Saint-Mandé | Saint-Mandé, 1950
Foto | Photo: Augustin Dumage

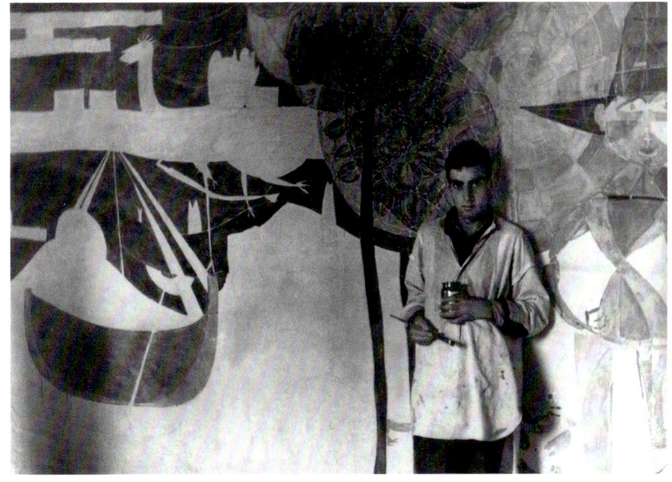

Hundertwasser mit René Brô im Pavillon Castiglione in
Saint-Mandé bei Paris vor dem gemeinsam gemalten Wand-
bild *Paradies – Land der Menschen, Vögel und Schiffe*
Hundertwasser with René Brô in the Pavillon Castiglione
in Saint-Mandé near Paris in front of their jointly painted
mural *Paradise—Land of Men, of Trees, Birds and Ships*
Saint-Mandé | Saint-Mandé, 1950

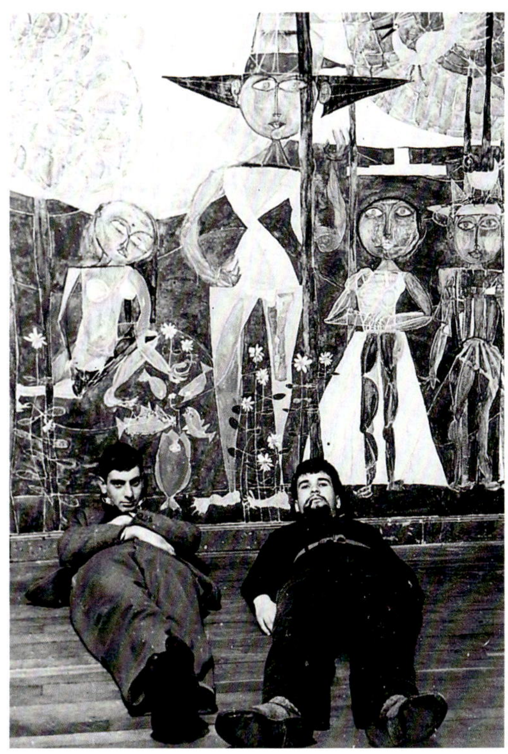

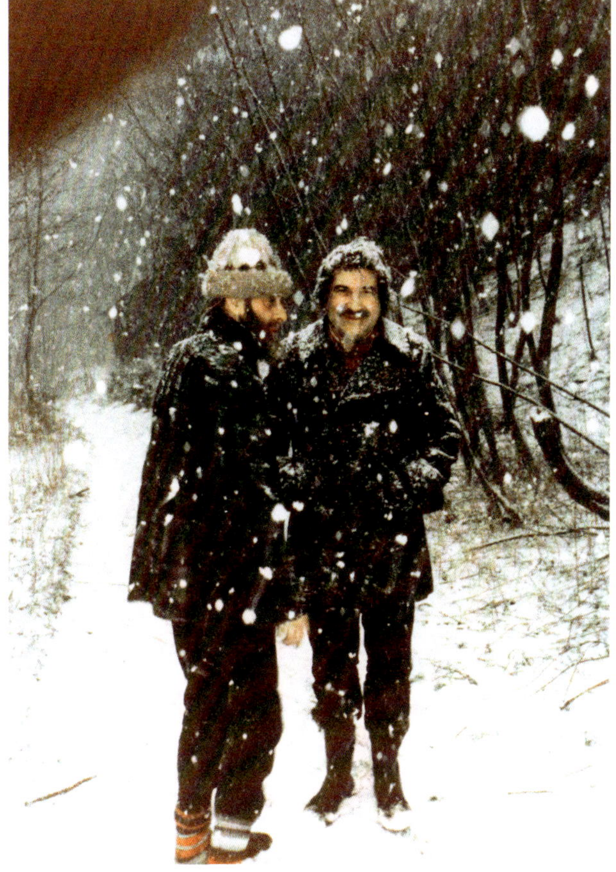

Hundertwasser mit René Brô
im Waldviertel
Hundertwasser with René Brô
in Austria's Waldviertel
Niederösterreich | Lower Austria, 1978

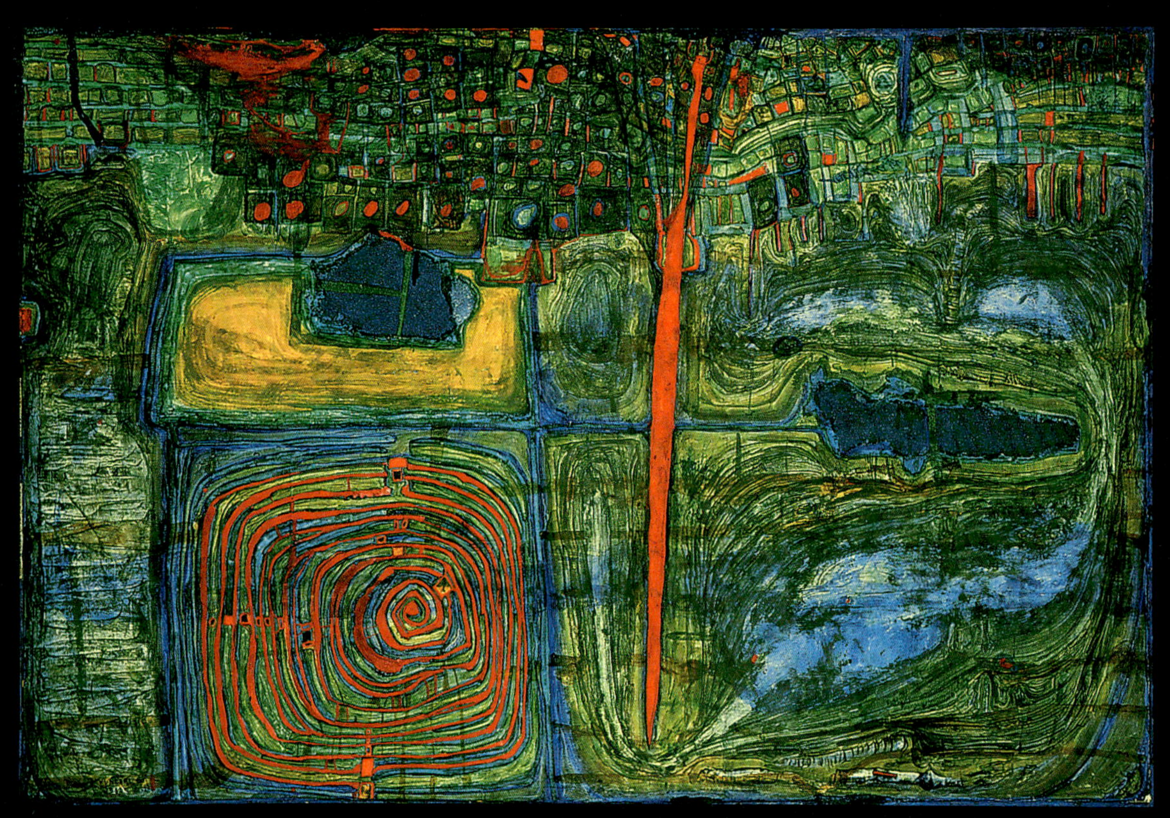

313 **Sonne für die, die auf dem Lande weinen**
Sun for Those Who Weep in the Countryside
Paris | Paris, 1959

4

Wie das steigende Rote Meer oder die *Linie von Hamburg*

1959 wird Hundertwasser an die Kunsthochschule am Lerchenfeld in Hamburg berufen, doch seine Tätigkeit als Dozent bleibt eine kurze Episode. Sie wird von einem Eklat um seine wohl bekannteste Kunstaktion beendet: die *Linie von Hamburg,* die er mit Bazon Brock und Herbert Schuldt entwickelt und mit Unterstützung des Kunstmäzens Siegfried Poppe durchführt. Unter Mitwirkung von Studenten entsteht eine ohne abzusetzen über die Wände, Fenster und Türen der Klasse Hundertwasser hinweg gezogene Linie. Das Einschreiten der vom Rektor gerufenen Polizei beendet die Aktion.

In der *Linie von Hamburg* finden sich wesentliche Motive der Kunst Hundertwassers vereint: Die Form der Spirale, die sich als Ordnungsprinzip durch sein Schaffen zieht, begegnet dem Element des Ornamentalen als Bestandteil seiner Ästhetik, das sich in seinen Bildern und in seinen Gebäuden findet. Die Form der künstlerischen Aktion wird bis in die 1970er-Jahre für Hundertwasser wichtig bleiben, um seine Gedanken nachdrücklich zu kommunizieren.

Like the Rising Red Sea or the *Hamburg Line*

In 1959 Hundertwasser accepts a teaching position at the art academy in Hamburg (Kunsthochschule am Lerchenfeld), yet his career as a university lecturer remains a brief spell. It is cut short by a scandal surrounding his best-known art action: the *Hamburg line,* which he develops together with Bazon Brock and Herbert Schuldt and with the support of art patron Siegfried Poppe. In a collective action with the collaboration of students, a continuous line is drawn across the walls, windows and doors of his classroom. The intervention of the police, called in by the director of the academy, puts an end to the action.

The *Hamburg Line* combines key themes of Hundertwasser's art: the form of the spiral, which runs through his entire oeuvre like an organizing principle of sorts, meets the ornamental as an integral part of his aesthetics, which can be found both in his paintings and in his buildings. The form of the artistic action, as a means of emphatically communicating his ideas, will remain important to Hundertwasser until the 1970s.

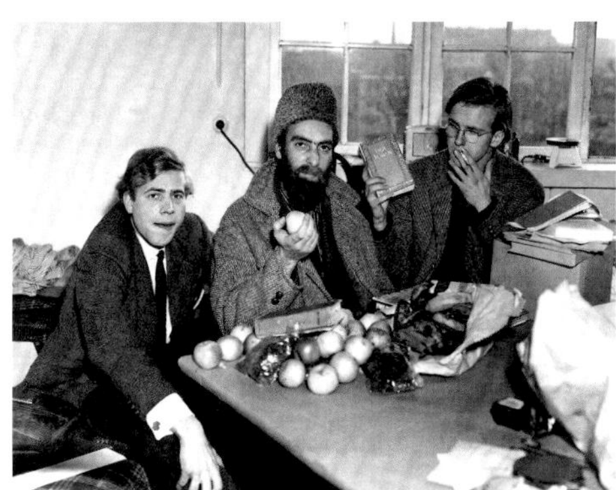

Bazon Brock, Hundertwasser und Herbert Schuldt
während der Aktion *Die Linie von Hamburg*
an der Kunsthochschule am Lerchenfeld in Hamburg
Bazon Brock, Hundertwasser and Herbert Schuldt
during the action *The Hamburg Line* at the Hamburg
art academy (Kunsthochschule am Lerchenfeld)
Hamburg | Hamburg, 1959

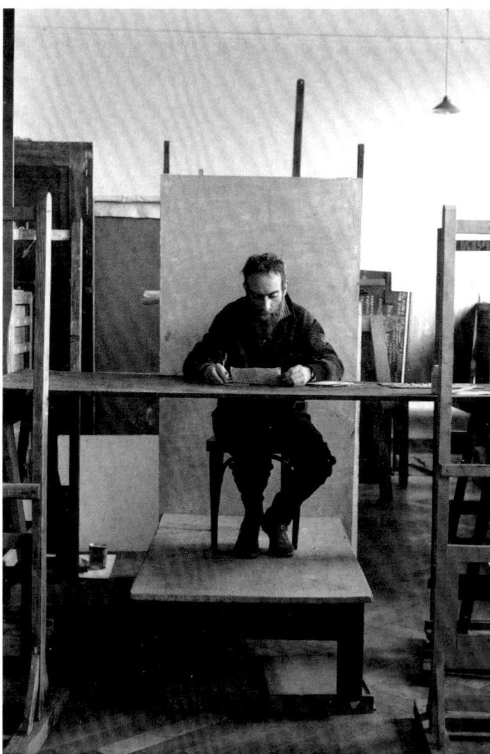

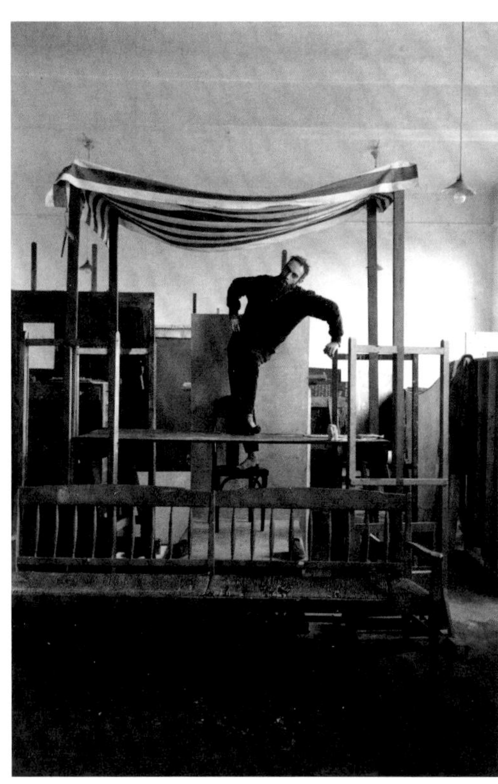

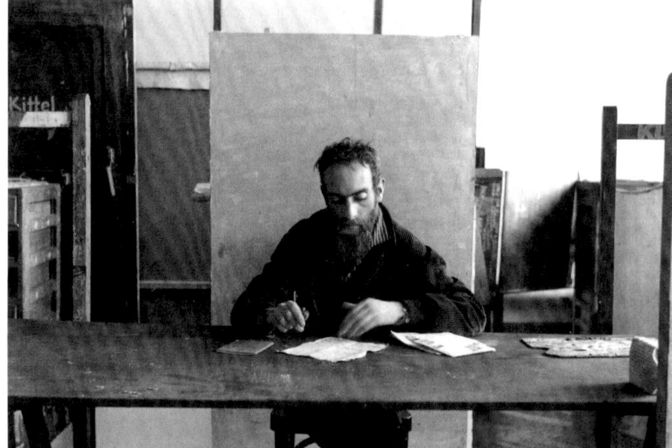

Hundertwasser als Dozent an der Kunsthochschule am Lerchenfeld in Hamburg
Hundertwasser as a lecturer at the Hamburg
art academy (Kunsthochschule am Lerchenfeld)
Hamburg | Hamburg, 1959
Fotos | Photos: Ulrich Mack

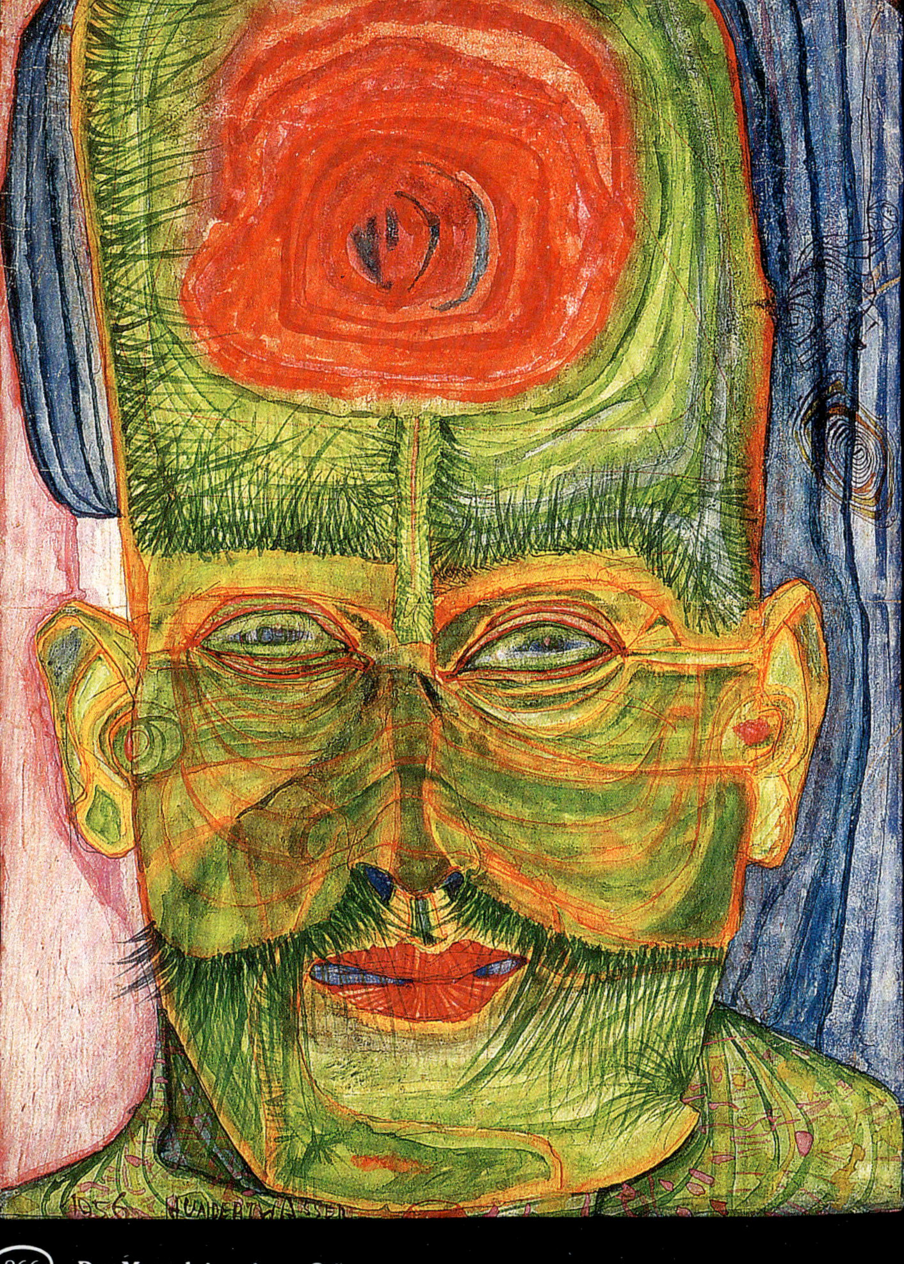

 Der Mensch in seinem Grün
Man in His Greenery

Die Linie von Hamburg
(1975/1983)

Ich klopfte an die Tür des Klassenzimmers. Es waren ungefähr vierzehn Studenten versammelt,
und ich hielt eine kleine Rede. Ich sagte: „Hören Sie, es ist wahrscheinlich besser, wenn Sie
nach Hause gehen. Denn wenn Sie Talent haben und hierher kommen, um etwas zu lernen,
dann werden Sie es verlieren. Und wenn Sie kein Talent besitzen, dann ist es noch schlimmer,
weil Sie dann Dinge lernen werden, die gar nicht zu Ihnen passen, und Ihr Leben wird ruiniert
werden. Der einzige Weg, Künstler zu werden, führt über Ihre eigene Kreativität, und dabei
müssen Sie mit sich selber beschäftigt sein und sich nicht auf einer Schule aufhalten. So, gehen
Sie bitte nach Hause. Außerdem kann ich Ihnen gar nichts lehren, denn ich bin hier, um zu
malen, und es ist untersagt, mich nachzuahmen. In beiden Fällen, ob Sie nun Talent besitzen oder
nicht, sollen Sie diese Schule verlassen, um auf dem Gebiete der Kunst etwas zu erreichen."

Die Studenten schauten mich an, und keiner verließ den Raum. So begann ich also meine
Lehrtätigkeit mit reinem Gewissen. Ich ließ alle vorhandenen Stellwände der Hochschule in
meiner Klasse aufstellen und unterteilte den Raum in vierzehn kleine Zellen. ...

Ich selbst malte auf einem eigens errichteten Podium unter einem Baldachin, denn ich fühlte
mich als König und besser als alle anderen. ...

Ich begann mit dem Schimmel. Ich bat die Studenten, Schimmel mitzubringen, wo immer sie ihn
finden konnten, sei es aus dem Keller oder von der Marmelade. Wir gaben ihn an die Wand, um
zu beobachten, wie er wuchs zur Illustrierung meines Verschimmelungsmanifestes gegen den
Rationalismus in der Architektur, das im Jahr zuvor erschienen war. Als man mich darauf aufmerksam machte, daß das Leitungswasser stark chlorhaltig sei, weswegen die Schimmel eingehen,
beauftragte ich die Studenten, Süßwasser aus der nahen Elbe zu holen, um den Schimmel
feucht zu halten. Das meiste Wasser wurde allerdings auf den Fluren und Treppen verschüttet,
so daß das Stiegenhaus immer naß war.

Aus: Friedensreich Hundertwasser über die *Linie von Hamburg*, Wien, Februar 1975, ergänzt 1983

The Line of Hamburg
(1975/1983)

I knocked at the classroomdoor; there were about fourteen young people and I made them a
little speech. I said: "Listen, it will be better if you go home, because if you have talent and if you
come here to learn you will lose everything you have, but if you are not gifted, that is even worse
because you will learn things which will not fit you, and you will spoil your life. The only way to
become an artist is through your own creative activity and this you can do only when you are with
yourself at home and never at school. So, go away please! Anyway, I will not teach you anything,
I am here to paint and I shall prohibit you to imitate me. In both cases, whether you have talent
or not, you must leave this school, if you want to succeed."

They looked at me, and nobody left.
Thus I could begin my course, with a clear conscience. I had all the panels of the school
brought to my class and divided the room into 14 little cells. …

Myself, I painted on a specially erected high podium under a baldachin, because I felt like a king,
being better than all the others. …

I began with the mould. I asked the pupils to bring patches of mould, wherever they could find
it, in cellars, or from pots of jam. We applied it to a special wall in order to teach the growth
and forms of mould, to illustrate my "Mouldiness Manifesto against Rationalism in Architecture,"
published last year. I had heard that the tap water was full of chlorine, so in order to keep
the mould moist, I ordered the students to fetch sweet water in buckets from the river Elbe just
around the corner, but they spilled most of it on the staircases. …

From: "Friedensreich Hundertwasser on the Hamburg Line," Vienna, February 1975, completed in 1983
(English version by the artist)

Die Linie von Hamburg
(1975/1983)

Ich betrachtete diese Aktion als eine Evolution. Anläßlich einer Ausstellung bei Kamer in Paris, 1957, schrieb ich folgendes: Die langsame Evolution der Vegetation ist besser als eine rasche Explosion. Und ich verglich eine Atombombenexplosion mit den Pilzen, welche langsamer wachsen und die sich besser dem Vorhandenen anpassen. Dieses schafft eine Superstruktur, die sich über die Dinge zieht, ohne sie zu ruinieren oder zu zerstören. Die organisch wachsende Spirale ist ein Gleichnis zum Leben und zum Tod in ewiger Wiederkehr. Mit der geraden Linie kann man nicht die Kathedralen des wahren Glaubens bauen, die Kathedralen der Schöpfung, denn die gerade Linie ist gottlos.

Mein ‚Experiment' sollte eigentlich an einem Punkt irgendwo an der Decke enden. Die Linie wäre dann zu einer Spirale geworden, die von außen, von der Weite kommt und die scheinbar kleiner und kleiner wird und scheinbar in einer Mitte endet, ähnlich wie die Spitze einer Pyramide oder die Spitze eines Domes, eines Glaubens, die auch mit sonderlichen Energien geladen sind. In Wahrheit verdichtet sich jedoch die Spirallinie in diesem Zentrum, das Tod und Leben gleichzeitig bedeutet, und sammelt ungeheure Kräfte zu einer Wiedergeburt in einer anderen Ebene. Leider war es mir nicht erlaubt, diesen Punkt zu finden. Dort kam ich nicht an.

Aus: Friedensreich Hundertwasser über die Linie von Hamburg, Wien, Februar 1975, ergänzt 1983

The Line of Hamburg
(1975/1983)

I considered the manifestation as an "evolution".
I wrote for my Kamer exhibition 1957: The slow action of mould is better than the quick explosion. And then I compared an atomic explosion with the fungus which grows slowly, adjusts better to existing things. It covers the rough points, it softens everything. It creates a superstructure above existing things, it does not ruin or destroy.

My "experiment" ought to have ended in a point, somewhere on the ceiling. The line would have turned into a spiral coming from the outside and getting smaller and smaller, vanishing into one point. Unfortunately, I was not allowed to find that point. I did not arrive there.

From: "Friedensreich Hundertwasser on the Hamburg Line," Vienna, February 1975, completed in 1983
(English version by the artist)

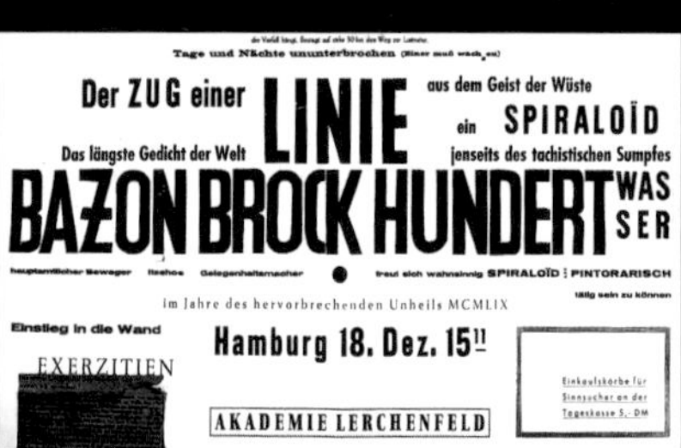

Plakat zur Aktion *Die Linie von Hamburg*
Poster announcing the action *The Hamburg Line*
Hamburg | Hamburg, 1959

Bazon Brock

Die endlose Linie –
theoretisches Objekt 1959

„Wir wollen die Linie ziehen, die ununterbrochen allem Lebendigen ausfließt, ohne dabei gleich Verdinglichung des Bewußtseins zu treiben. … Über den Verlauf der Aktion wird sehr genau buchgeführt werden: über die Wachablösungen, Kommandos, menschliche Unzulänglichkeit. Das Ziehen unserer Linie gleicht einem internationalen Stafettenlauf. … Natürlich hat die Linie einen Sinn, aber der Sinn ist nicht das Gemeinte. … Des gleichen Sinnes, in dem ALEXANDER seinen Indienzug antrat. ERATOSTHENES den Weg von Alexandria nach Syene ausschritt, um den Umfang der Erde zu berechnen. PETRARCA jenen Gipfelmarsch auf sich nahm, mit dem er die Renaissance einleitete. COLUMBUS den Horizont zerschnitt. GOETHE seine italienische Reise durchführte. Sie alle nahmen schon damals eine Linie mit, die heute an den Wänden der Hamburger Akademie ankommt."
(Auszug aus dem Text von Pierre Restany auf dem Plakat zur Aktion *Die endlose Linie,* Hamburg 1959)

The Endless Line–
Theoretical Object 1959

"We want to draw the line that continuously issues from everything that is alive, without immediately reifying consciousness. … A close tally will be kept of the action as it progresses: of the changing of the guard, commands, human imperfection. The drawing of our line resembles an international relay race …. Of course the line has a meaning, but the meaning is not what is meant. … In the same sense in which ALEXANDER embarked on his Indian campaign. In which ERATOSTHENES walked the way from Alexandria to Syene in order to calculate the circumference of the Earth. In which PETRARCH took on that march to the top of the mountain, thus heralding in the Renaissance. In which COLUMBUS cut through the horizon. In which GOETHE completed his Italian Journey. They all, even then, took with them a line that today arrives on the walls of the Hamburg Academy."
(Excerpt from Pierre Restany's text on the poster accompanying the action *The Endless Line,* Hamburg 1959)

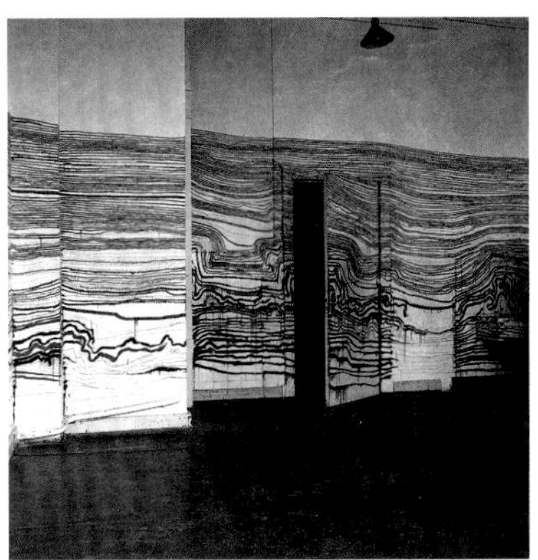

Die Linie von Hamburg
The Hamburg Line
Hamburg | Hamburg, 1959

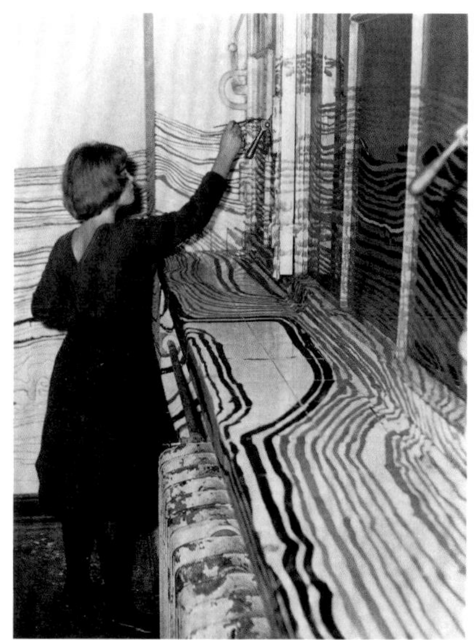

Studentin der Klasse Hundertwasser
während der Aktion *Die Linie von Hamburg*
A student of Hundertwasser's course during
the action *The Hamburg Line*
Hamburg | Hamburg, 1959

Ich leitete die Studierenden der Klasse Hundertwasser an, tatsächlich Kontinuität zu bewahren, wenn sie sich in der Linienführung abwechselten. Das setzte Kommandos über die Ablösung voraus, sobald entweder der Linien ziehende Arm ermattete oder die Tinte im Schreibstab auszugehen drohte. Den Schreibstab mit einem Fassungsvermögen von einem halben Liter Tinte hatte der Hamburger Mäzen Siegfried Poppe aus seinen Malereibetrieben zur Verfügung gestellt. Poppe war als Sammler von Hundertwasser auch der ‚Schutzpatron' der Linienziehung und versorgte deren Teilnehmer mit Essen und Getränken.

Gegen die Intervention des Hochschulrektors und seine Androhung polizeilicher Räumkommandos kam allerdings auch Poppe nicht

I instructed the students of Hundertwasser's course to, in fact, maintain continuity when they took turns drawing the line. This required them to give commands in order to ensure their replacement, either as soon as the line-drawing arm grew tired, or when the writing stick threatened to run out of ink. The writing stick, which could hold half a liter of ink, had been made available by the commercial painting company owned by the Hamburg patron of the arts Siegfried Poppe. As a collector of Hundertwasser's work, Poppe was also the "patron saint" of the line drawing and he supplied the participants with food and drink.

But even Poppe was powerless against the intervention of the academy director and his threat to send in the police to clear the place. The project had to be aborted on the second night. Hundertwasser regarded the lined classroom as a prime example of the "Pintorarium," which he had co-founded with Ernst Fuchs and Arnulf Rainer as a universal academy of all creative genres and in which he was "spiraloidically active." For me, it was, among other things, an experimental reexamination of *A Thousand and One Nights:* are we still capable of experiencing continuity? The collective expression of the line arose from the logic of generating continuity for anthropological reasons.

Hundertwasser championed two approaches in equal measure. On the one hand, there was his attempt to become a collective subject: walking barefoot, acting ascetically as a form of collective expression. On the other hand, he had a very unique way of phrasing things and coined highly original terms. The latter, his art historical side, alludes

an. Das Projekt musste in der zweiten Nacht abgebrochen werden. Hundertwasser sah die linierte Klasse als Paradebeispiel seines gemeinsam mit Ernst Fuchs und Arnulf Rainer gegründeten ‚Pintorariums‘, einer universellen Akademie aller kreativen Richtungen, in dem er ‚spiraloid tätig‘ war. Für mich war es unter anderem die experimentelle Überprüfung von *1001 Nacht:* Sind wir noch zu Kontinuitätserfahrungen fähig? Der Kollektivausdruck der Linie entstand aus der Logik der Kontinuitätserzeugung.

Hundertwasser vertrat zwei Positionen gleichermaßen. Auf der einen Seite war da sein Versuch, zum Kollektivsubjekt zu werden: barfuß gehen, asketisch handeln als die Form des kollektiven Lebensausdrucks. Auf der anderen Seite war er extrem singulär in seinen Formulierungen, originell in seinen Begriffsprägungen. Diese – seine kunstgeschichtliche – Seite verweist auf 600 Jahre Malerei mit Kennzeichen wie Singularität und individueller Handschrift. Der Gegenstand der künstlerischen Gestaltung bei Hundertwasser war aber das Gegenteil: die anonyme, kollektive, ornamentale Gestaltung. Hundertwasser ist interessant, weil er das künstlerische Gestalten wieder auf das Ornamentale zurückführt. Er war nicht ein gespaltenes, sondern ein beide Positionen harmonisch austarierendes Subjekt. Das war das Bemerkenswerte, ja Staunenswerte an Hundertwasser.

to 600 years of painting with hallmarks such as singularity and a distinct hand. Yet the object of artistic composition was, in Hundertwasser's case, the opposite: anonymous, collective, ornamental design. Hundertwasser is interesting, because he again reduces artistic composition to the ornamental. He was, however, not a split subject, but instead harmonically balanced both approaches. That is what was so remarkable, and even amazing, about Hundertwasser.

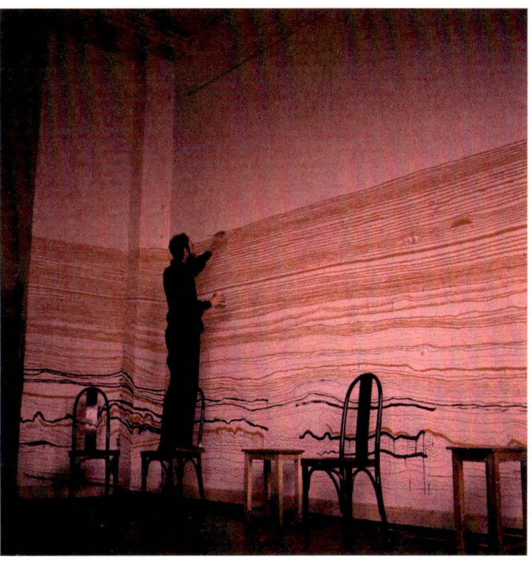

Hundertwasser zieht die
Linie von Hamburg
Hundertwasser drawing
The Hamburg Line
Hamburg | Hamburg, 1959

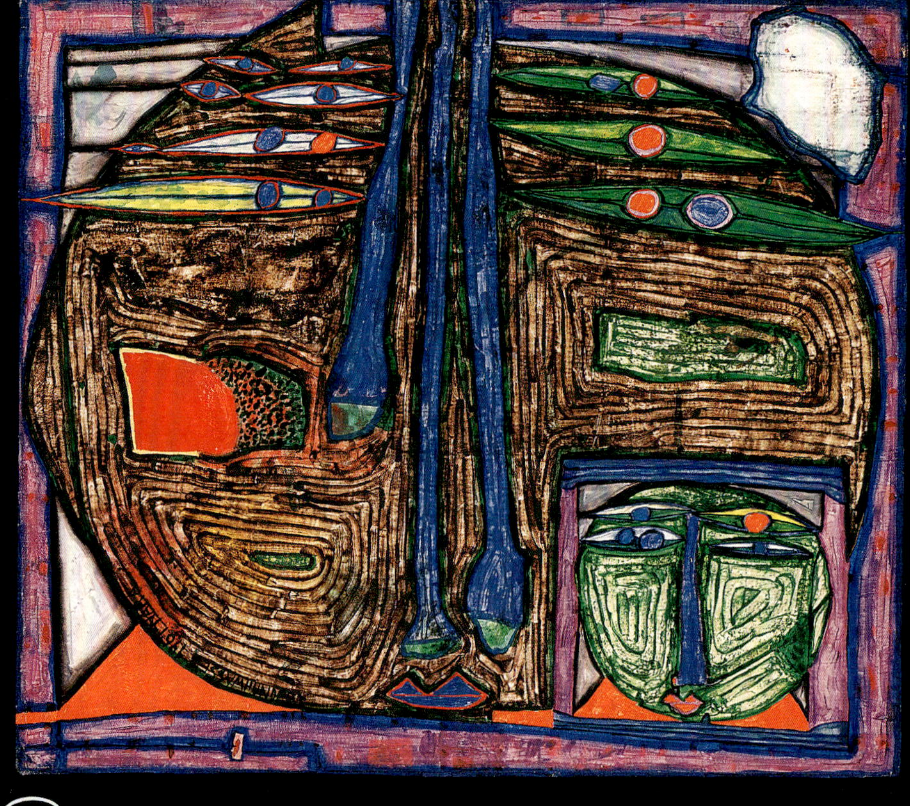

477

Die Drei-Nasen-Flüsse
The Three Nose Rivers
Nara | Nara, 1961

5

Hundertwasser und Japan

1961 verbringt Hundertwasser rund ein Jahr in Japan. Die Ausstellung in der Tokyo Gallery wird zum Grundstein seiner Rezeption in Japan. Der einjährige Aufenthalt dort erweist sich in mehrfacher Weise als bedeutsam. Einerseits lernt er die junge Künstlerin Yuko Ikewada kennen, die er 1962 in Wien heiratet. Andererseits läßt ihn seine längere Abwesenheit vom europäischen Kunstbetrieb die enge Verbindung zur Avantgarde, deren Teil er im vorangegangenen Jahrzehnt gewesen war, lösen und einen noch eigenständigeren Weg einschlagen.

In seiner Zeit in Japan ändert Hundertwasser seinen Vornamen Friedrich zu ‚Friedereich‘, um ihn schließlich 1968 zu ‚Friedensreich‘ zu wandeln. Japan wird für Hundertwasser auch als jenes Land bedeutsam bleiben, in dem die Holzschnitte nach seinen Bildern von japanischen Meistern angefertigt werden.

Hundertwasser and Japan

Hundertwasser spends most of 1961 in Japan, where his exhibition at the Tokyo Gallery provides the basis for the reception of his work. His one-year stay proves important in more than one respect. On the one hand, he meets the young artist Yuko Ikewada, whom he marries in Vienna in 1962. On the other, his longer absence from the European art scene leads to a loosening of his close ties to the avant-garde, which he had been part of in the previous decade, thus allowing him to pursue an even more independent path.

During his time in Japan, Hundertwasser changes his first name from Friedrich to "Friedereich," finally renaming himself "Friedensreich" in 1968. Japan will also remain important to Hundertwasser as the country where master artisans make woodcuts of his paintings.

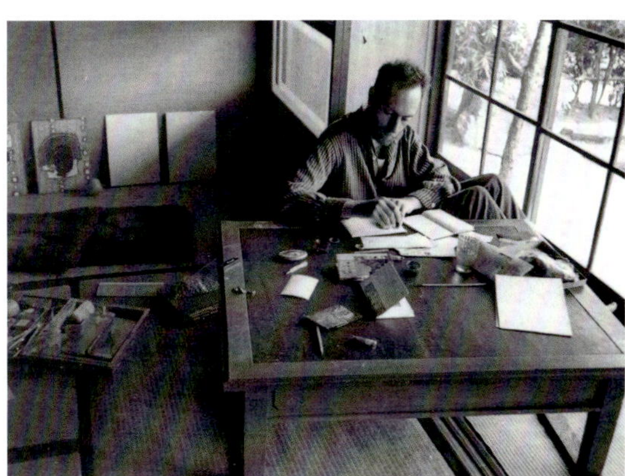

Hundertwasser in Japan
Hundertwasser in Japan
Japan | Japan, 1961

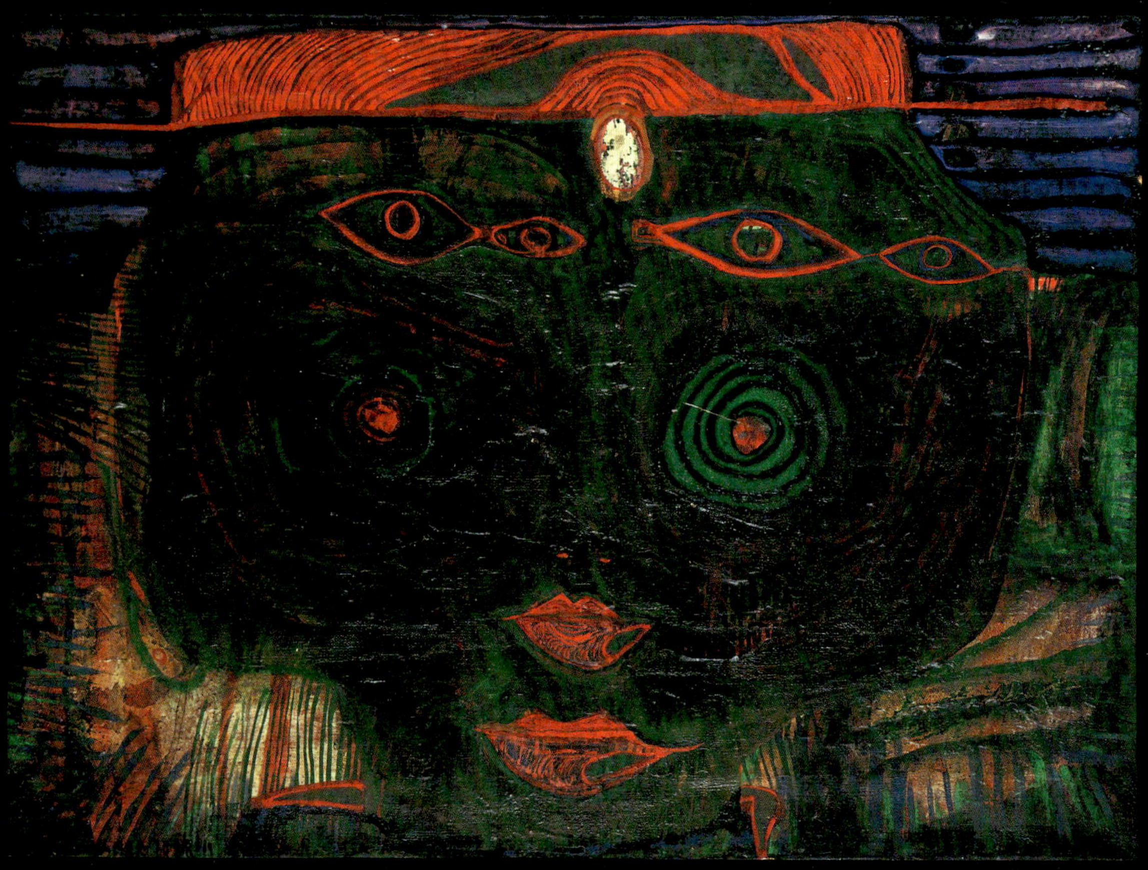

335 **Die Nacht des Grases**
The Night of the Grass
Wien | Vienna, 1961

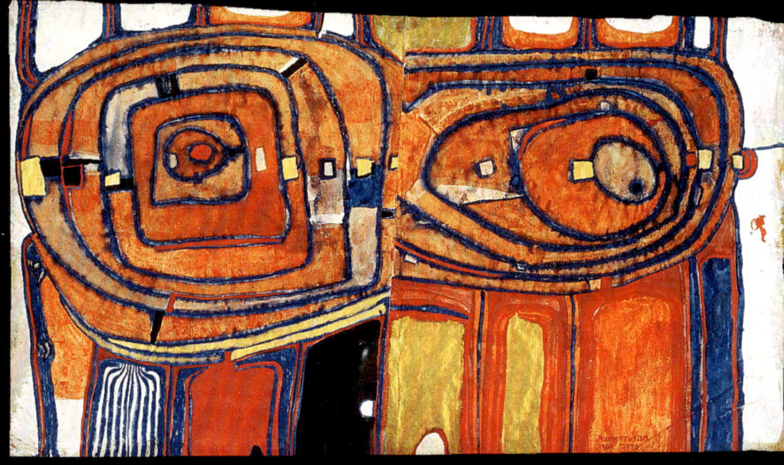

(473) **Zwei Wolken mit Füßen bringen sieben Farben hervor**
Two Clouds with Feet Breeding Seven Colours
Tokyo | Tokyo, 1961

Zur Ausstellung in der Tokyo Gallery

1) Es verbreitet sich eine merkwürdige Erschöpftheit der individuellen Schaffenskraft, das
   bunte Allerlei von Ausdrücken, wie Normierung und Sozialisierung, Kopieren und Lineal,
   Ameisenschlange und wilder Boden, und nun ist die Welt neuerdings die fürchterliche
   Welt der Analphabeten geworden.
2) Zur Rechenschaft sollte die kriminelle Erziehungsmethode gezogen werden, die, durch das
   Erziehungswesen bedingt, an Hochschulen, Fachschulen, höheren Schulen und anderen
   Schulen praktiziert wird.
3) Durch das ‚Hand in Hand Gehen‘ mit dem geplanten Kolorit können nur die eigentlichen
   Kenntnisse systematisch und unnatürlich erlernt werden, und aus einem schaffenden Willen
   wird höchstens ein Fachtrottel beziehungsweise ein Nachahmer.
4) Dieser sinnlose kriminell gehandhabte Prozess ist nichts anderes als ein programmierter
   Mordanschlag auf das Leben selbst.
5) Natürlich sind solche Menschen als Produkte dieser Erziehungsmethode nicht befähigt,
   die Verantwortung für sich und uns zu tragen.
6) Folglich wurzelt der sogenannte Fortschritt, von dem man allgemein formelhaft spricht,
   in einem fundamentalen Irrtum.
7) Das betrogene Leben!
8) Das betrogene Glück!
9) Dem Befehl gehorchendes Schmunzeln ist Lachen des Todes und der Unfruchtbarkeit.
10) Nicht nur von der unheimlich ihren Fortgang nehmenden kommunistischen Welt, sondern
   auch von der westlichen Welt ist dieses schöne Land bedroht.
11) Laßt euch nicht beschränken!
12) Folgt niemandem nach!
13) Geht in euch selbst!
14) Merkt euch, dass das Radio, die Zeitung, der Film, die Werbung und das Fernsehen,
   alle diese Dinge Mittel dazu sind, Menschen unter das Joch zu spannen.
15) Glaubt nicht an Dinge, die so klar sind wie mit dem Lineal gezogen.
16) Haltet gerade Linien nicht an das Herz!
17) Seid individuell!
18) Seid frei!
19) Seid schöpferisch!
20) Und vor allem, seid reich an Farben!
21) Dann werdet ihr von nichts bedroht.
22) Weil man durch diese Eigenschaften weder zu besiegen noch totzuschlagen sein wird.
23) Ich werde nach meinem schöpferischen Gewissen das Beste hervorbringen, mich autonom
   betätigen und mich nie lähmen lassen.
24) Ich werde mich stets verbessern.
25) Ich werde kein feiges Leben führen.
26) Sämtliche Zähne fest zusammenbeißend male ich mit Feldhühnereiern und japanischer Erde.

Verfasst 1961 anlässlich der Ausstellung in der Tokyo Gallery, Tokyo 1961

For the Exhibition at the Tokyo Gallery

1) A curious fatigue of the individual creative force is spreading the colourful potpourri of expressions such as standardisation and socialisation, copying and ruler, ant line and wild soil, and now the world has turned again into the terrible world of illiterates.
2) The criminal education methods practised at universities, technical colleges, high schools and other schools, caused by the education system, shall be held accountable.
3) Since planned colouring goes "hand in hand", actual knowledge is systematically and unnaturally learned, and a creative will turn at best into a person who acts as an ignorant, or as an imitator.
4) This senselessly, criminally-handled process is nothing but a programmed attempt of murder on life itself.
5) It goes without saying that such people as products of this education method are not suited to take responsibility for us and themselves.
6) Thus, so-called progress, which is a stereotype generally used, is rooted in a fundamental error.
7) Betrayed life!
8) Betrayed happiness!
9) Smirks following orders are the laughter of death and infertility.
10) This beautiful country is not only threatened by the frighteningly progressing communist world, but also by the Western world.
11) Do not let yourselves be limited!
12) Do not follow anything!
13) Stop and look into yourself!
14) Remember that radio, newspapers, movies, commercials, television and all these things are means to submit man under the yoke.
15) Do not believe in things that are as clear as drawn with a ruler.
16) Do not hold straight lines close to your hearts!
17) Be individual!
18) Be free!
19) Be creative!
20) And most of all, be rich in colours!
21) Then you will not be threatened by anything.
22) Because with these qualities, one cannot be defeated nor killed.
23) I will produce the best according to my creative conscience, be autonomously active and never let myself be paralysed.
24) I will always keep improving.
25) I will not lead a cowardly life.
26) All teeth tightly clenched, I paint with partridge eggs and Japanese soil.

Written in 1961 on the occasion of the exhibition at the Tokyo Gallery, Tokyo.

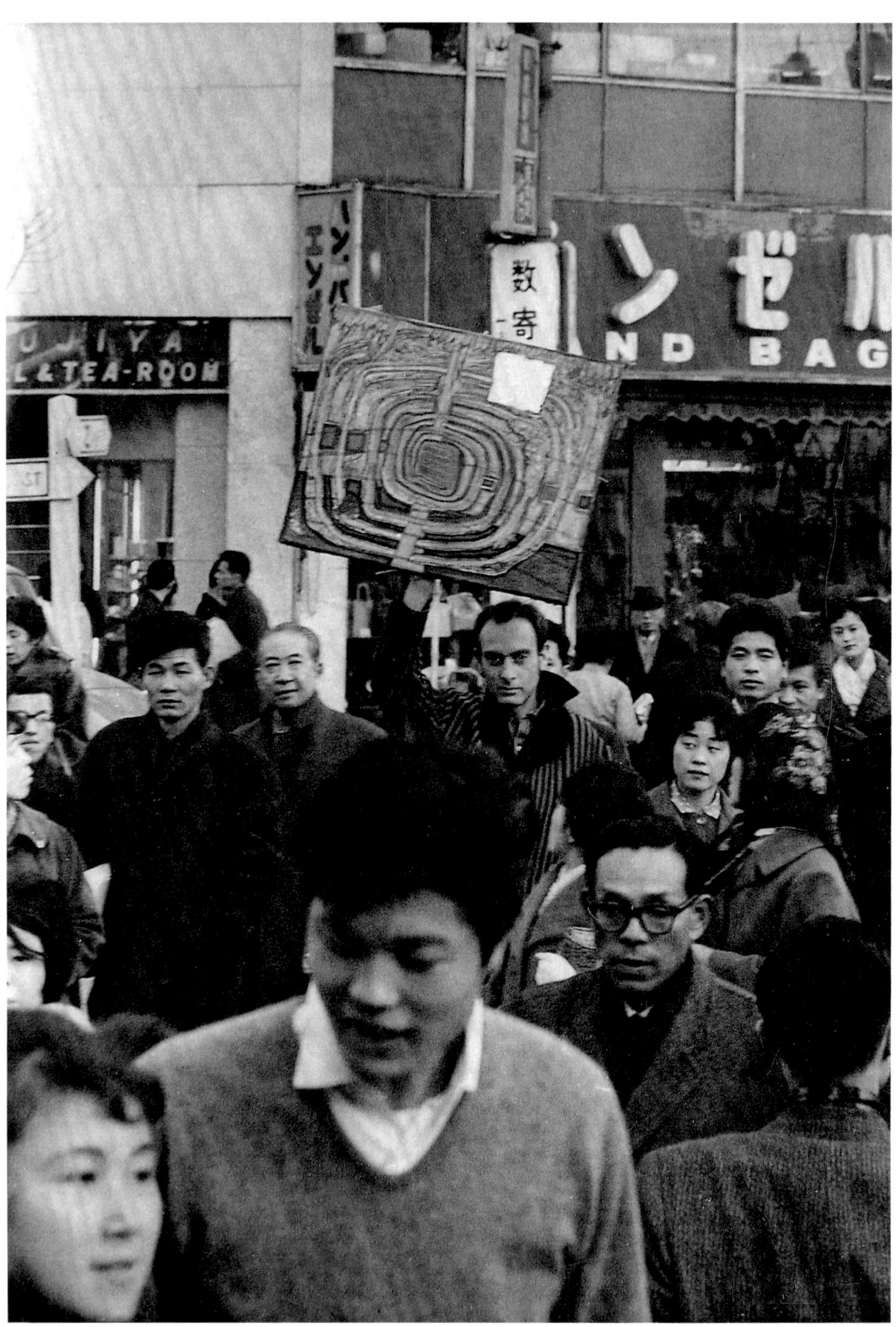

Hundertwasser in Tokyo mit
dem Bild *Die erste Japan-Spirale*
Hundertwasser in Tokyo with his
painting *First Spiral Painted in Japan*
Tokyo | Tokyo, 1961

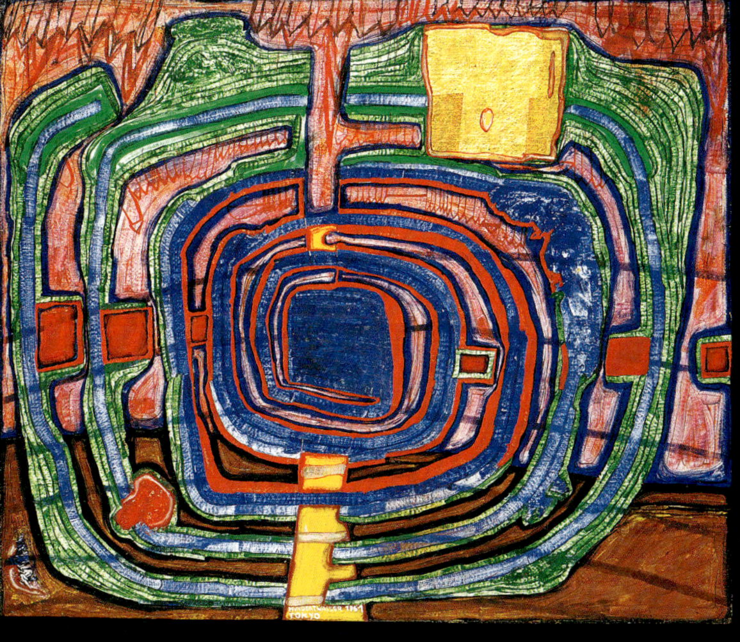

466 **Die erste Japan-Spirale**
First Spiral Painted in Japan
Tokyo | Tokyo, 1961

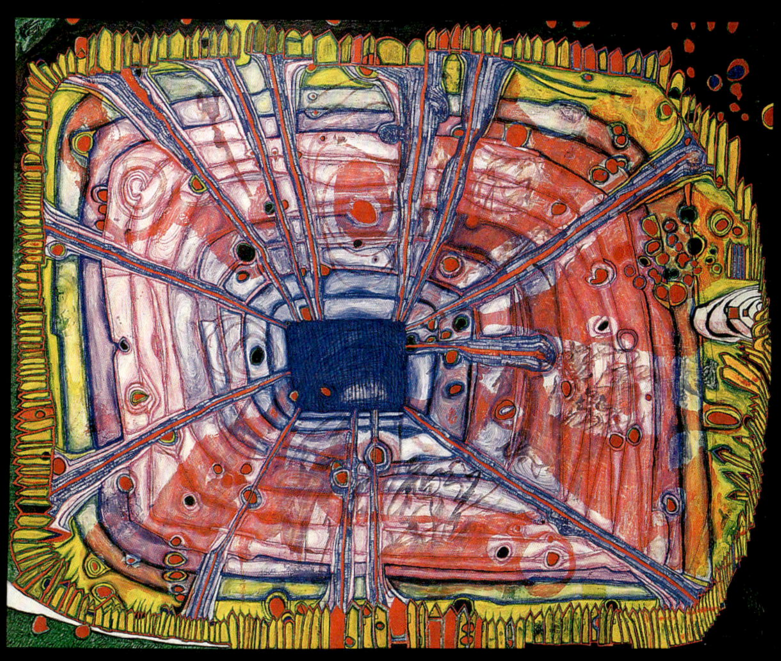

475 **Blutregen tropft in japanisches Wasser,**
das in einem österreichischen Garten liegt

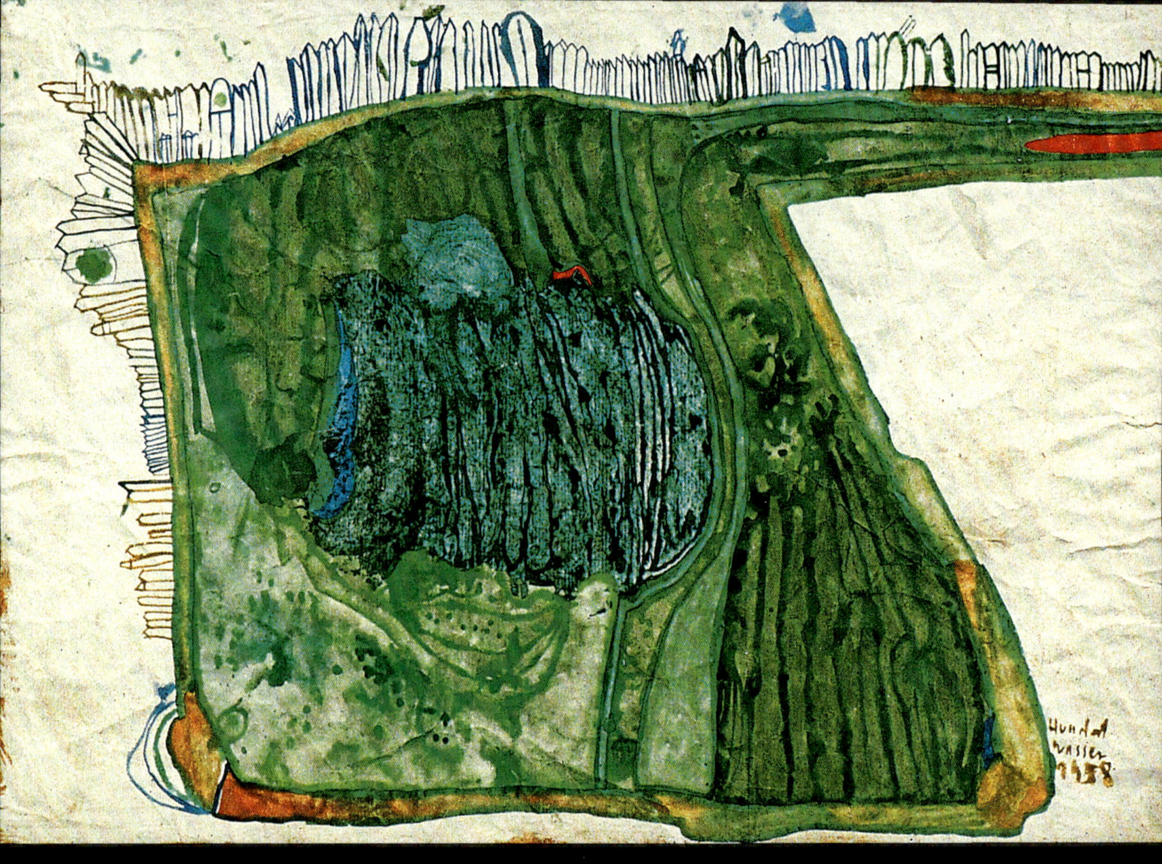

Gefängnisgarten des Traums
Prison Garden of Dream

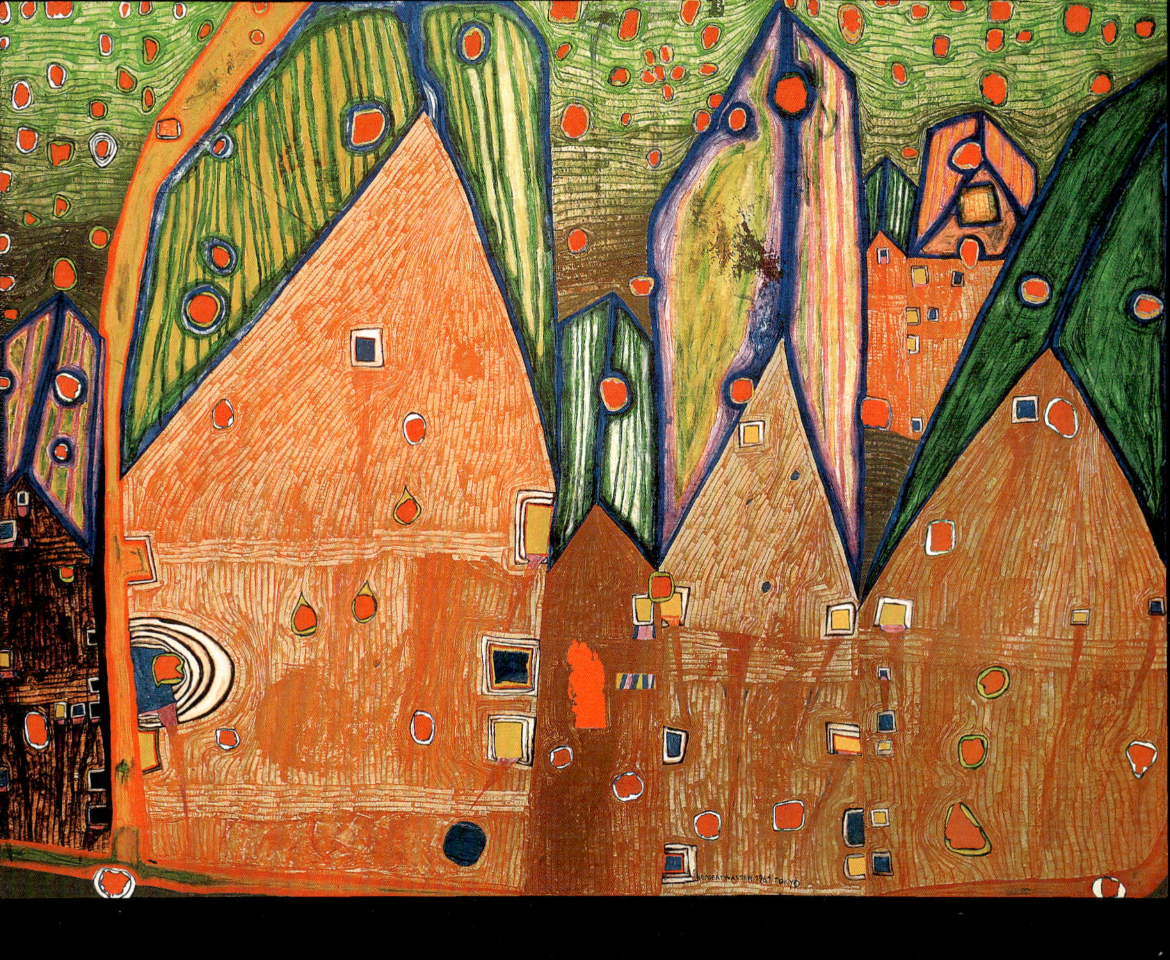

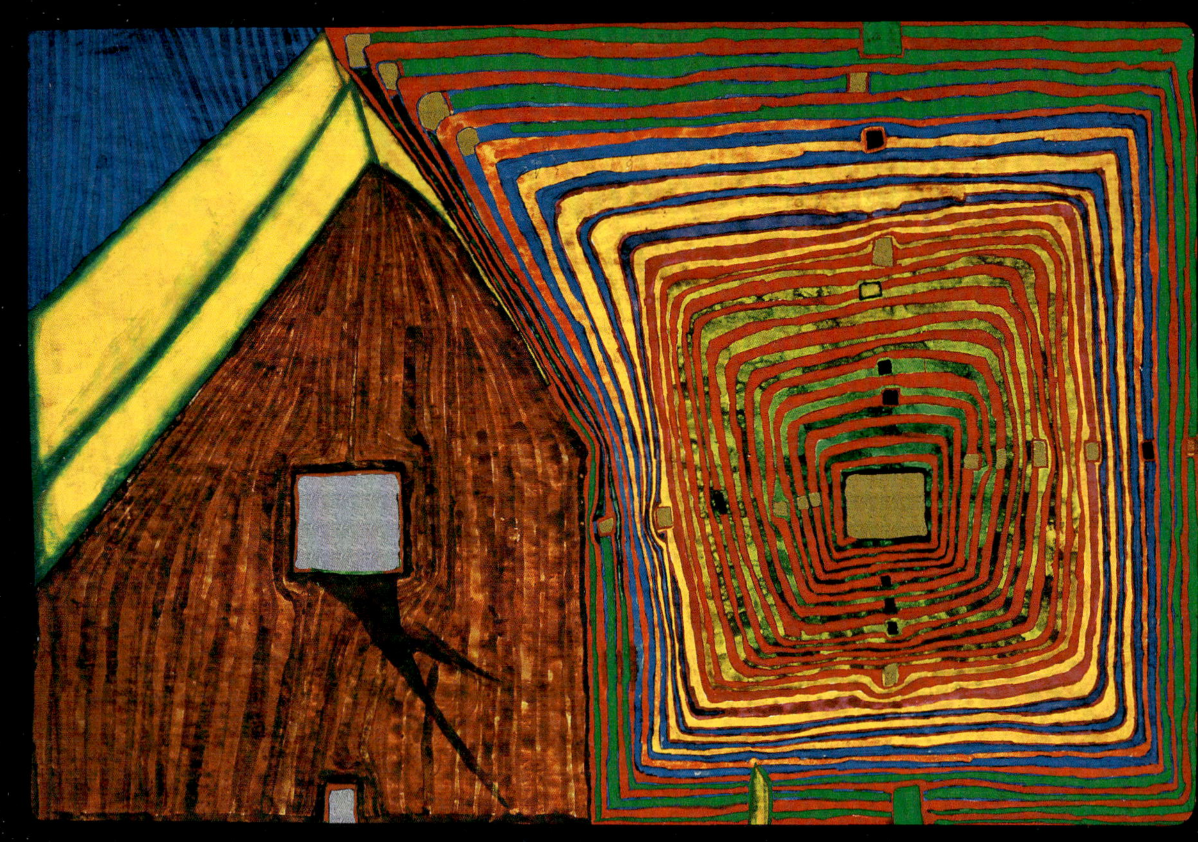

Die Nachbarn I – Spiralsonne und Mondhaus
The Neighbours I—Spiral Sun and Moon-House

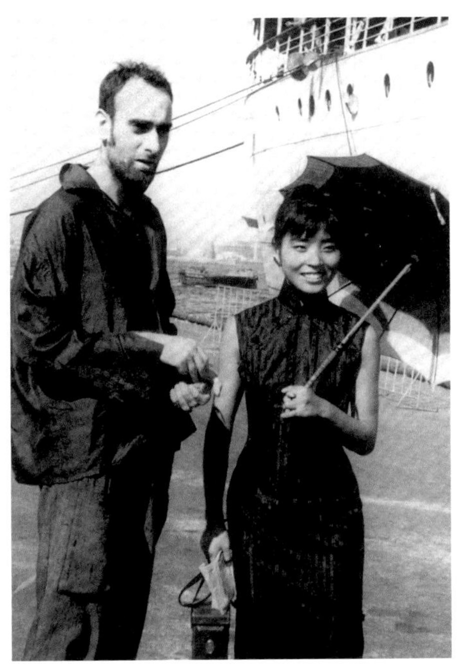

Hundertwasser und Yuko Ikewada bei
der Abreise aus Japan in Richtung Europa
Hundertwasser and Yuko Ikewada
leaving Japan for Europe
Japan | Japan, 1961

Hundertwasser und Yuko Ikewada nach ihrer Hochzeit
vor dem Standesamt am Brigittaplatz in Wien
Hundertwasser and Yuko Ikewada in front of the registry
office on Brigittaplatz in Vienna after their wedding
Wien | Vienna, 1962
Foto | Photo: Erich Lessing

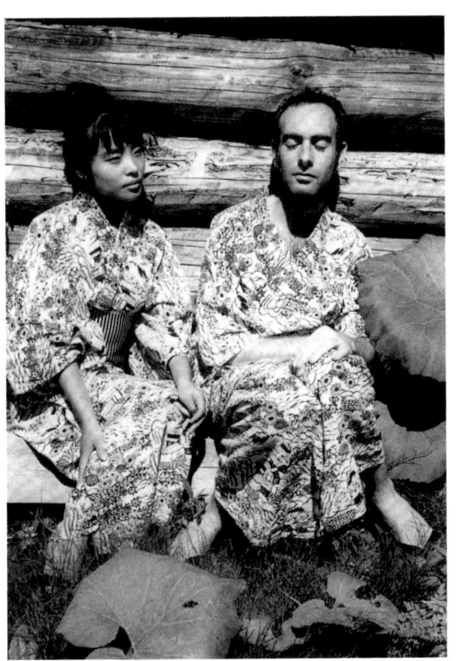

Yuko Ikewada und Hundertwasser
Yuko Ikewada and Hundertwasser
Japan | Japan, 1961

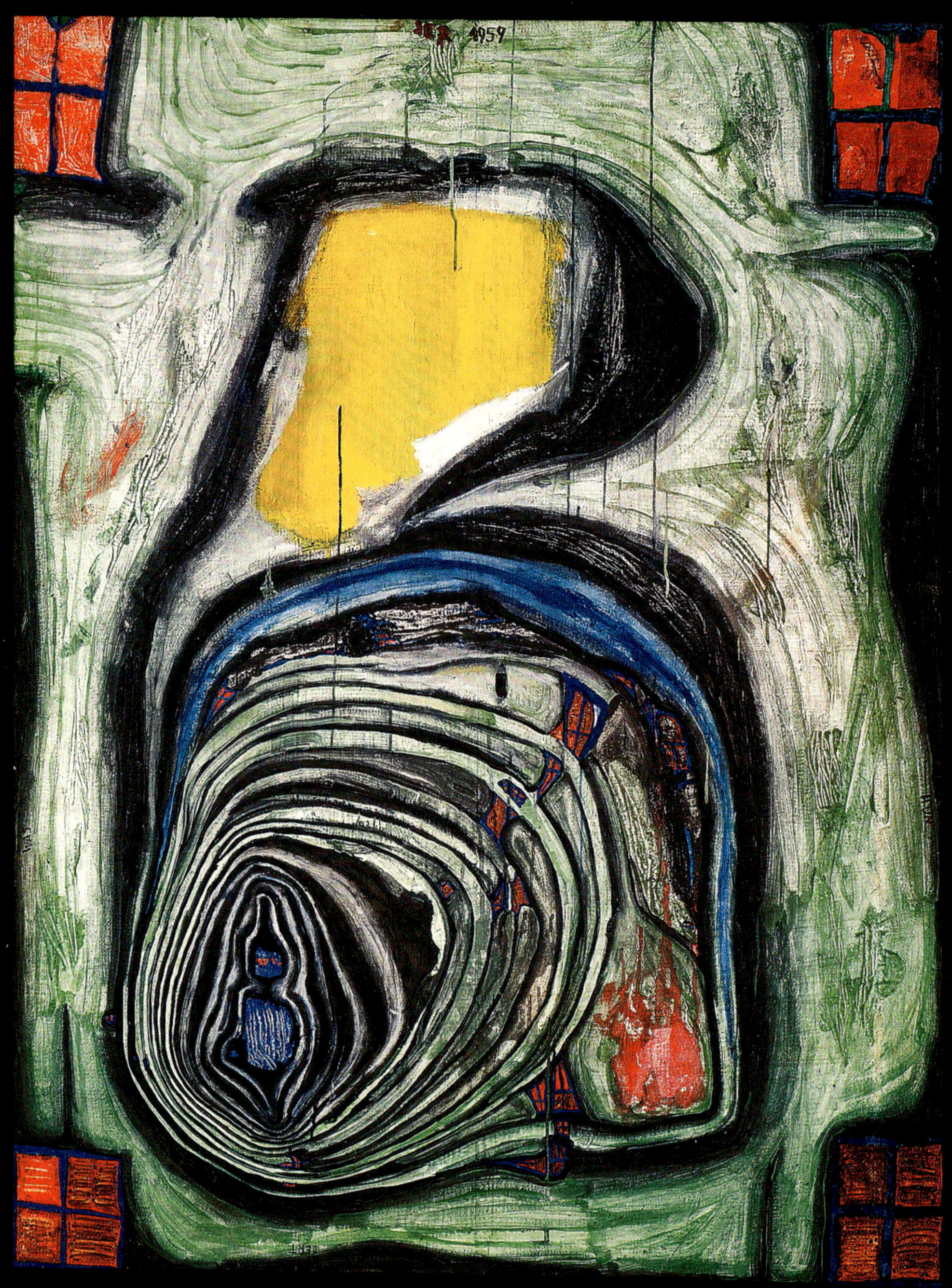

(404) **Die Mauer**
The Wall
La Picaudière | La Picaudière, 1959

6

Der Garten Eden – Hundertwasser in Venedig

The Garden of Eden— Hundertwasser in Venice

1962 ist Hundertwasser – gemeinsam mit Joannis Avramidis – Vertreter Österreichs auf der Biennale von Venedig. Die Ausstellung stellt seinen internationalen Durchbruch als Künstler dar und bringt ihn in intensiven Kontakt zur Lagunenstadt. Venedig ist von allen Wohnorten Hundertwassers in Europa wahrscheinlich jener, der ihm am meisten entspricht: die verzweigte Struktur der Stadt und die stete Nähe zum Wasser kommen seinem Wesen entgegen.

Hundertwasser wohnt über viele Jahre hinweg in der Casa da Maria auf der Giudecca, bis er 1979 den Giardino Eden erwirbt. Dieser ab 1884 von Frederic Eden angelegte Garten wird von Hundertwasser – getreu seiner Philosophie – der Rückeroberung durch die Natur überlassen, er selbst wohnt und malt nicht in der herrschaftlichen Villa, sondern im Gärtnerhäuschen.

In 1962, Hundertwasser represents Austria at the Venice Biennale along with Joannis Avramidis. This exhibition marks his international breakthrough as an artist and the beginning of his intense brush with La Serenissima. Of all his places of residence in Europe, Venice is probably the one most compatible to him: the meandering structure of the city and the constant proximity to water correspond to his nature.

For many years, Hundertwasser lives in the Casa da Maria on Giudecca and then, in 1979, he purchases the Giardino Eden. True to his own philosophy, Hundertwasser allows the garden, which Frederic Eden began cultivating in 1884, to be re-conquered by nature; he does not live and paint in the mansion, but rather in the gardener's house.

Hundertwasser in Venedig
Hundertwasser in Venice
Venedig | Venice,
Jahr unbekannt | Date unknown
Foto | Photo: Bernd Lötsch

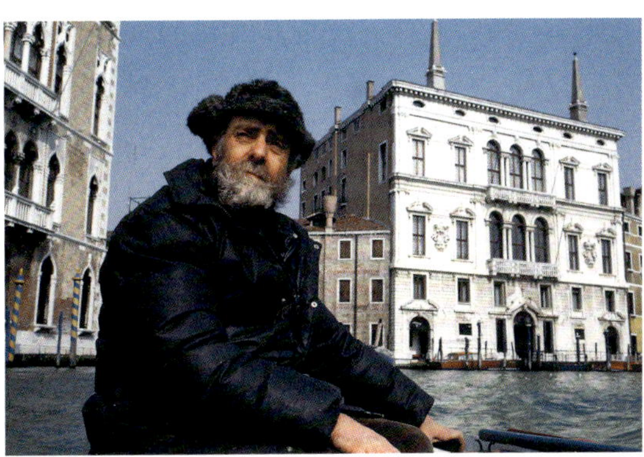

Byzantinisches Labyrinth
Spiral in Gold Rain
Hokkaido | Hokkaido, 1961

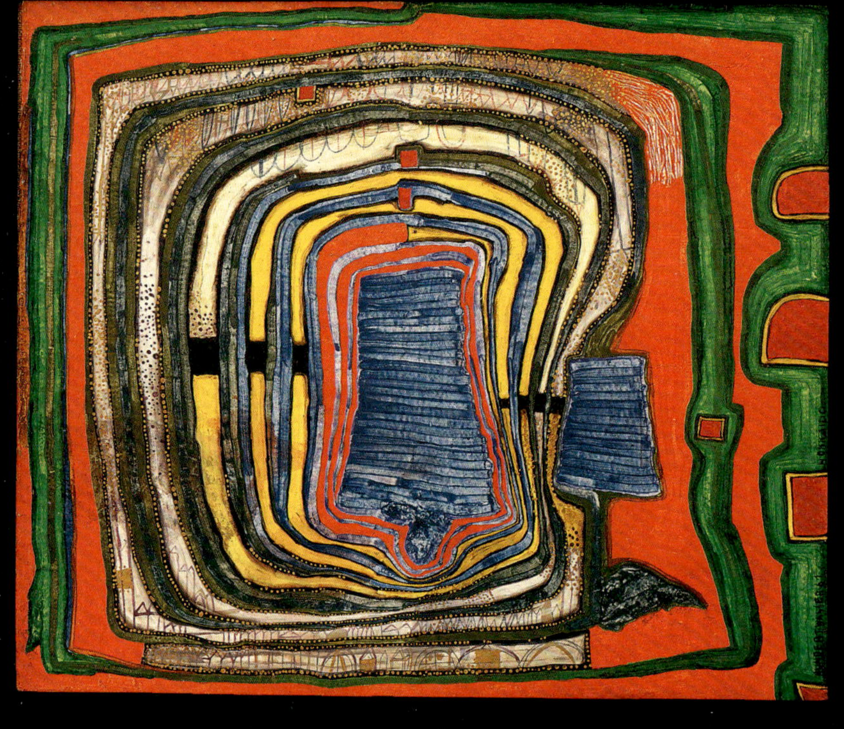

701

**Die Straßen-
gekreuzigten –
Kreisverkehr
Crusade of the
Crossroaders—
The Crucified
of the Road**
Auckland |
Auckland, 1973

Hundertwasser schwimmt
im Canal Grande in Venedig
Hundertwasser swimming in
the Canal Grande in Venice
Venedig | Venice, 1971
Foto | Photo: Peter Schamoni

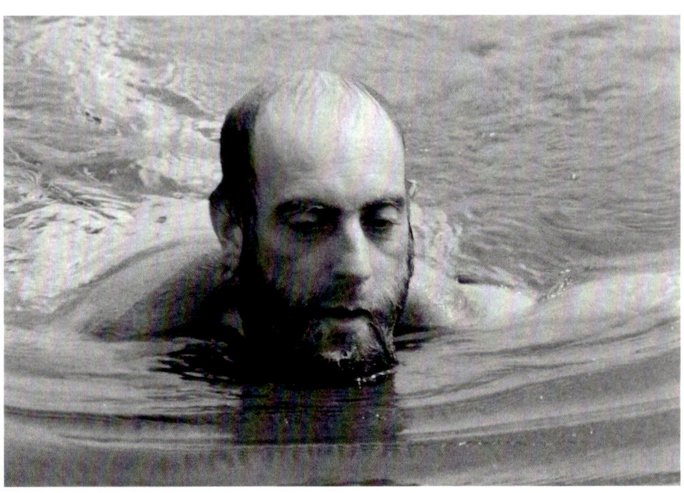

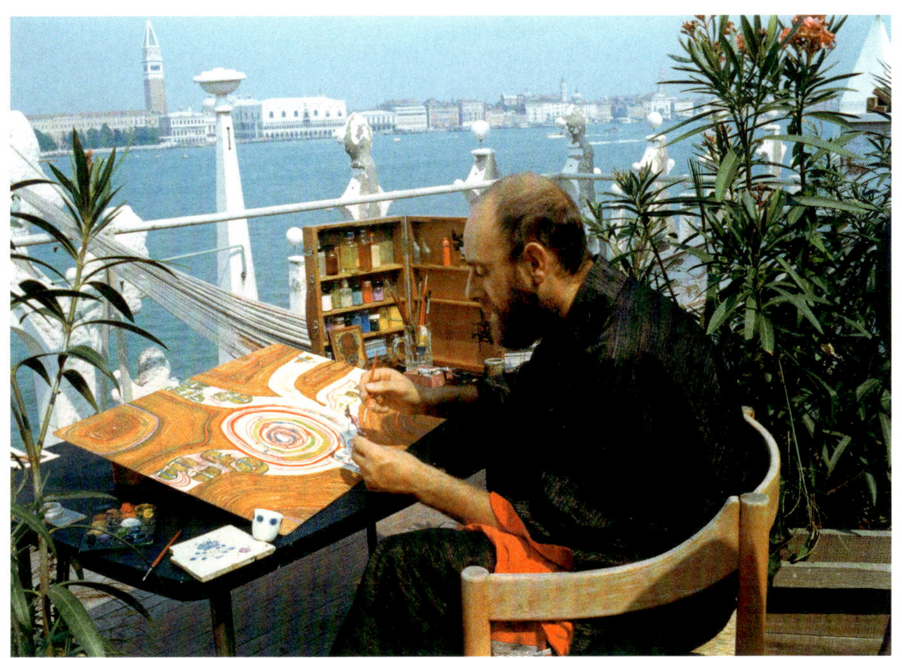

Hundertwasser malt 1971
auf seiner Giudecca-Terrasse
in Venedig das Bild *Die Straßen-
gekreuzigten – Kreisverkehr*
Hundertwasser painting
Crusade of the Crossroaders
on his Giudecca terrace in
Venice, 1971
Venedig | Venice, 1971
Foto | Photo: Peter Schamoni

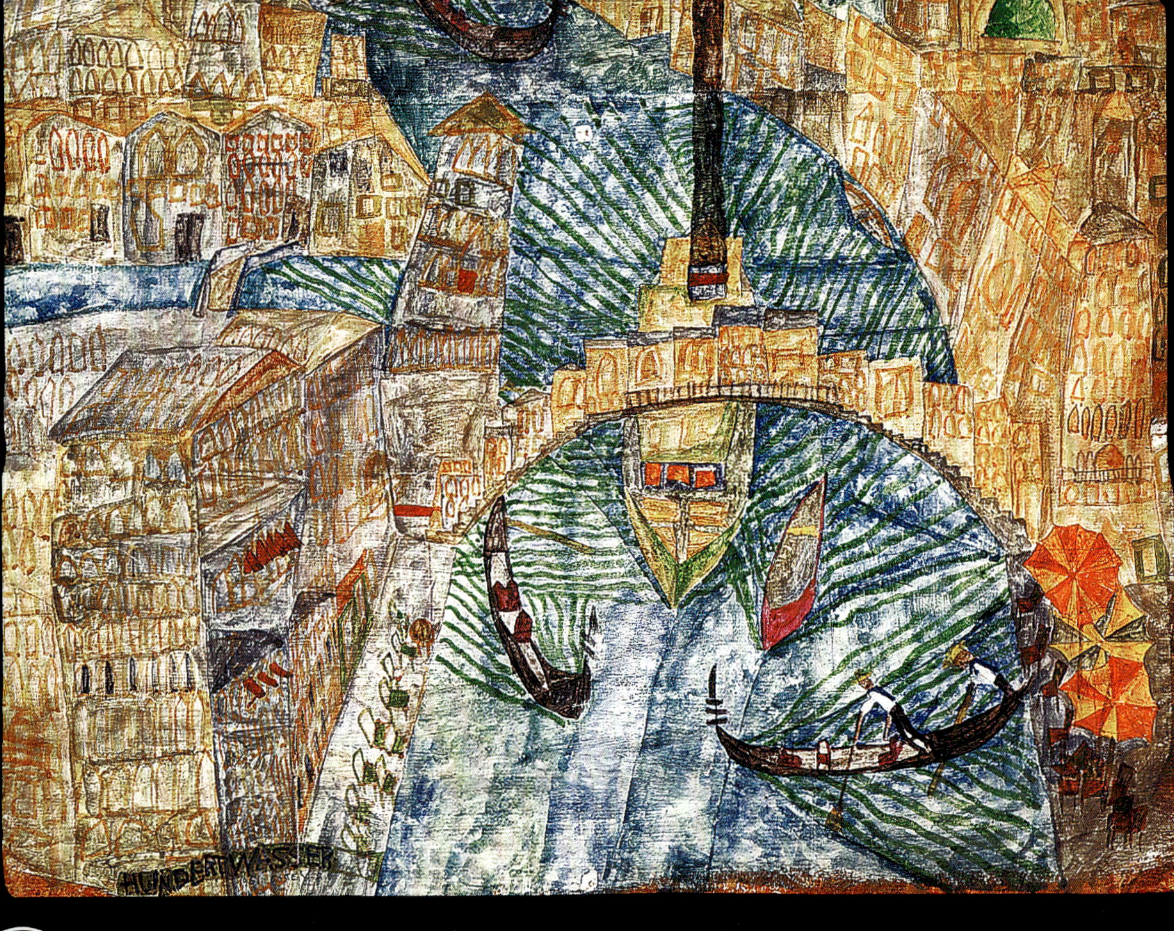

Venedig Ponte Rialto
Venice, Rialto Bridge

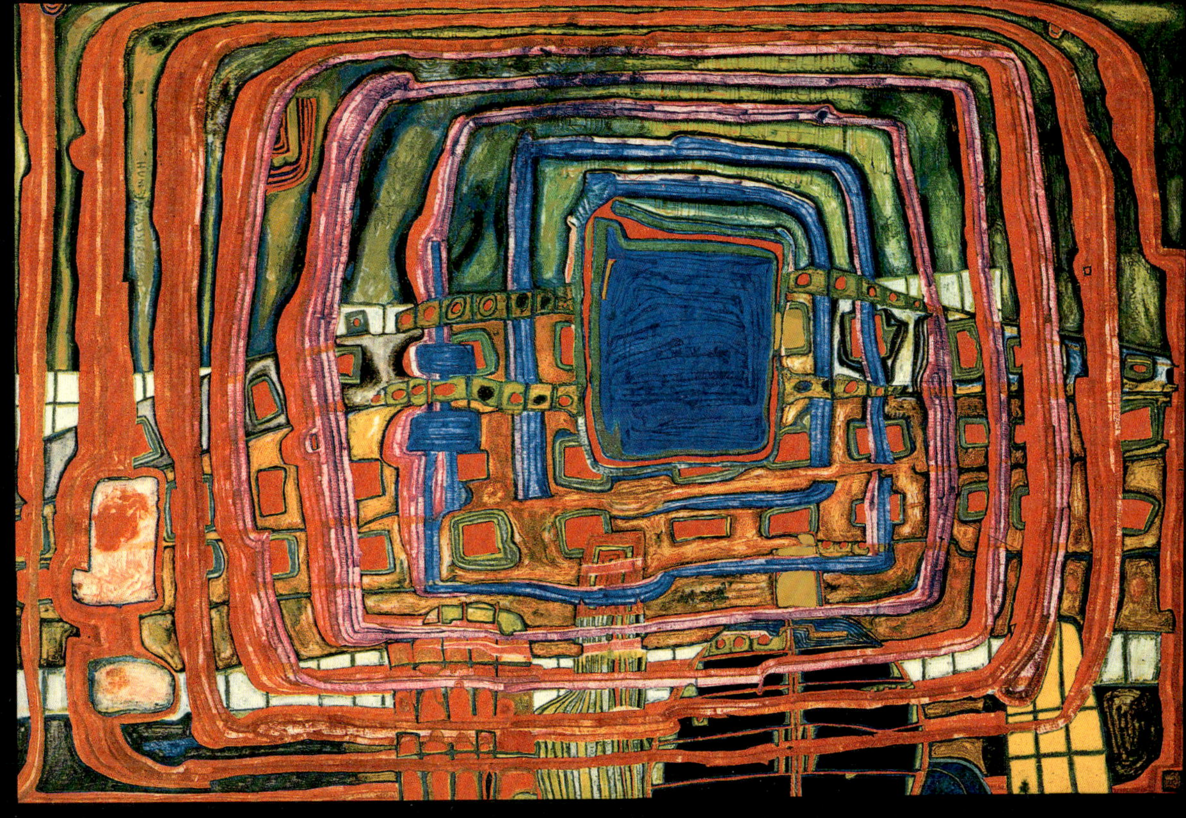

Das Ich weiß es noch nicht
The I Still Do Not Know
La Picaudière | La Picaudière, 1960

Yuko Ikewada und
Hundertwasser in Venedig
Yuko Ikewada and
Hundertwasser in Venice
Venedig | Venice, circa 1962

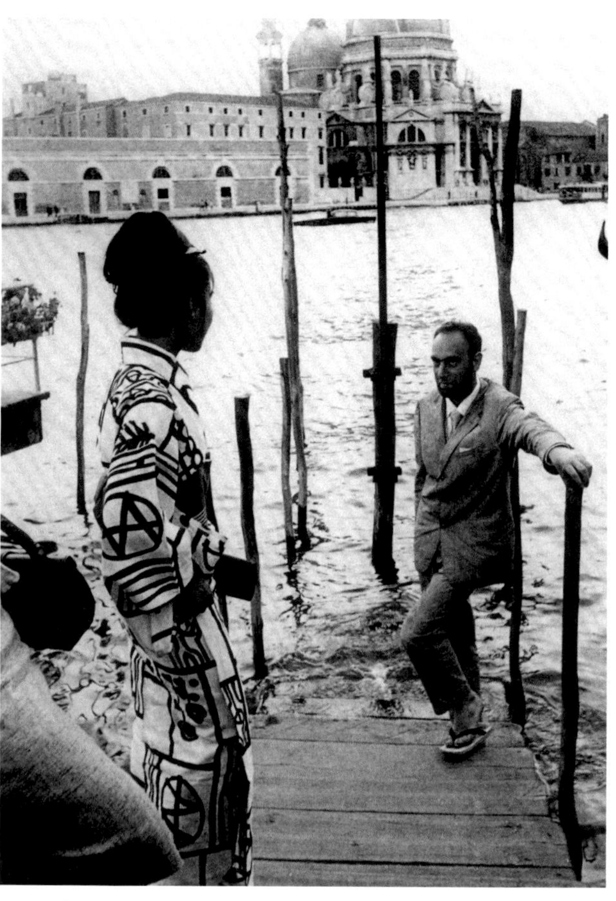

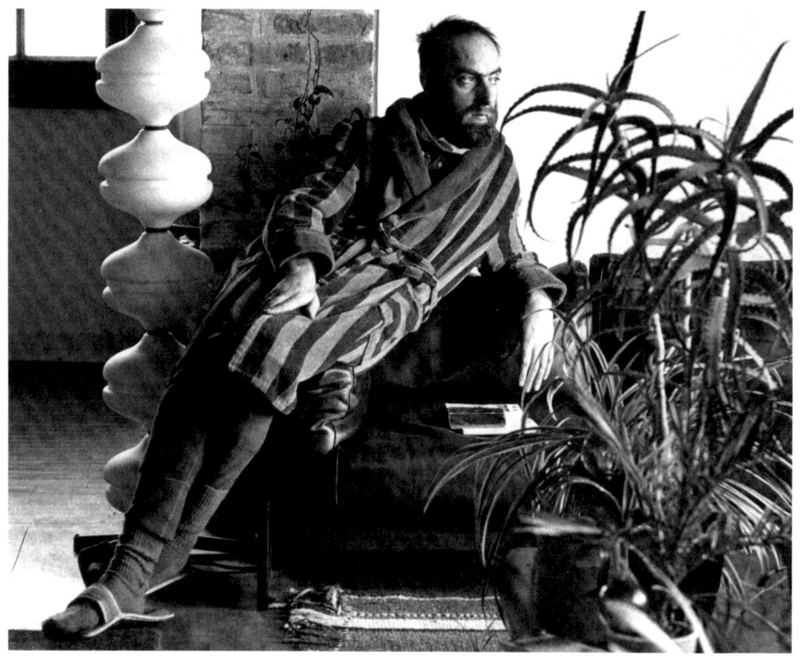

Hundertwasser in Venedig
Hundertwasser in Venice
Venedig | Venice, 1968
Foto | Photo: Stefan Moses

fotografie: stefan moses

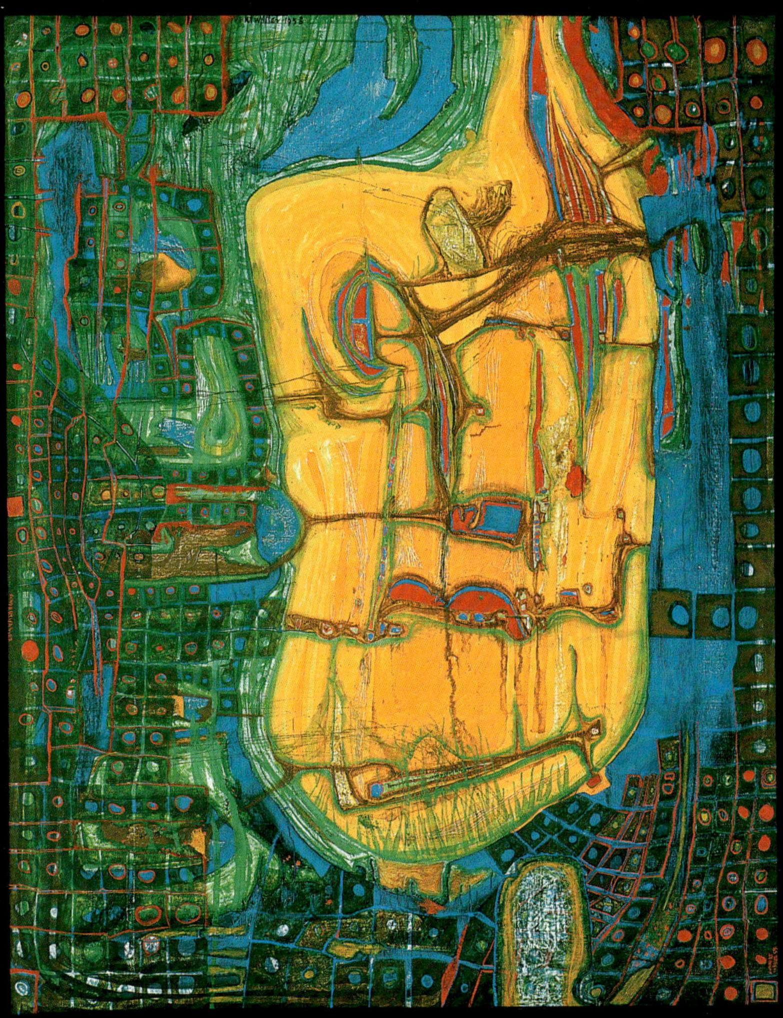

378

Die gelbe Träne
The Yellow Tear
Paris | Paris, 1959

Hundertwasser in Venedig
Hundertwasser in Venice
Venedig | Venice, 1966
Fotos | Photos: Ulrich Mack

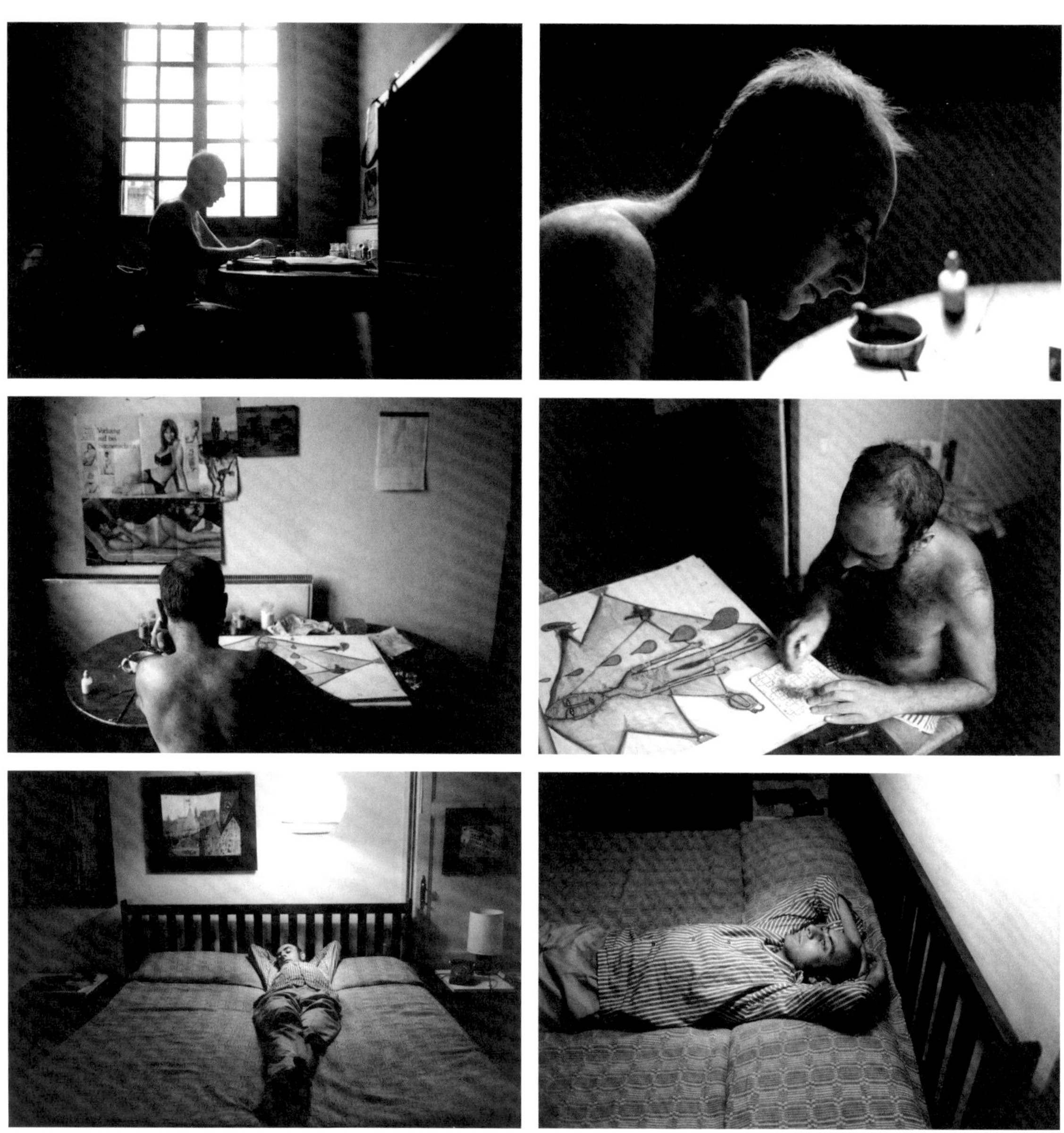

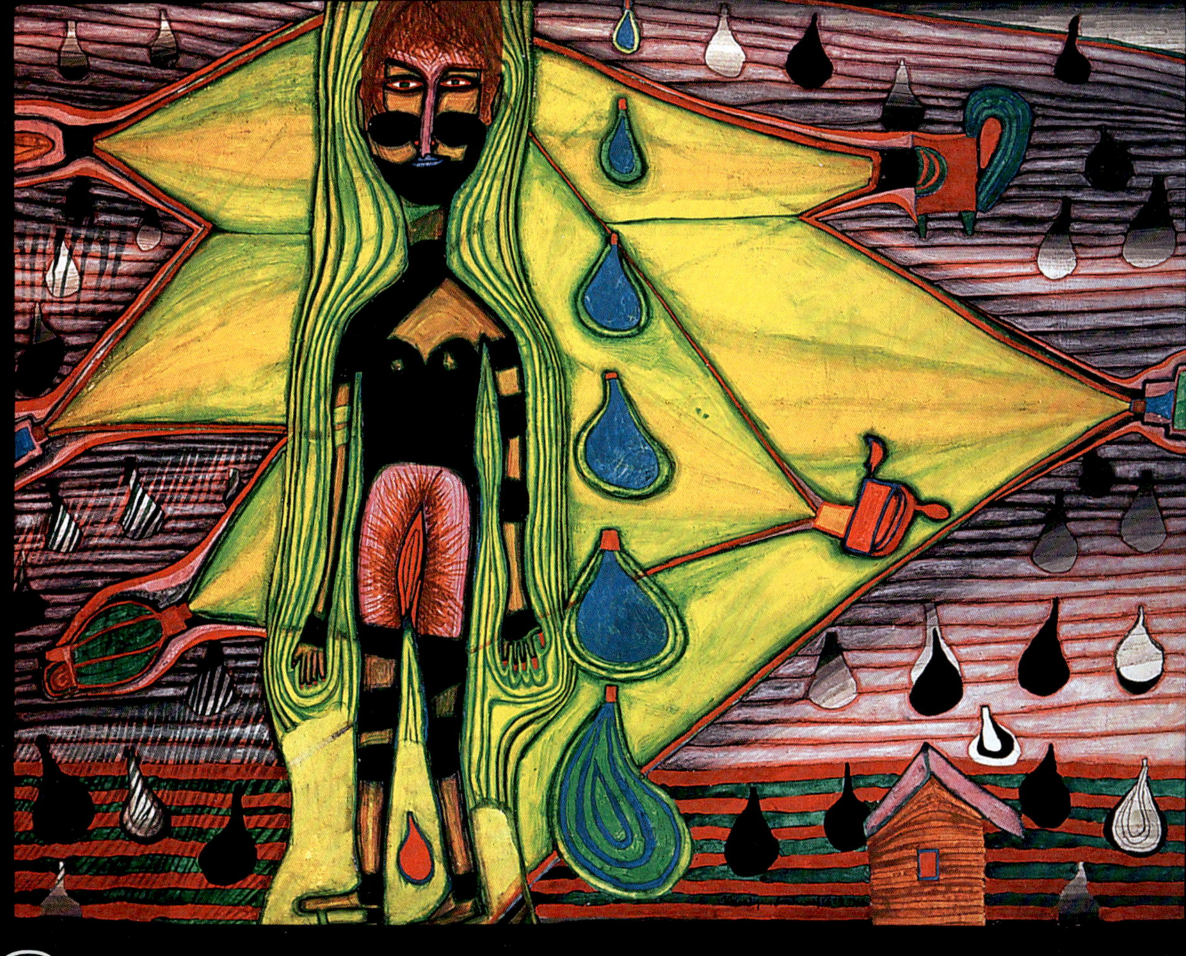

629   **Der Tod des Mannequins – Die Photographen**
The Death of the Covergirl
Venedig | Venice, 1966

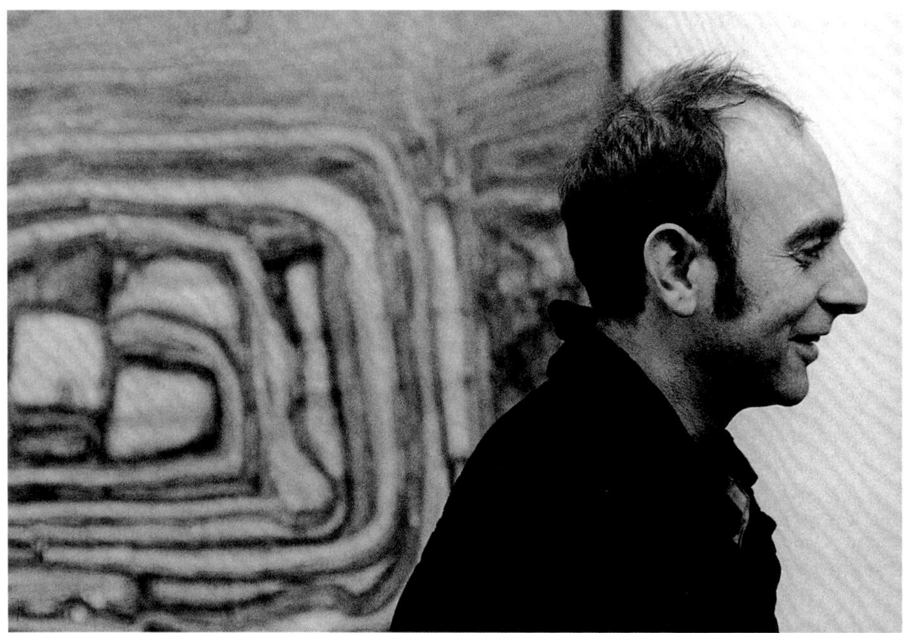

Hundertwasser im Haus
des Sammlers Siegfried Poppe
in Hamburg, 1965
Hundertwasser at the home
of the collector Siegfried Poppe
in Hamburg, 1965
Hamburg | Hamburg, 1965
Foto | Photo: Robert Lebeck

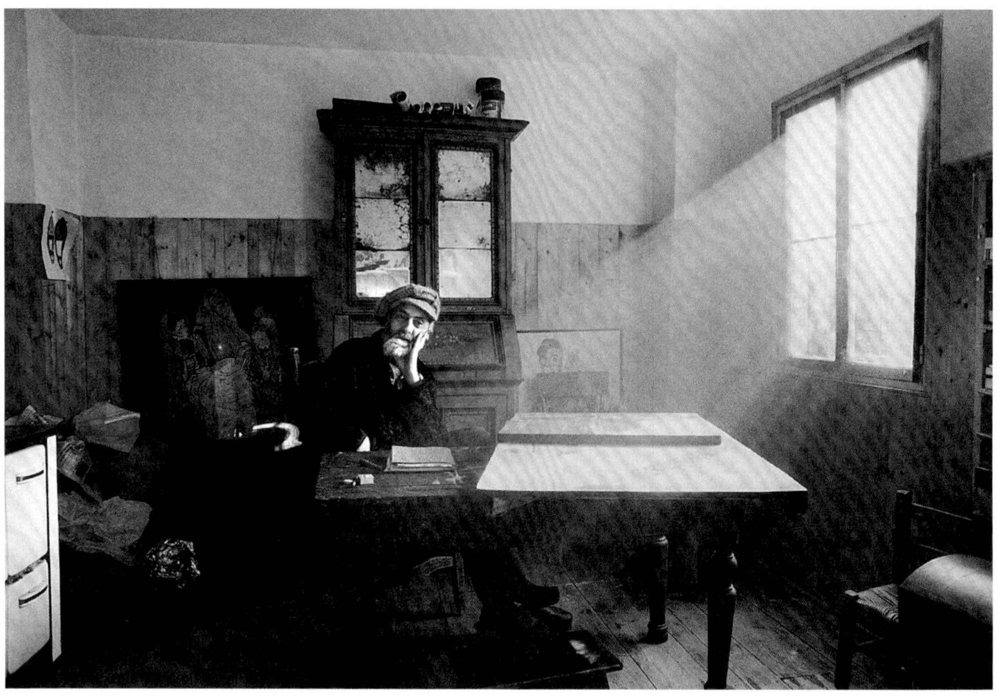

Hundertwasser im Gärtnerhaus des Palazzo
am Rio della Croce in Venedig, 1983
Hundertwasser in the gardener's house of
the Palazzo on Rio della Croce in Venice, 1983
Venedig | Venice, 1983
Foto | Photo: Robert Lebeck

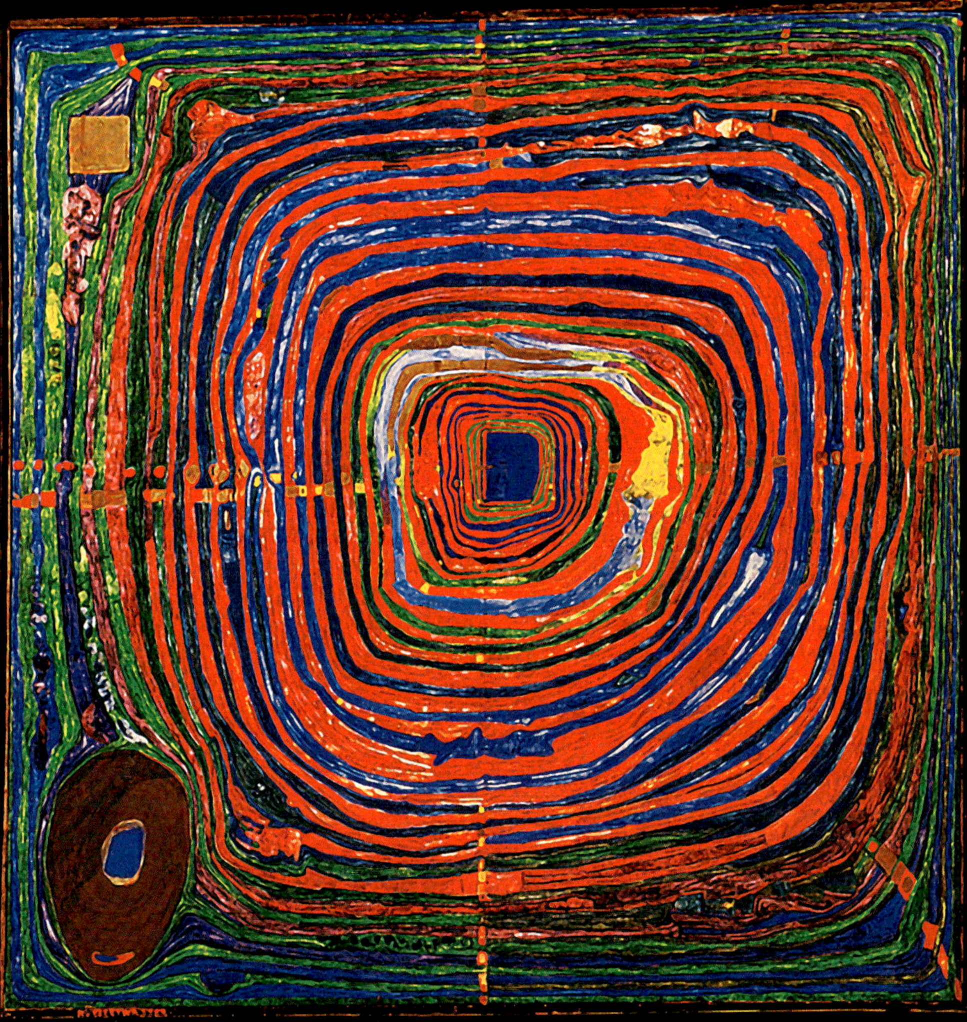

Hundertwasser mit dem österreichischen
Bundeskanzler Bruno Kreisky in dessen
Büro vor dem Bild *Der große Weg*
Hundertwasser with the Austrian Federal
Chancellor Bruno Kreisky in front of the
painting *The Big Way* in the latter's office
Wien | Vienna, 1975
Foto | Photo: Wolfgang Sos

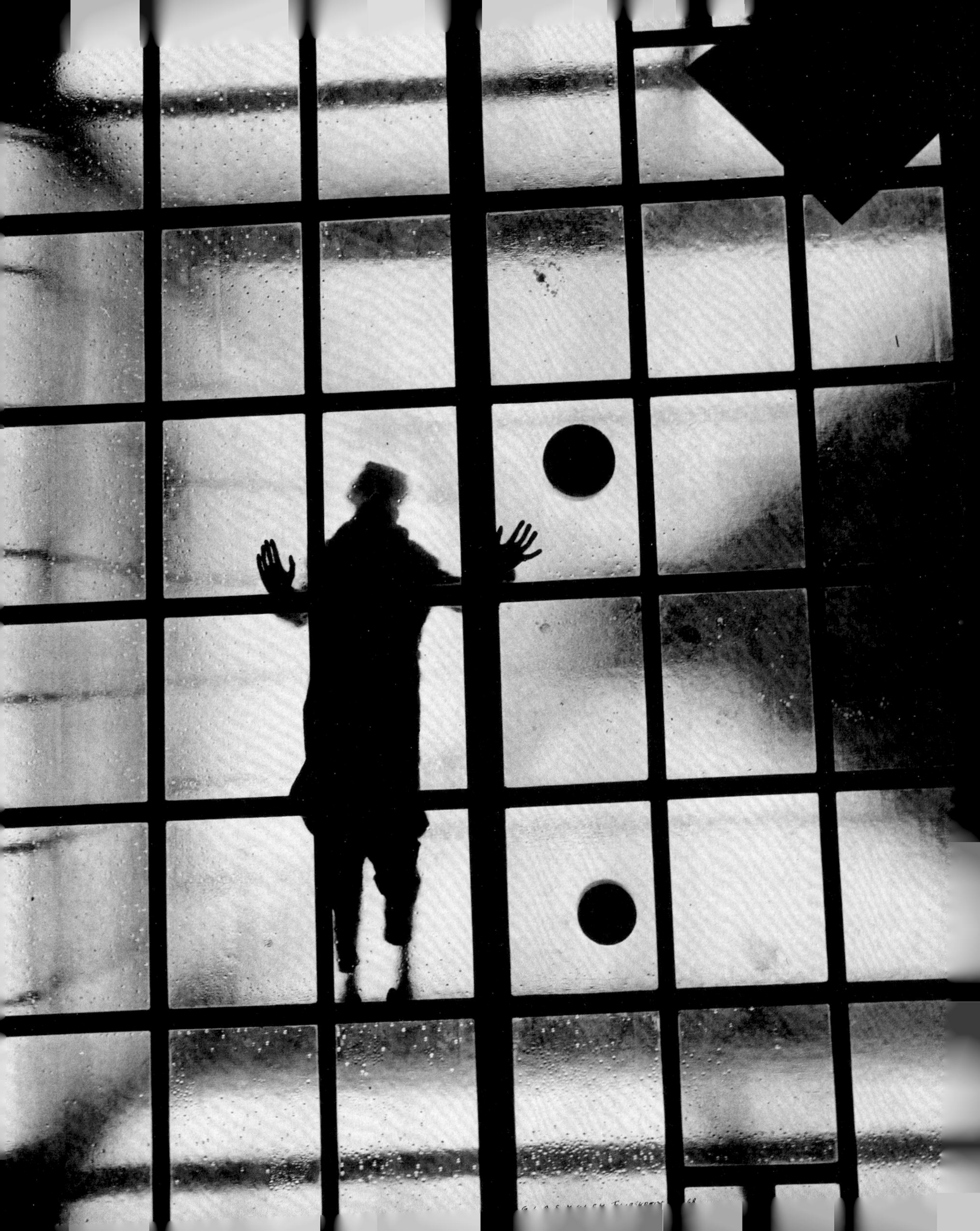

7

Das Pintorarium –
Ein Tag in
der Spiegelgasse

Gemeinsam mit Arnulf Rainer und Ernst Fuchs gründet Hundertwasser 1959 das ‚Pintorarium' als eine praktische und imaginäre Akademie, in der extremer Pluralismus der Anschauung herrschen sollte. Vielleicht gerade wegen der höchst unterschiedlichen künstlerischen Wege der drei Mitglieder bleibt die Gruppe mehr als ein Jahrzehnt bestehen. Im Februar 1968 soll das ‚Pintorarium' bei einem Treffen in Hundertwassers Wohnung in der Spiegelgasse in Wien aufgelöst werden, wozu es aber offenbar nicht kommt. Arnulf Rainer bricht an diesem Tag aus Hundertwassers Wohnung über den Dächern von Wien zu seinem Spaziergang mit bemaltem Gesicht auf, der mit seiner Verhaftung endet.

Das Atelier in der Spiegelgasse wurde von Otto Wagner als dessen eigenes Studio entworfen, seine markante Glaskuppel ist weithin sichtbar. Hundertwasser unternimmt von hier am 8. Januar 1968 seinen legendären Spaziergang, bei dem er eines seiner Gemälde hoch erhoben durch die Straßen trägt.

links | left:
„Glasmolch" I (Hundertwasser)
"Glass Newt" I (Hundertwasser)
Photograph by Christian Skrein
Wien | Vienna, 1968
Foto | Photo: Christian Skrein

rechts | right:
Hundertwasser auf dem Dach des Otto-Wagner-Ateliers
Hundertwasser on the roof of the Otto Wagner studio
Wien | Vienna, 1968
Foto | Photo: Stefan Moses

The Pintorarium—
A Day on
Spiegelgasse

In 1959, Hundertwasser co-founds the "Pintorarium", along with Arnulf Rainer and Ernst Fuchs, as a practical and imaginary academy at which an extreme pluralism of views is to prevail. It may be precisely because of the three members' widely divergent artistic paths that the group remains in existence for more than a decade. In February of 1968 the "Pintorarium" is to be dissolved at a meeting at Hundertwasser's apartment on Spiegelgasse in Vienna, but apparently things never progress that far. On this day, Arnulf Rainer paints his face and sets out from Hundertwasser's apartment above the roofs of Vienna on a walk that ends in his arrest.

The studio on Spiegelgasse was designed by Otto Wagner to serve as the architect's own studio; its striking glass dome is visible for miles around. From here, Hundertwasser embarks, on his legendary walk of January 8th 1968, during which he holds up one of his paintings while carrying it through the streets.

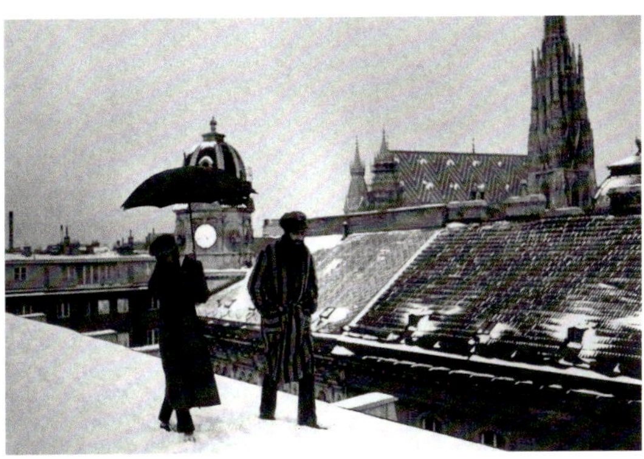

fotografie: stefan moses

Die Gründer des ‚Pintorariums‘:
Ernst Fuchs, Friedensreich Hundertwasser
und Arnulf Rainer in München, 1968
The founders of the "Pintorarium":
Ernst Fuchs, Friedensreich Hundertwasser
and Arnulf Rainer in Munich, 1968
München | Munich, 1968
Foto | Photo: Stefan Moses

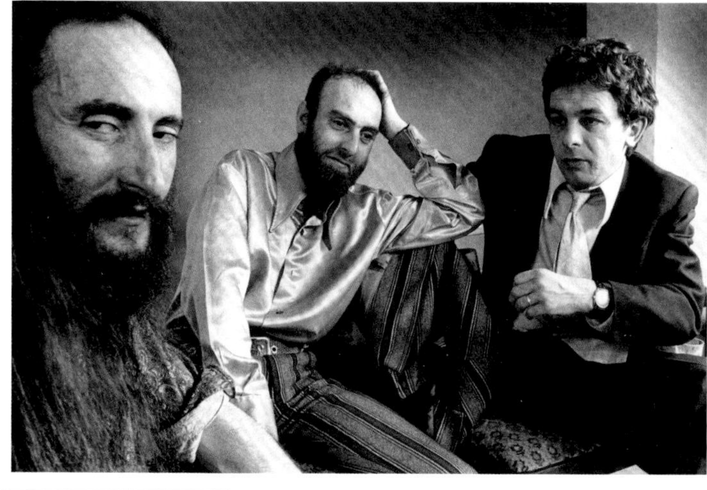

fotografie: stefan moses

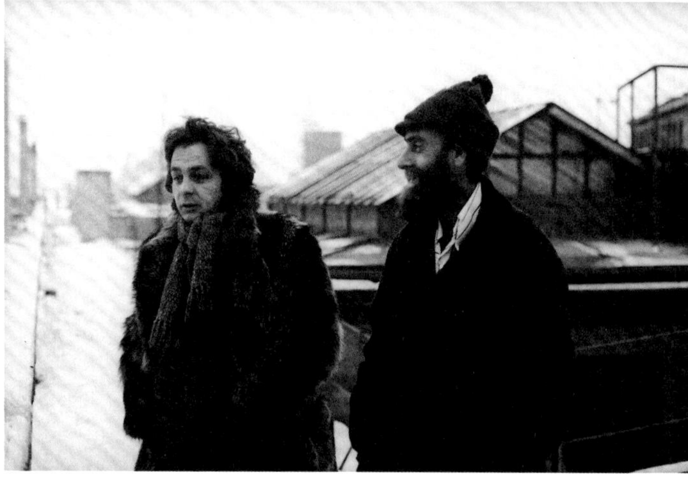

Arnulf Rainer und Hundertwasser auf dem Dach
des Otto-Wagner-Ateliers in der Spiegelgasse in Wien
Arnulf Rainer and Hundertwasser on the roof of
the Otto Wagner studio on Spiegelgasse in Vienna
Wien | Vienna, 1973
Foto | Photo: Gabriela Brandenstein

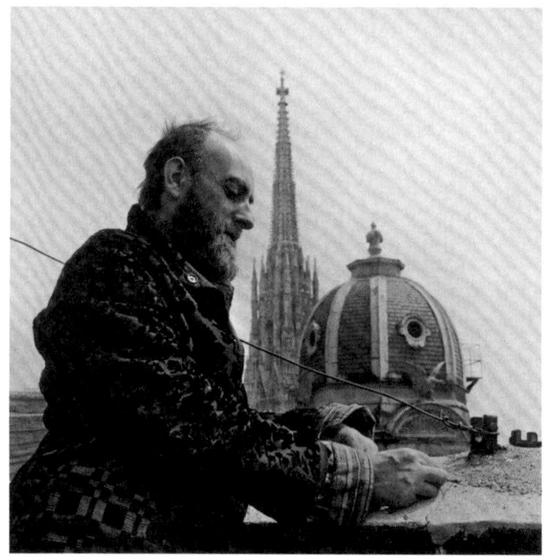

Hundertwasser auf der Terrasse des Otto-
Wagner-Ateliers in der Spiegelgasse in Wien
Hundertwasser on the terrace of the Otto
Wagner studio on Spiegelgasse in Vienna
Wien | Vienna, 1974
Foto | Photo: Barbara Pflaum

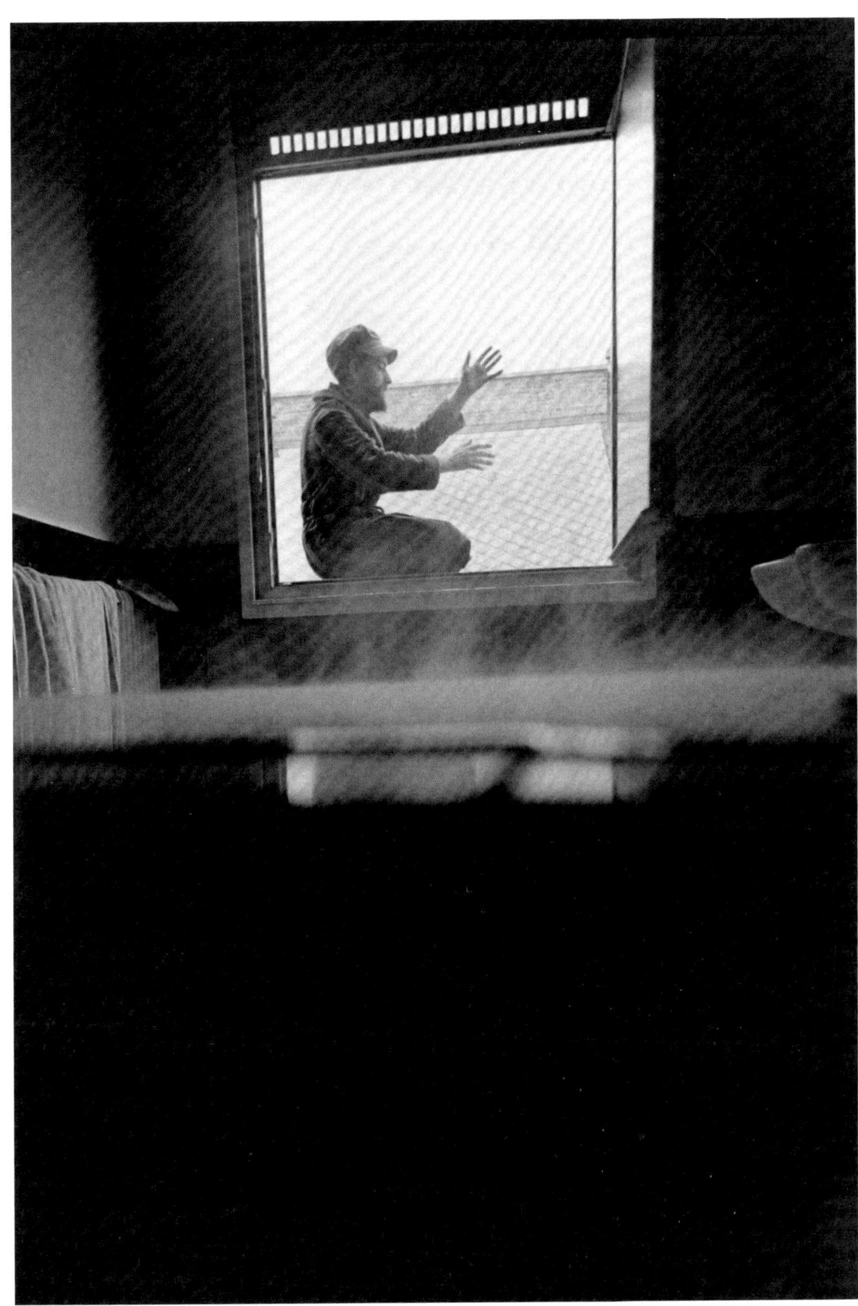

Hundertwasser in seiner Wohnung
in der Spiegelgasse in Wien
Hundertwasser in his apartment
on Spiegelgasse in Vienna
Wien | Vienna, 1968
Foto | Photo: Christian Skrein

Das Pintorarium

(1959)

Durch das krasse Überhandnehmen der schöpferischen Impotenz des Einzelnen, die in der Standardisierung, Sozialisierung, Kopierung, Linealisierung, Ameisenisierung, Sterilisierung und Dosierung ihren Ausdruck findet, hat sich ein neues und furchtbares Analphabetentum herangebildet. ...

Der offizielle und allgemeine Fortschritt beruht so auf einem fundamentalen Irrtum. Das Gewissen gebietet uns, die Öffentlichkeit aufmerksam zu machen. Zu diesem Zweck entschlossen sich die unterzeichneten repräsentativen Vertreter grundverschiedener Pinsel- und Geistesrichtungen, einander die Hände zu reichen und trotz schwerwiegender weltanschaulicher Differenzen gemeinsam das Pintorarium zu gründen.

Alle drei Unterzeichneten haben in den letzten zehn Jahren selbständig und unabhängig einen fruchtbaren Kampf in Europa geführt, der sowohl pintoral als auch problematisch seine Auswirkungen zeitigt. Alle drei sind selbständig mit eigenen Philosophien vor die Öffentlichkeit getreten, wovon eine Fülle von Theorien, Schriften, Vorlesungen, Manifestationen, Demonstrationen und Ausstellungen zeugen.

Das Pintorarium ist eine Brutstätte zur Heranbildung der schöpferischen Elite. Das Pintorarium ist eine Anstalt, in der pintoriert wird (Pintorr). Das Pintorarium ist nicht nur eine Schule des Malens, sondern insbesondere eine Schule des Denkens und des Lebens auch. ...

Aus: Friedensreich Hundertwasser, „Das Pintorarium", geschrieben und
veröffentlicht 1959 in Wien als Manifest des am 17. September 1959 von Ernst Fuchs,
Hundertwasser und Arnulf Rainer gegründeten ‚Pintorariums'

The Pintorarium

(1959)

The creative impotence of the individual having become totally out of hand, as expressed by standardisation, socialisation, copying, linearisation, ant-ification, sterilisation, and dosisation, a new and terrible illiteracy has developed. … Official and universal progress is thus based on a fundamental error.

Conscience dictates that we draw the public's attention to this. To this end the undersigned representatives of fundamentally differing schools of the paint brush and thought resolved to join hands and, despite grave differences in our view of the world, found the Pintorarium together.

All three undersigned have waged a fruitful struggle in Europe independently and on their own in the past ten years, and it has produced pintoral as well as problematical effects. All three have independently presented philosophies of their own to the public, as witnessed by a plethora of theories, writings, lectures, manifestations, demonstrations and exhibitions.

The Pintorarium is a breeding ground for educating the creative elite. The Pintorarium is an institution in which pintorating is done (a pintoir). The Pintorarium is not only a school of painting, but especially a school of thinking and life, as well. …

From: Friedensreich Hundertwasser, "Das Pintorarium," written and published
in Vienna in 1959 as the manifesto of the "Pintorarium" founded by Ernst Fuchs,
Hundertwasser and Arnulf Rainer on September 17, 1959.
Translation: courtesy Taschen GmbH, Cologne, 1996

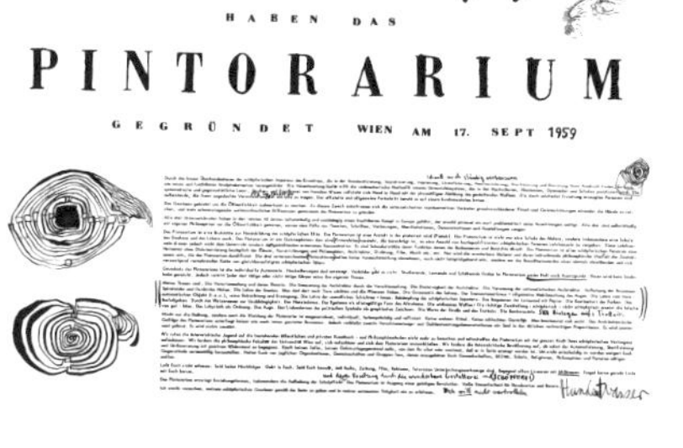

Das Gründungsmanifest des ‚Pintorariums'
The "Pintorarium's" founding manifesto
Wien | Vienna, 1959

Guten Tag, Herr Kampmann
(1974)

Wenn ich Laternenlichter im Nebelregen sehe und Bäume im Frost, dann denke ich an Walter Kampmann. Wenn man mich fragt, welche Maler mich beeinflussten, gebe ich immer Walter Kampmann an. Da er jedoch nicht bekannt ist wie zum Beispiel Klimt und Klee, lässt man seinen Namen, wenn man über mich schreibt, meistens aus. ... Ich versuchte seit 1948 die Bäume so zu malen, wie Walter Kampmann sie zeichnete. Es gelang mir aber nie. Es wurden zwar Hundert-wasser-Kampmann-Bäume, schon irgendwie durchsichtig und auch färbiger, aber ohne das tiefe Leuchten von innen her. ... Kampmanns Ausstellung war 1948 in der Albertina. Im langen Saal auf schrägen Tischen unter Glas. Es waren aquarellierte Zeichnungen mit Weißhöhung. Sie haben mich hypnotisiert wie Ikonen in einer dunklen Kirche. ... Man konnte nicht erkennen, ob es im Winterschnee war oder im saftigen grünen Sommer, ob die Bäume kahl waren oder belaubt, ob es Tag war oder Nacht, und doch war alles sehr genau dargestellt. Es gab keine Schatten. Dadurch wurden die Landschaften zeitlos. Es gab keine Farben. Und doch waren die Bilder nicht farblos, im Gegenteil. Eine alte Frau ging an einem Haus vorbei, das war beleuchtet vom unheim-lichen Licht der Seelenbäume ringsumher. Sie selber ging in einem Heiligenschein, der reichte von Kopf bis Fuß.

Aus: Friedensreich Hundertwasser, „Guten Tag Herr Kampmann",
verfasst am 15. August 1974 für: Walter Kampmann (Ausst.-Kat. Innsbruck, Galerie im Taxispalais)

Hello, Mister Kampmann
(1974)

When I see lamplights in the mist and trees during frost, I think of Walter Kampmann. When I am asked which painters have influenced me, I always refer to Walter Kampmann. But since he is not well known like, for instance, Klimt or Klee, his name is usually omitted when people write about me. ... Since 1948, I have been trying to paint trees the way Walter Kampmann drew them. But I have never been successful. They did turn out like Hundertwasser/Kampmann trees, somehow more transparent, and more colorful, too, but lacking that deep luminescence from within. ... Kampmann's exhibition was at the Albertina in 1948, in the long gallery on tilted tables underneath glass. They were watercolor drawings with white highlights. They hypnotized me like icons in a dark church. ... You couldn't tell whether it was in the winter snow or in the lush verdant summer, whether the trees were naked or had foliage, whether it was day or night, and yet everything was rendered very precisely. There were no shadows. That made the land-scapes timeless. There were no colors. And yet the paintings were not colorless, on the contrary. An old woman was passing by a house that was lit by the eerie light of the surrounding soul trees. She herself was walking inside a nimbus that extended from her head to her toes.

From: Friedensreich Hundertwasser, "Guten Tag Herr Kampmann," written on August 15, 1974
for the catalog of the Walter Kampmann exhibition at the Galerie im Taxispalais, Innsbruck.

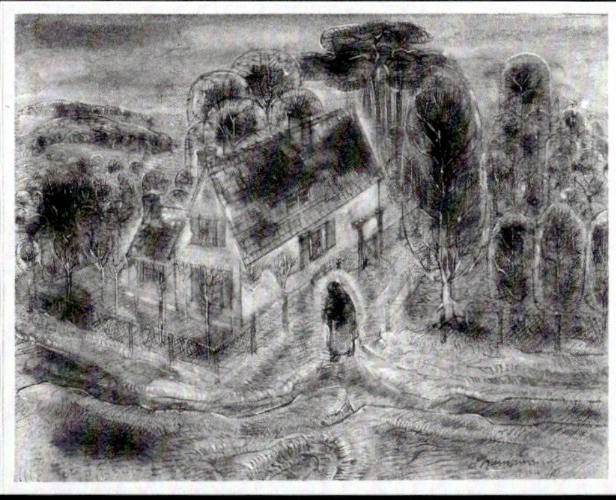

Walter Kampmann:
Seelenbäume mit Mensch und Seele
Soul-Trees with Man and Soul
Ort unbekannt | Place unknown, 1940

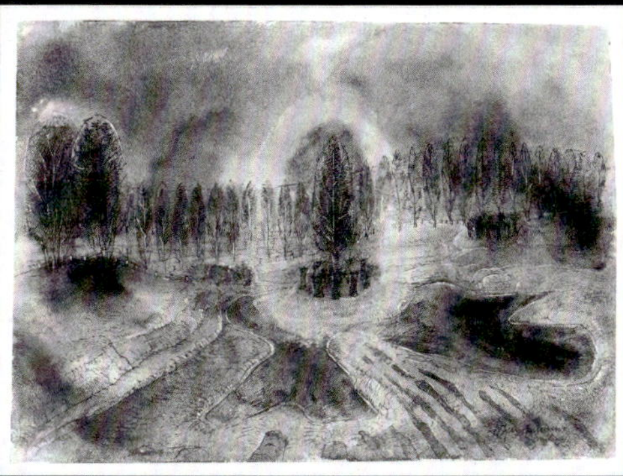

Walter Kampmann:
Seelenbäume
Soul-Trees
Ort unbekannt | Place unknown, 1941

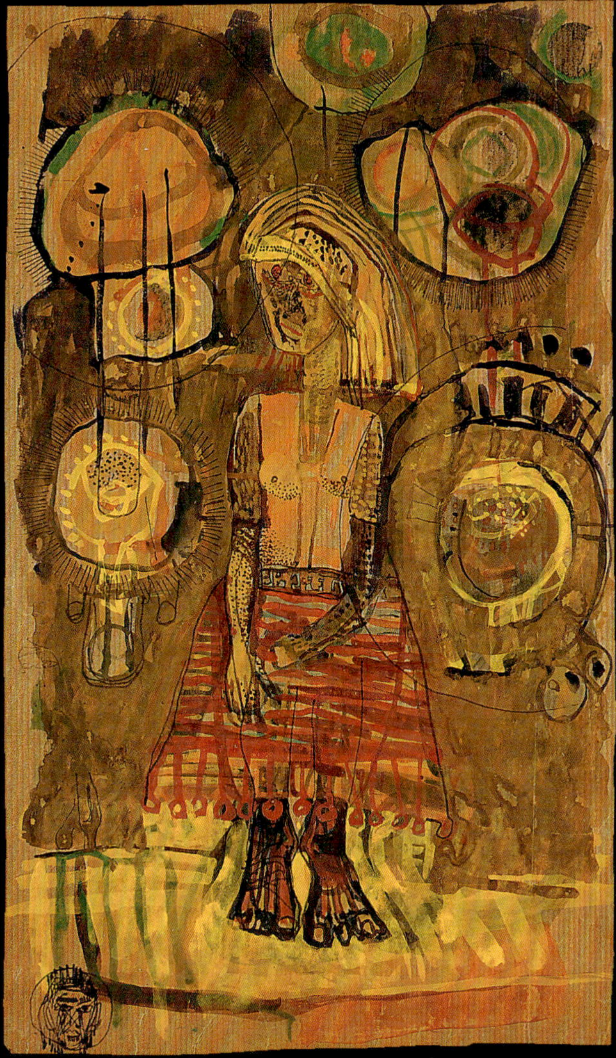

JW 271 **Frau mit Seelenbäumen**
Woman with Soul-Trees
Paris | Paris, 1949

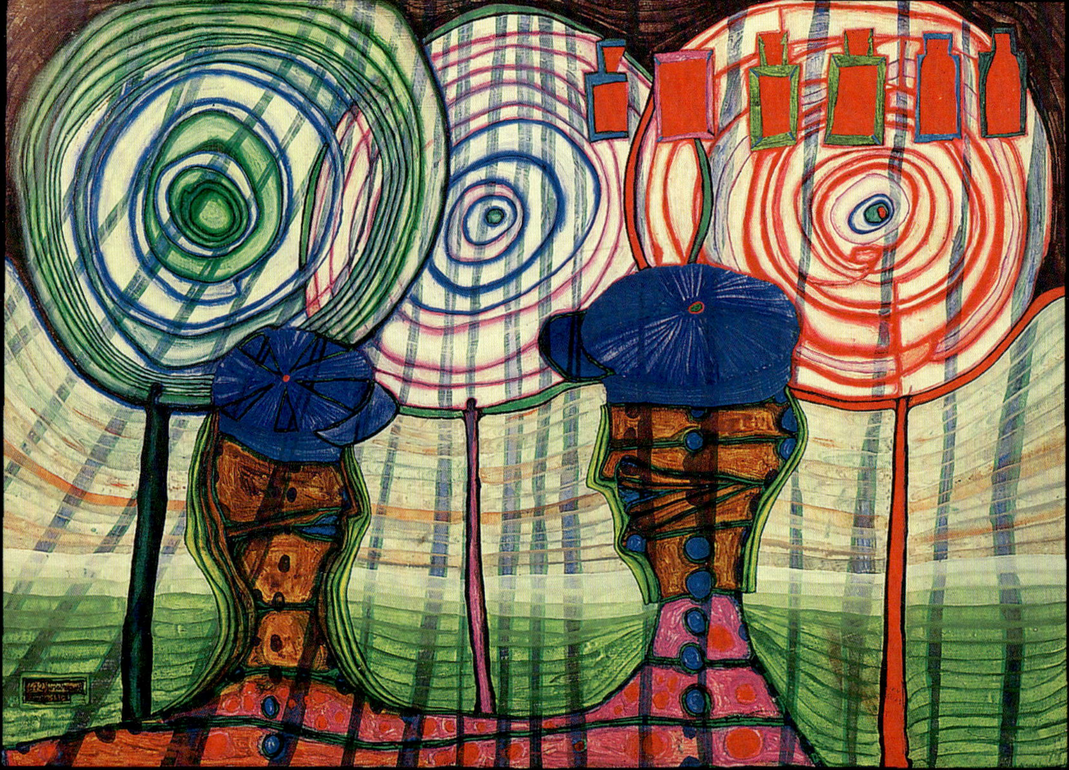

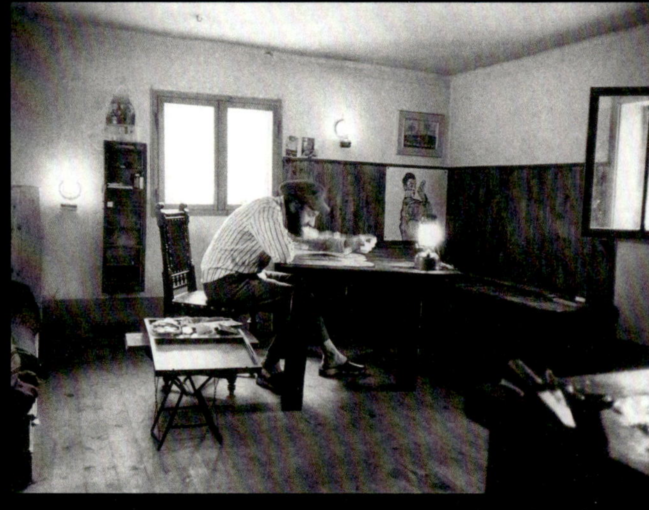

(672) **Blaue Kappen – Guten Tag Herr Kampmann**
Blue Caps — Hello, Mister Kampmann
Hahnsäge | Hahnsäge, 1967

Hundertwasser in der Hahnsäge
Hundertwasser in the Hahnsäge
Waldviertel, 6. Januar 1968 |
Waldviertel, January 6, 1968
Foto | Photo: Stefan Moses

Arnulf Rainer im Februar 1968
im Otto-Wagner-Atelier in der Spiegelgasse
Arnulf Rainer at the Otto Wagner studio
on Spiegelgasse in February of 1968
Wien | Vienna, 1968
Foto | Photo: Christian Skrein

Hundertwasser am 8. Januar 1968 bei
seinem Spaziergang in Wien mit dem Bild
Blaue Kappen – Guten Tag Herr Kampmann
Hundertwasser walking in Vienna with his
painting *Blue Caps—Hello, Mister Kampmann*
on January 8, 1968
Wien | Vienna, 1968
Foto | Photo: Stefan Moses

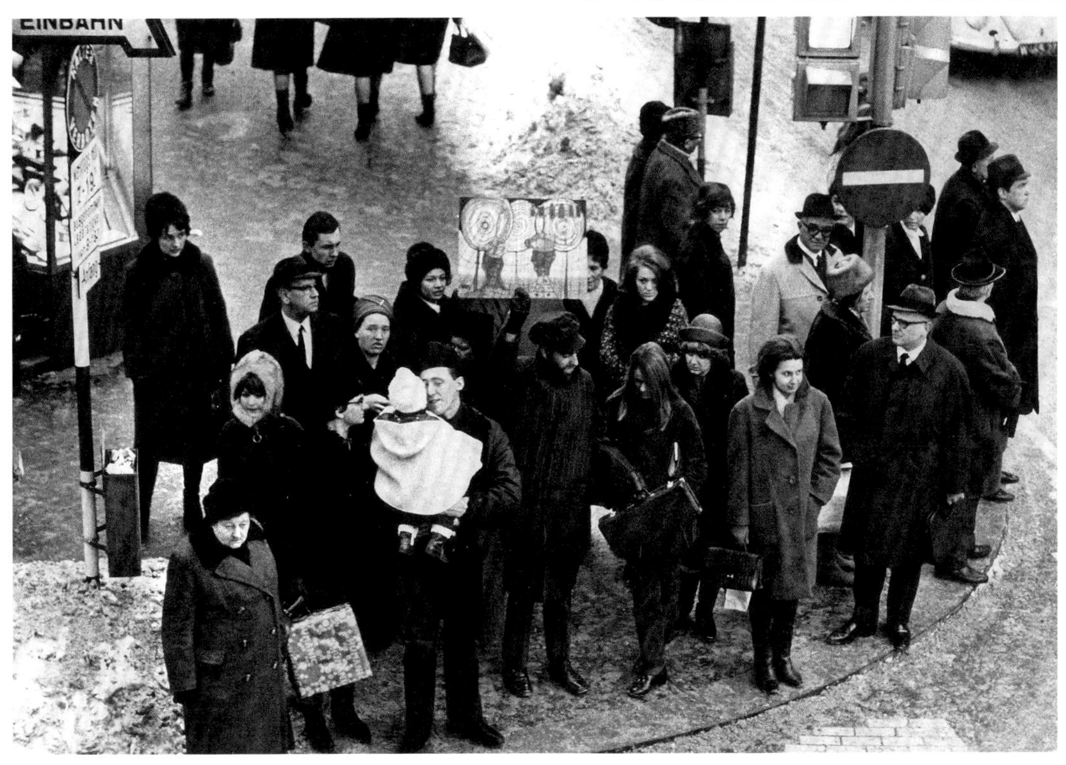

fotografie: stefan moses

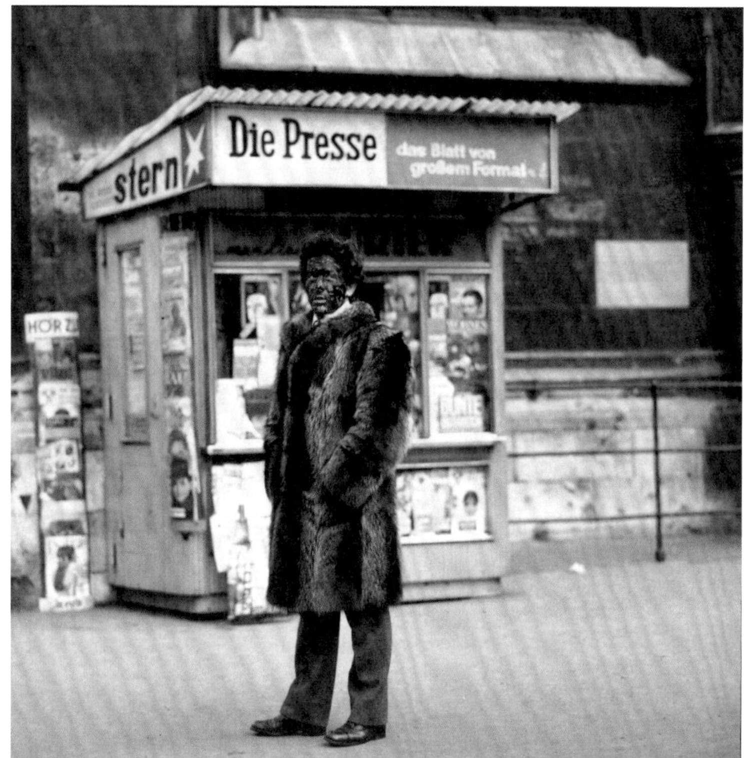

Arnulf Rainer bei seinem Spaziergang
mit bemaltem Gesicht
Arnulf Rainer on his walk with a painted face
Wien | Vienna, 1968
Foto | Photo: Christian Skrein

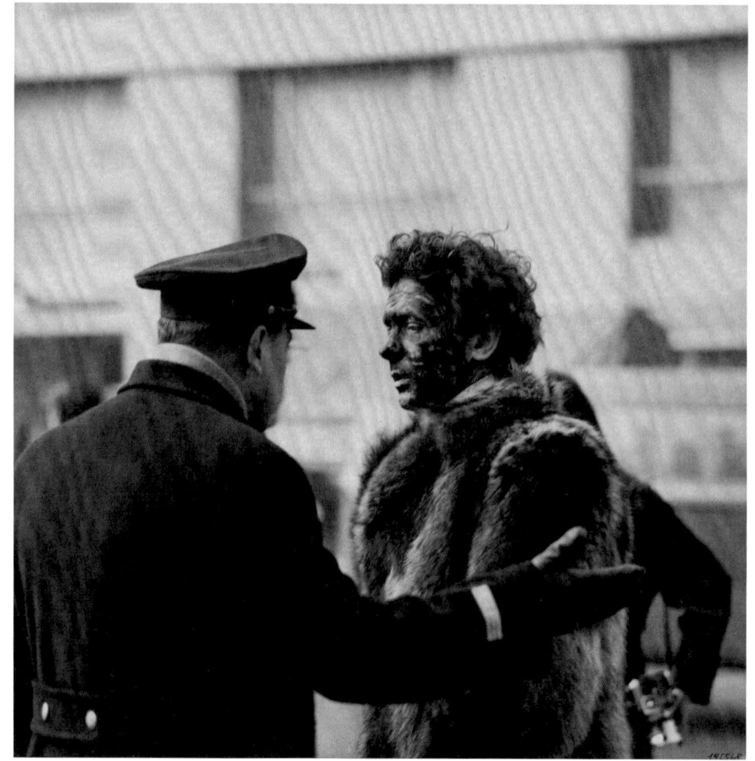

Arnulf Rainer wird bei seinem
Spaziergang mit bemaltem Gesicht
festgenommen
Arnulf Rainer arrested on his walk
with a painted face
Wien | Vienna, 1968
Foto | Photo: Christian Skrein

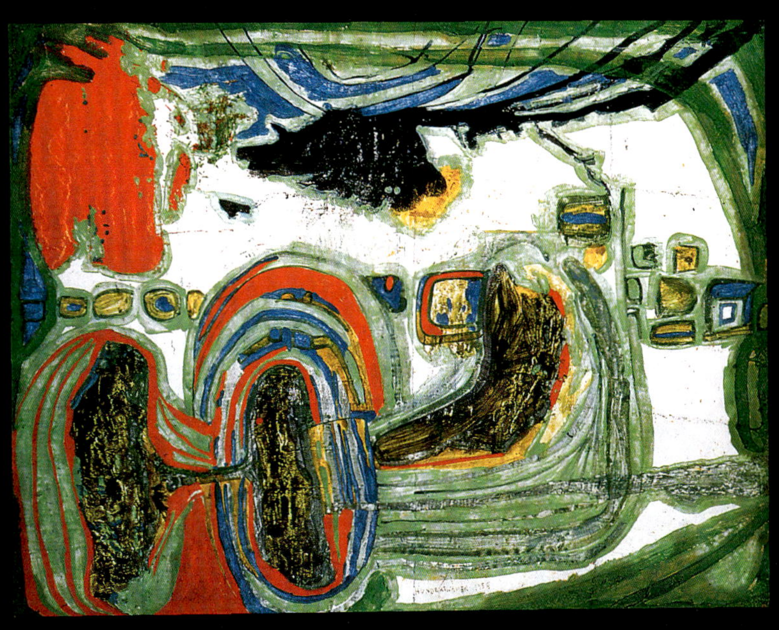

336 **Peinture sur ancien Rainer II**
Painting on an Old Rainer II
Saint-Mandé | Saint-Mandé, 1958

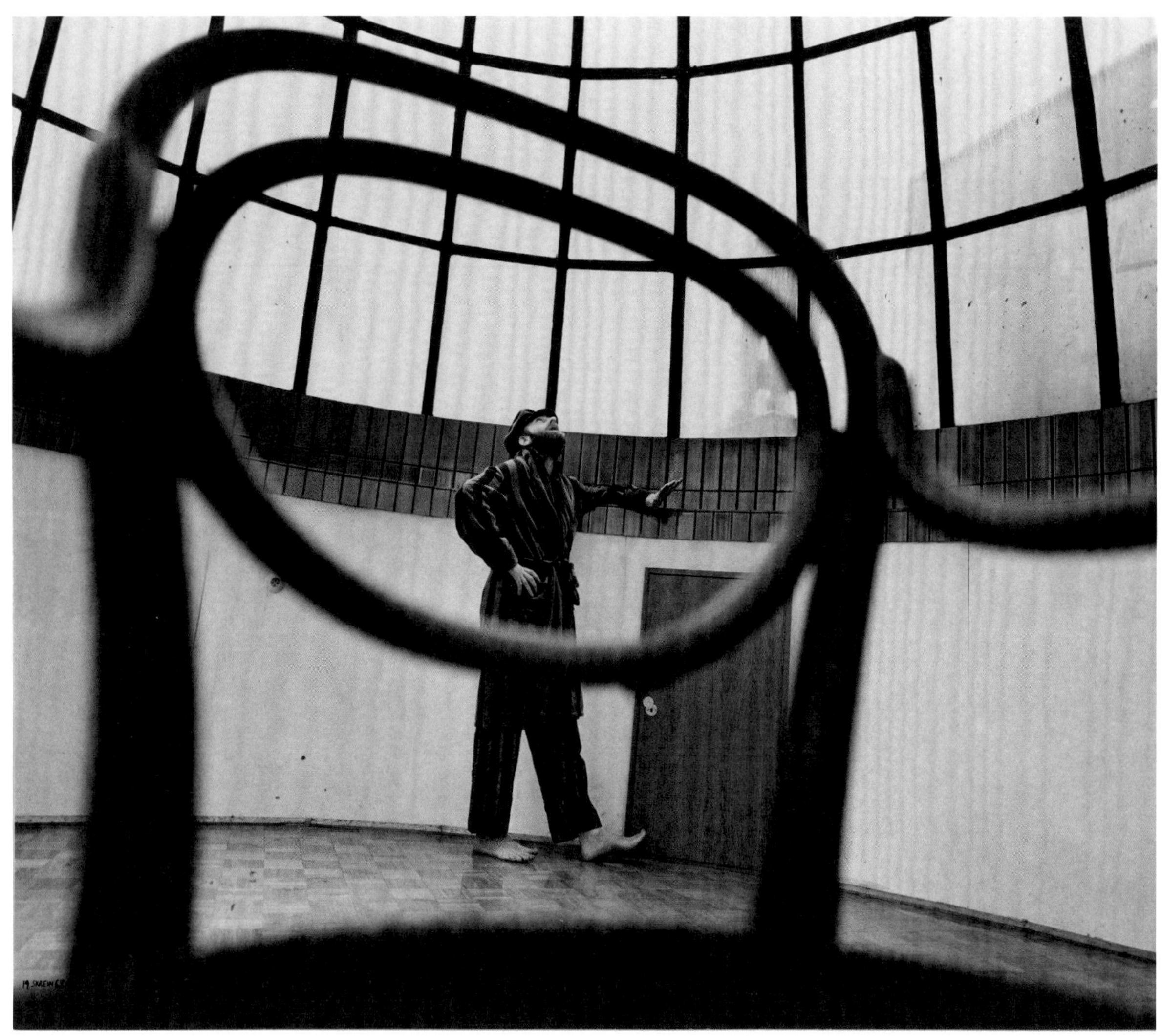

Hundertwasser im Otto-Wagner-
Atelier in der Spiegelgasse
Hundertwasser in the Otto Wagner
studio on Spiegelgasse
Wien | Vienna, 1968
Foto | Photo: Christian Skrein

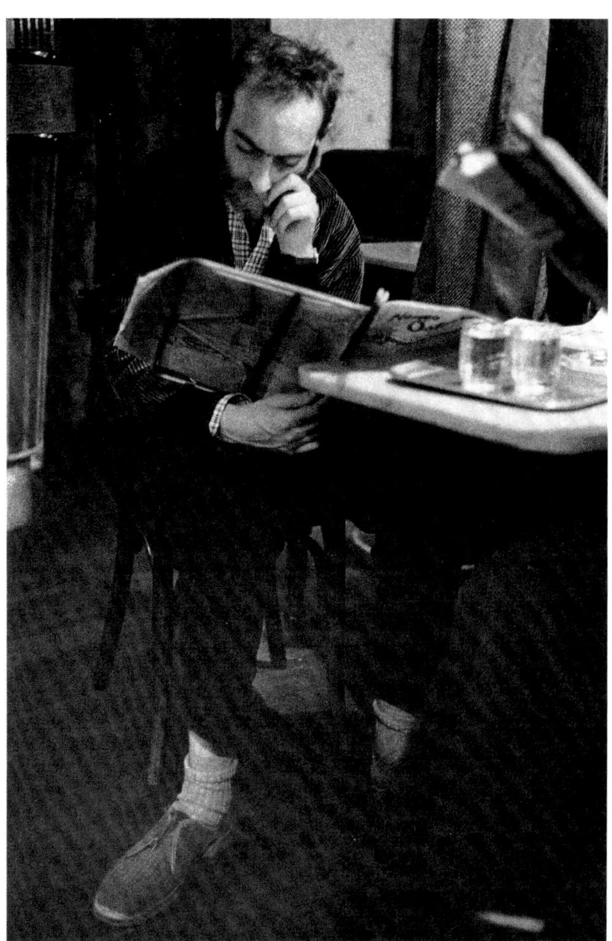

Maler Friedensreich Hundertwasser
im Café Hawelka in Wien
The painter Friedensreich Hundertwasser
at Café Hawelka in Vienna
Wien | Vienna, circa 1970
Foto | Photo: Franz Hubmann

Hundertwasser im Otto-Wagner-
Atelier in der Spiegelgasse
Hundertwasser in the Otto Wagner
studio on Spiegelgasse
Wien | Vienna, 1968
Foto | Photo: Gabriela Brandenstein

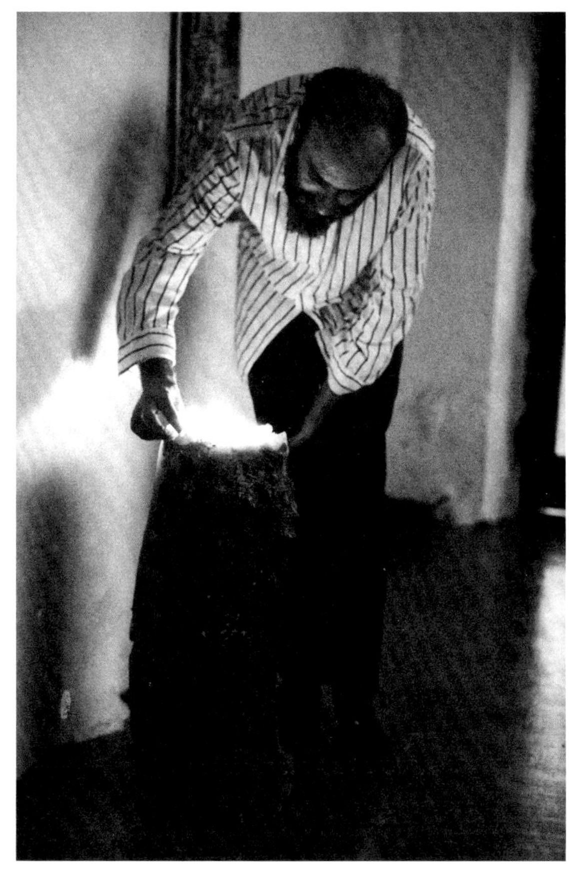

Hundertwasser auf dem begrünten Dach
des Otto-Wagner-Ateliers in der Spiegelgasse
Hundertwasser on the green roof of
the Otto Wagner studio on Spiegelgasse
Wien | Vienna, 1980
Foto | Photo: Bernd Lötsch

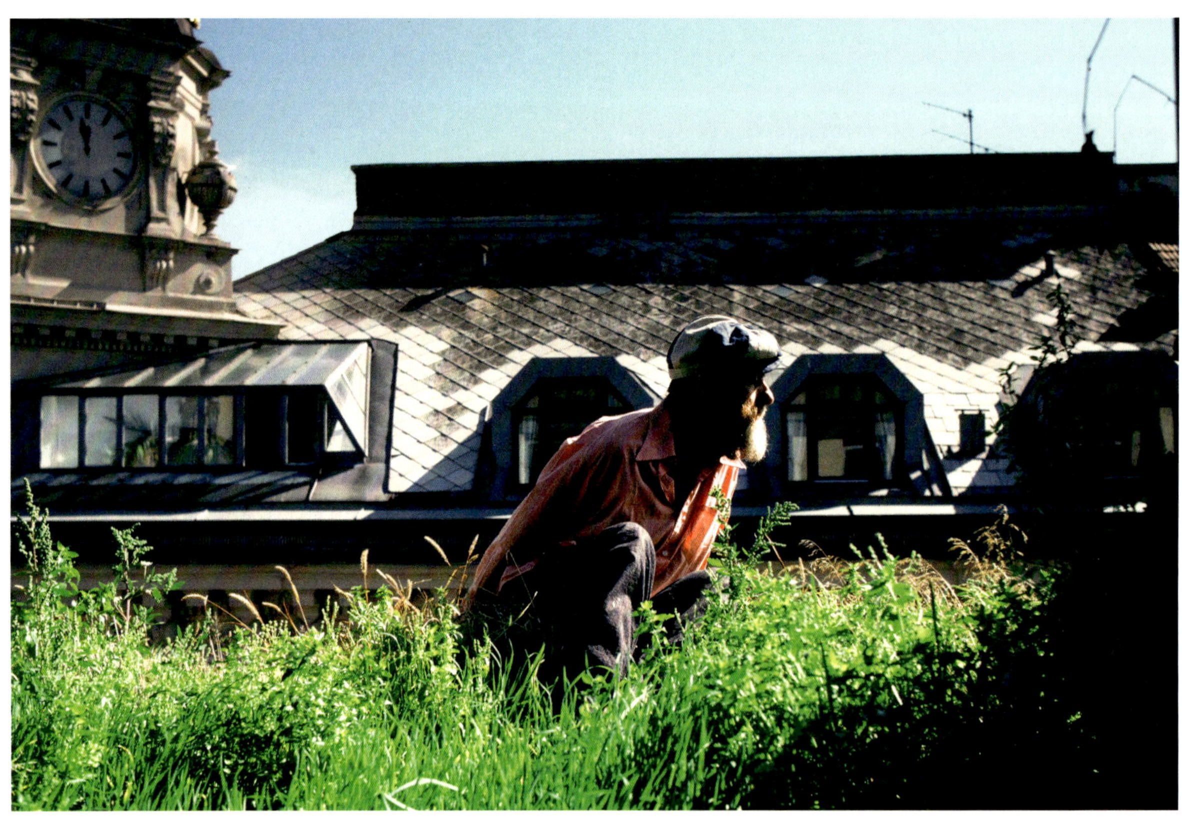

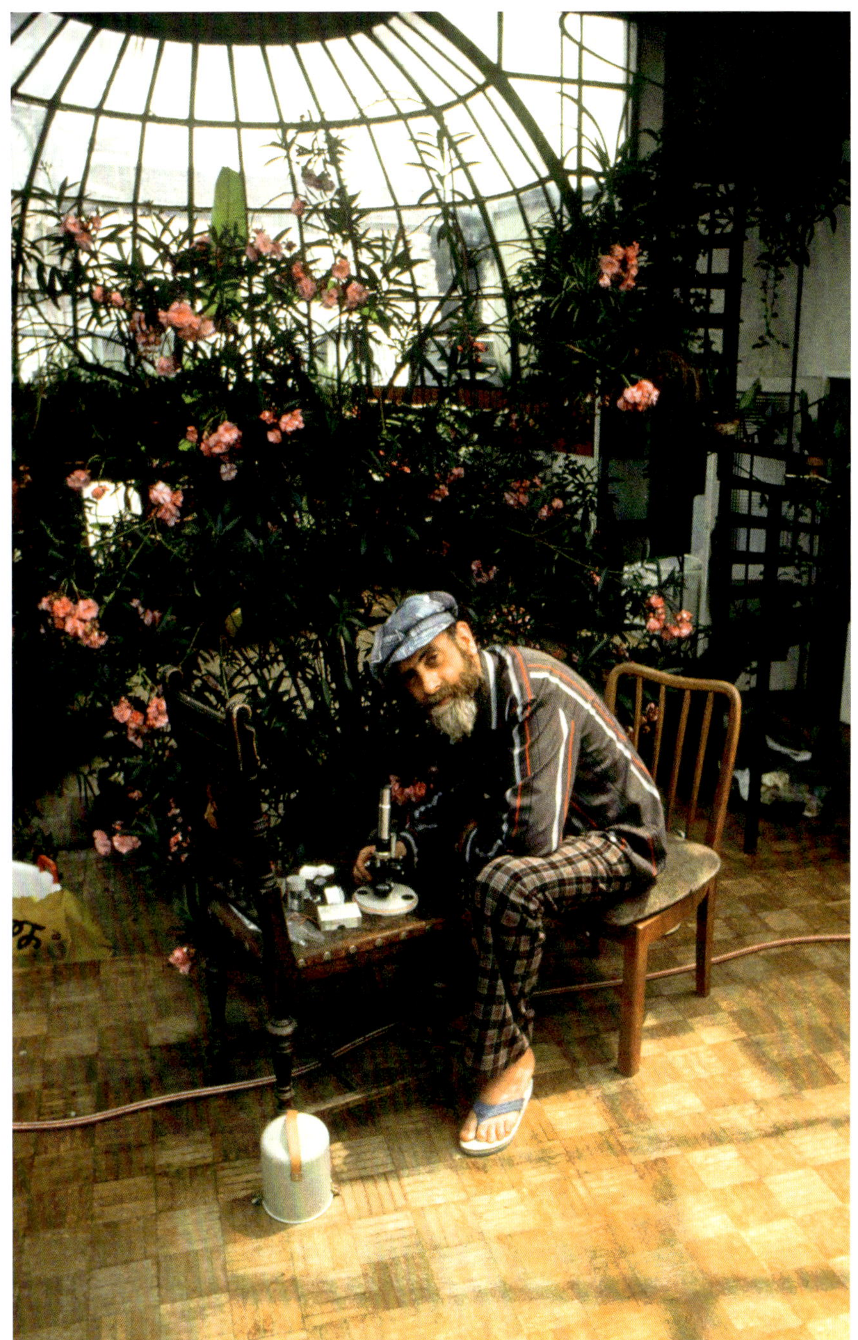

Hundertwasser betrachtet
unter dem Mikroskop die
Mikrobenaufwüchse von
Sumpfpflanzen-Wurzeln,
die ein optimales Milieu
für wasserreinigende Mikro-
organismen schaffen
Hundertwasser looking
through the microscope
at microbe growth on the
roots of swamp plants,
which creates an ideal
environment for water-
purifying microorganisms
Wien | Vienna, 1980
Foto | Photo: Bernd Lötsch

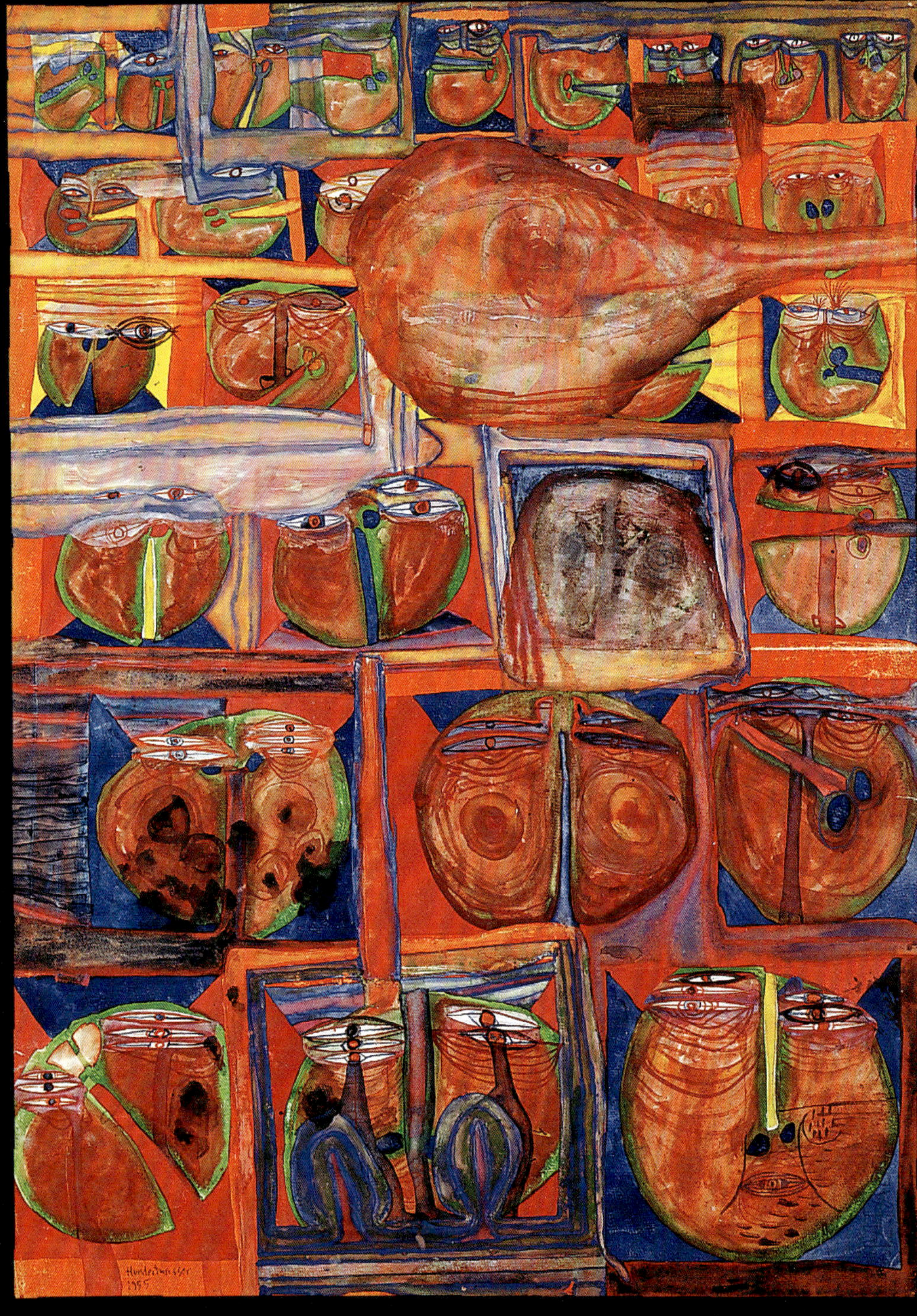

243 **Der letzte Regentropfen, der vorüberzieht**
The Last Raindrop to Pass By
Saint-Maurice | Saint-Maurice, 1955

8

Verschimmelungsmanifest und Nacktreden

Mouldiness Manifesto and Speeches in the Nude

Hundertwasser hat seine Gedanken, Thesen und Forderungen in Form von Manifesten oder Reden stets im Rahmen von Kunstaktionen vorgetragen, zumeist auch im Kontext von Kunstinstitutionen. Sein erstmals 1958 verlesenes *Verschimmelungsmanifest gegen den Rationalismus in der Architektur* zählt zu den folgenreichsten dieser Texte und legt die Grundlage seiner späteren Architekturkritik und seiner eigenen Bauten.

Auch seine 1967 in der Galerie Hartmann in München gehaltene *Nacktrede für das Anrecht auf die Dritte Haut* und die ihr 1968 folgende *Nacktrede gegen den Rationalismus in der Architektur* im Internationalen Studentenheim in Wien sind der Behausung des Menschen gewidmet und zielen – noch deutlicher als die Aktionen ein Jahrzehnt vorher – auf eine Korrektur der funktionalen Raster-Architektur hin zu einer natur- und menschengerechteren Bauweise.

Hundertwasser has always communicated his ideas, theories and demands in the form of manifestoes or speeches that are a part of art actions, and these often take place within the context of art institutions. Among the most seminal of these texts is the *Mouldinesss Manifesto against Rationalism in Architecture,* which, first read publicly in 1958, laid the foundation for his subsequent criticism of architecture and his own architectural designs.

His *Speech in the Nude for the Right to a Third Skin,* given at Galerie Hartmann in Munich in 1967, and his subsequent Speech in the Nude against Rationalism in Architecture at the International Student Hall in Vienna in 1968 likewise deal with the dwellings of mankind and aim, even more clearly than the action a decade earlier, at a revision of functional grid architecture and the introduction of a natural and humane way of building.

Hundertwasser bei seiner *Nacktrede für das Anrecht auf die Dritte Haut* in der Galerie Hartmann, München
Hundertwasser during his *Speech in the Nude for the Right to a Third Skin* at the Galerie Hartmann, Munich
München | Munich, 1967
Foto | Photo: Stefan Moses

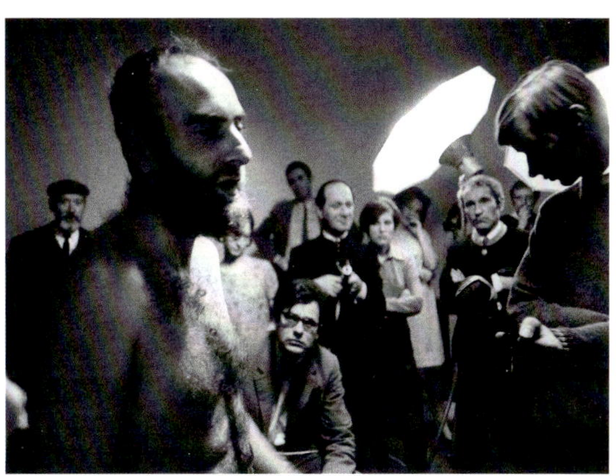

fotografie: stefan moses

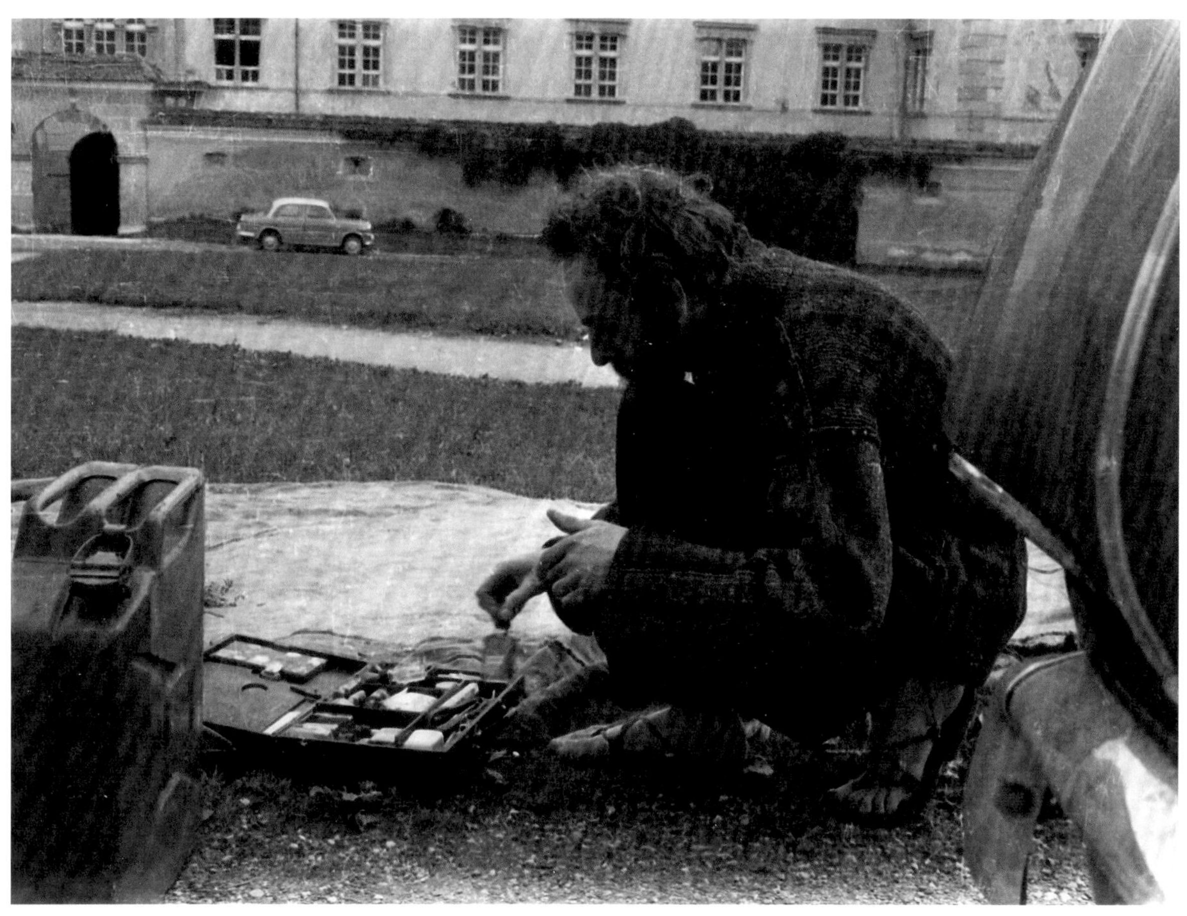

Hundertwasser vor der Verlesung seines
Verschimmelungsmanifestes, Stift Seckau
Hundertwasser before reading his
Mouldiness Manifesto, Seckau Monastery
Stift Seckau, Steiermark | Seckau Monastery, Styria, 1958

Hundertwasser vor der Verlesung seines
Verschimmelungsmanifestes, Stift Seckau
Hundertwasser before reading his
Mouldiness Manifesto, Seckau Monastery
Stift Seckau, Steiermark | Seckau Monastery, Styria, 1958

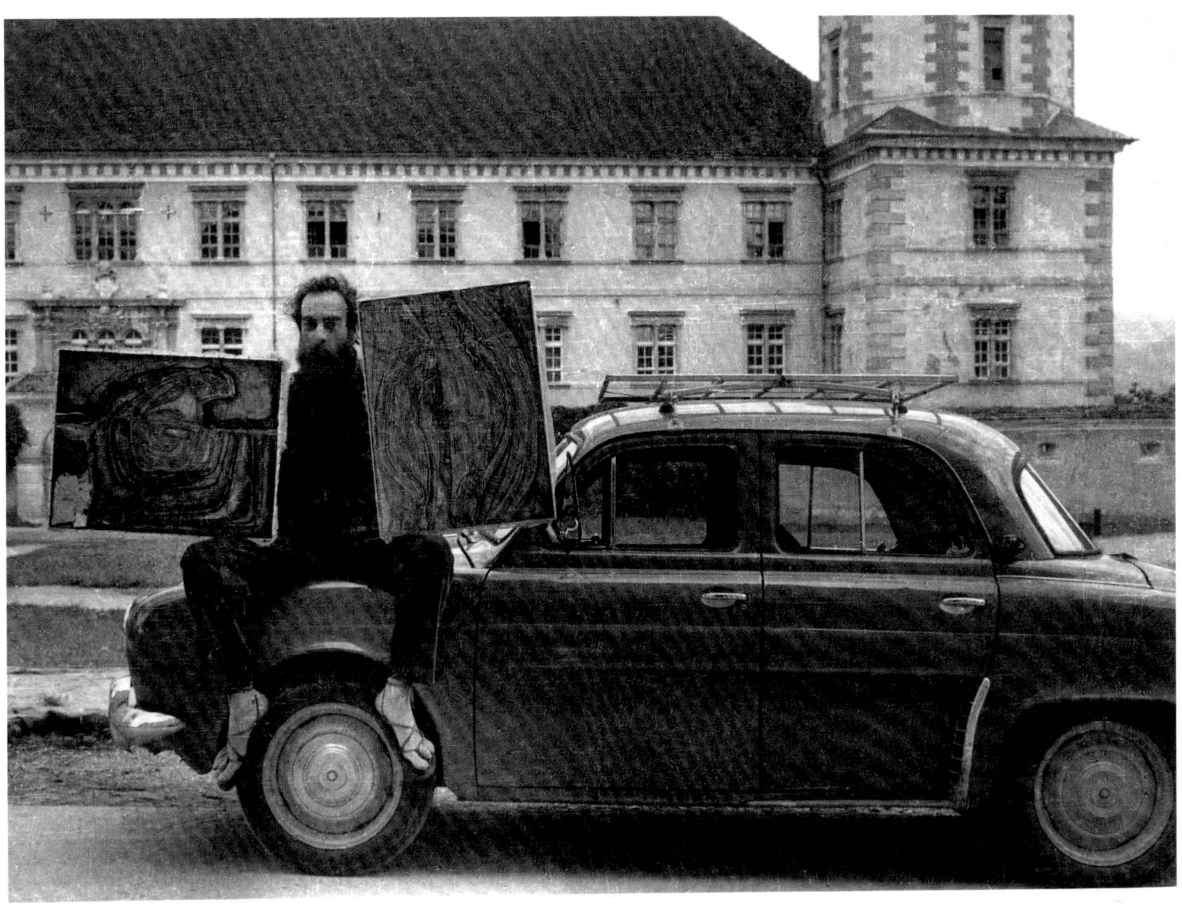

Verschimmelungsmanifest gegen den Rationalismus in der Architektur
(1958/1959/1964)

Die funktionelle Architektur hat sich als Irrweg erwiesen, genauso wie die Malerei mit dem
Lineal. Wir nähern uns mit Riesenschritten der unpraktischen, der unnutzbaren und schließlich
der unbewohnbaren Architektur. …

Ein Mann in einem Mietshaus muß die Möglichkeit haben, sich aus seinem Fenster zu beugen
und – so weit seine Hände reichen – das Mauerwerk abzukratzen. Und es muß ihm gestattet
sein, mit einem langen Pinsel – so weit er reichen kann – alles rosa zu bemalen, so daß man
von weitem, von der Straße, sehen kann: Dort wohnt ein Mensch, der sich von seinen Nachbarn unterscheidet, dem zugewiesenen Kleinvieh! Auch muß er die Mauern zersägen und allerlei Veränderungen vornehmen können, auch wenn dadurch das architektonisch-harmonische
Bild eines sogenannten Meisterwerkes der Architektur gestört wird, und er muß sein Zimmer
mit Schlamm oder Plastilin anfüllen können. …

Das Lineal ist das Symbol des neuen Analphabetentums. Das Lineal ist das Symptom der
neuen Krankheit des Zerfalls. …

Wenn sich an einer Rasierklinge der Rost festsetzt, wenn eine Wand zu schimmeln beginnt,
wenn in einer Zimmerecke das Moos wächst und die geometrischen Winkel abrundet, so
soll man sich doch freuen, daß mit den Mikroben und Schwämmen das Leben in das Haus
einzieht und wir so mehr bewußt als jemals zuvor Zeugen von architektonischen Veränderungen werden, von denen wir viel zu lernen haben.

… erst nach der schöpferischen Verschimmelung, von der wir viel zu lernen haben, wird eine
neue und wunderbare Architektur entstehen. …

Aus: Friedensreich Hundertwasser, „Verschimmelungsmanifest gegen den Rationalismus in der Architektur",
von Hundertwasser erstmals am 4. Juli 1958 in der Abtei Seckau/Österreich verlesen

Mouldiness Manifesto Against Rationalism in Architecture
(1958/1959/1964)

Functional architecture has proved to be the wrong road to take, similar to painting with a straight-edged ruler. With giant steps we are approaching impractical, unusable and ultimately uninhabitable architecture. …

The apartment-house tenant must have the freedom to lean out of his window and as far as his arms can reach transform the exterior of his dwelling space. And he must be allowed to take a long brush and – as far as his arms can reach – paint everything pink, so that from far away, from the street, everyone can see: there lives a man who distinguishes himself from his neighbours, the pent-up livestock! He must also be allowed to cut up the walls and make all kinds of changes, even if this disturbs the architectural harmony of a so-called masterwork, and he must be able to fill his room with mud or children's modelling clay. …

The ruler is the symptom of the new disease, disintegration of our civilisation. …

When rust sets in on a razor blade, when a wall starts to get mouldy, when moss grows in a corner of a room, rounding its geometric angles, we should be glad because, together with the microbes and fungi, life is moving into the house and through this process we can more consciously become witnesses of architectural changes from which we have much to learn. …

And only after creative moulding, from which we have much to learn, will a new and wonderful architecture come about. …

From: Friedensreich Hundertwasser, "Mouldiness Manifesto against Rationalism in Architecture," first read by Hundertwasser on July 4, 1958 at Seckau Monastery in Austria.

Erste Veröffentlichung des *Verschimmelungsmanifestes*, eine nummerierte und signierte Broschüre, herausgegeben von Galerie Renate Boukes, Wiesbaden 1958
First published version of the *Mouldiness Manifesto*, a numbered and signed pamphlet, put out by Galerie Renate Boukes, Wiesbaden 1958

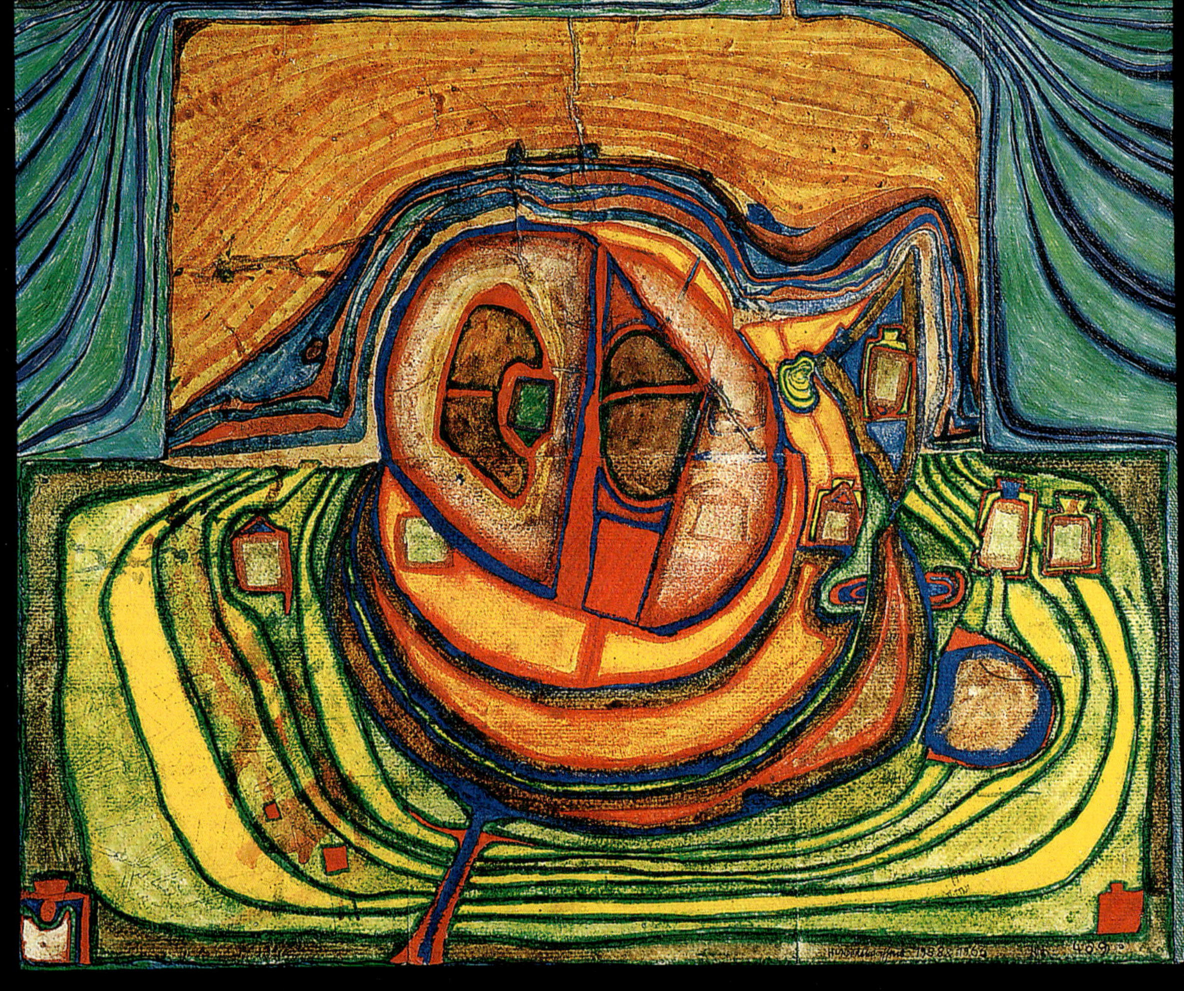

409 **Das Herz der Revolution**
The Heart of the Revolution

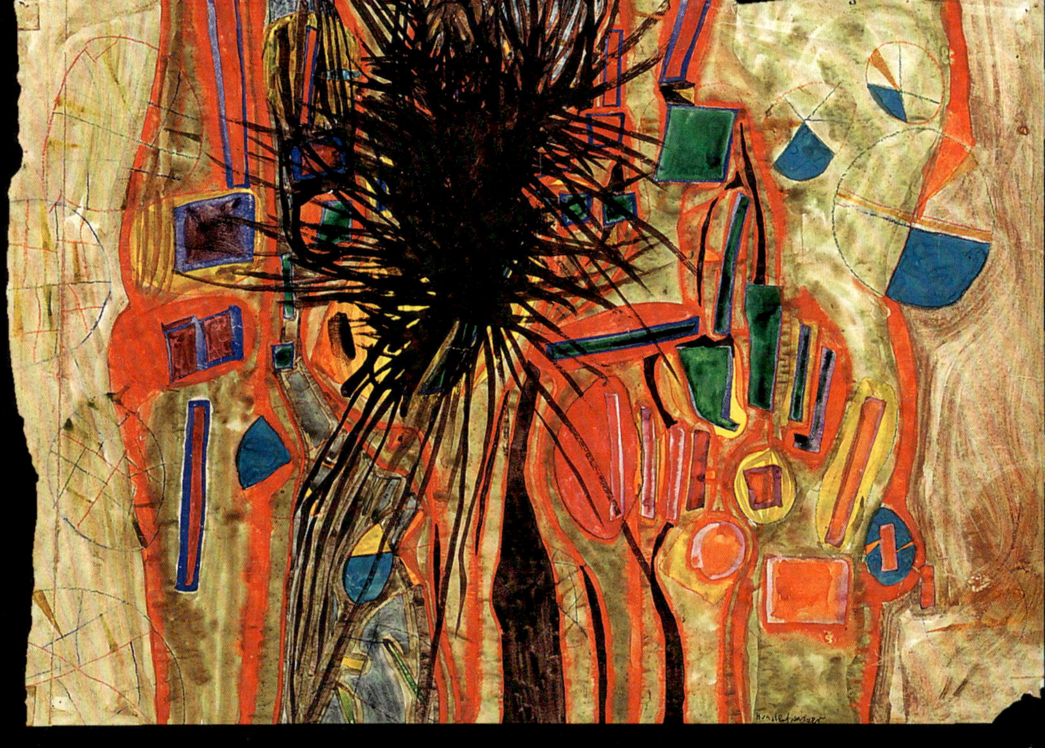

(246) **Schwarzer Stern**
Black Star
Wien | Vienna, 1958

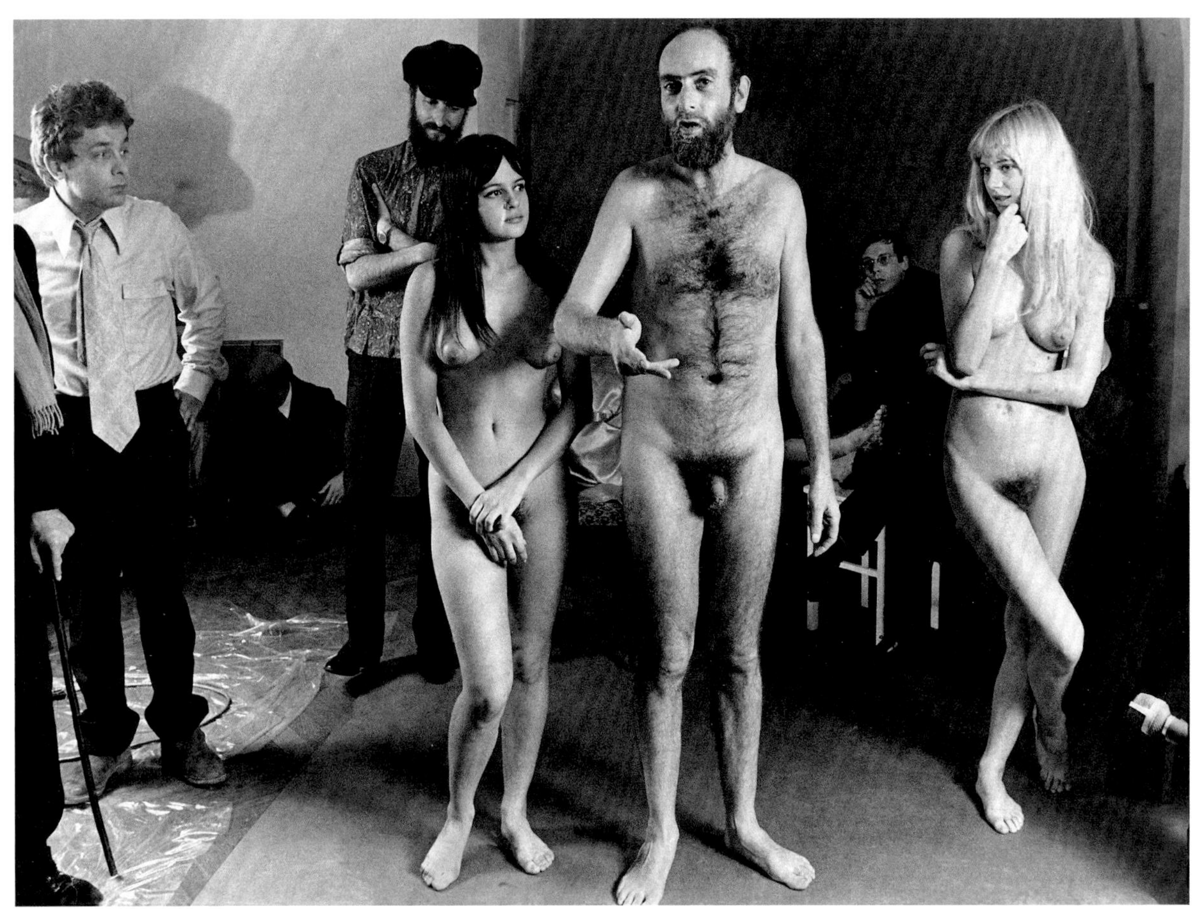

fotografie: stefan moses

Hundertwasser bei seiner *Nacktrede*
für das Anrecht auf die Dritte Haut
in der Galerie Hartmann, München
Hundertwasser during his *Speech in*
the Nude for the Right to a Third Skin
at the Galerie Hartmann, Munich
München | Munich, 1967
Foto | Photo: Stefan Moses

Hundertwassers Happenings

Hundertwasser erweist sich in seinen frühen Bildern als einer der besten und interessantesten Maler der 1950er-Jahre. Seine frühen Aktionen zählen zu legendären Marksteinen in der Entwicklung des Happenings und in der Überschreitung des Tafelbilds hin zu erweiterten, umweltbezogenen Kunstformen. … Hundertwassers Frühwerk war ein wichtiger Beitrag zur Entwicklung der zeitgenössischen Kunst, ist aber auch eine bleibende, eigenständige Formulierung am Schnittpunkt von klassischer Moderne und erweitertem Kunstbegriff der Gegenwart.

Robert Fleck

Aus: Robert Fleck, „Hundertwassers malerische Aktualität", in: Ingeborg Flagge (Hrsg.), *Friedensreich Hundertwasser – Ein Sonntagsarchitekt. Gebaute Träume und Sehnsüchte* (Ausst.-Kat. Frankfurt, Deutsches Architekturmuseum) Frankfurt 2005

Hundertwasser's Happenings

In his early works, Hundertwasser showed himself to be one of the best and most interesting painters of the 1950s. His early actions can be considered some of the legendary milestones in the genesis of Happenings and in the move to overcome the panel picture and develop expanded art forms that related to their surroundings. … Hundertwasser's early work made an important contribution to the development of contemporary art, but it is also a valid and unique formulation of the interface between classical Modernism and the expanded contemporary concept of art.

Robert Fleck

From: Robert Fleck, "The topicality of Hundertwasser's paintings," in *The Yet Unknown Hundertwasser*, ex. cat. (Vienna: KunstHausWien, 2008).

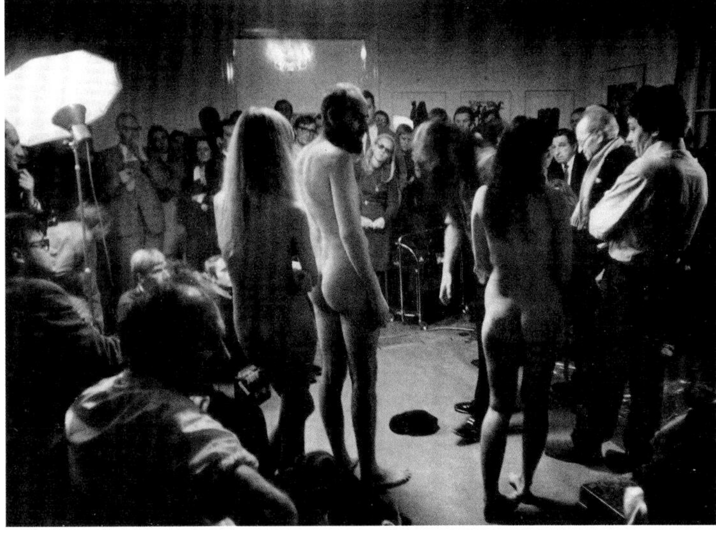

Hundertwasser bei seiner *Nacktrede für das Anrecht auf die Dritte Haut* in der Galerie Hartmann, München
Hundertwasser during his *Speech in the Nude for the Right to a Third Skin* at the Galerie Hartmann, Munich
München | Munich, 1967
Foto | Photo: Stefan Moses

Nacktrede für das Anrecht auf die Dritte Haut
(1967)

Die nächste Revolution wird die sein, daß die Menschen sich auflehnen gegen diese geraden
Dinge und gegen diese Konfektion, die nicht einmal die Maschine will. …

Ich möchte sehen, daß – wenn ich aus dem Fenster schaue – etwas Schönes geschieht.
Das meine ich aus purem Egoismus. …

Ich habe ein festes Gefühl dafür, wie das Leben sein soll und wie das Paradies sein soll.
Ich möchte viel lieber in einem Stuhl sitzen und das Paradies betrachten, aber da es sich nicht
bildet und nicht bilden will, muß ich es leider selber tun.

… wenn ihr einen Teller kauft, verändert ihn, wenn ihr eine Waschmaschine kauft, gebt einen
Tritt hinein, wenn ihr nach Hause kommt ins Badezimmer und seht diese Kacheln, die alle
gleich sind, nehmt einen Hammer und haut hinein: damit endlich einmal diese sterile Ordnung
durchbrochen wird.

Aus: Friedensreich Hundertwasser, „Nacktrede für das Anrecht auf die Dritte Haut", gehalten als erste Rede Hundertwassers
in nacktem Zustand am 12. Dezember 1967 in der Galerie R. P. Hartmann, München

Speech in the Nude for the Right to a Third Skin
(1967)

The next revolution will be the one when people rebel against these straight things and this
manufacturing which not even the machine wants to do. …

When I look out of the window, I would like to see that something beautiful is happening.
I mean that out of pure egoism. …

I have a definite feeling for how life should be and how paradise should be. I would much
prefer to sit in a chair and look at paradise, but since it is not taking shape and doesn't want to
I unfortunately have to do it myself. …

So: if you buy a plate, change it; if you buy a washing machine, give it a kick; when you
come home and go into the bathroom and see these tiles that are all the same, take a hammer
and smash them, so that this sterile order of the grid is broken once and for all.

From: Friedensreich Hundertwasser, "Speech in the Nude for the Right to a Third Skin," Hundertwasser's first speech
in the nude, held at Galerie R. P. Hartmann in Munich on December 12, 1967

rechts | right:
Hundertwasser bei seiner *Nacktrede für das Anrecht auf die Dritte Haut* in der Galerie Hartmann, München, Kontaktabzug
Hundertwasser during his *Speech in the Nude for the Right to a Third Skin* at the Galerie Hartmann, Munich, contact print
München | Munich, 1967

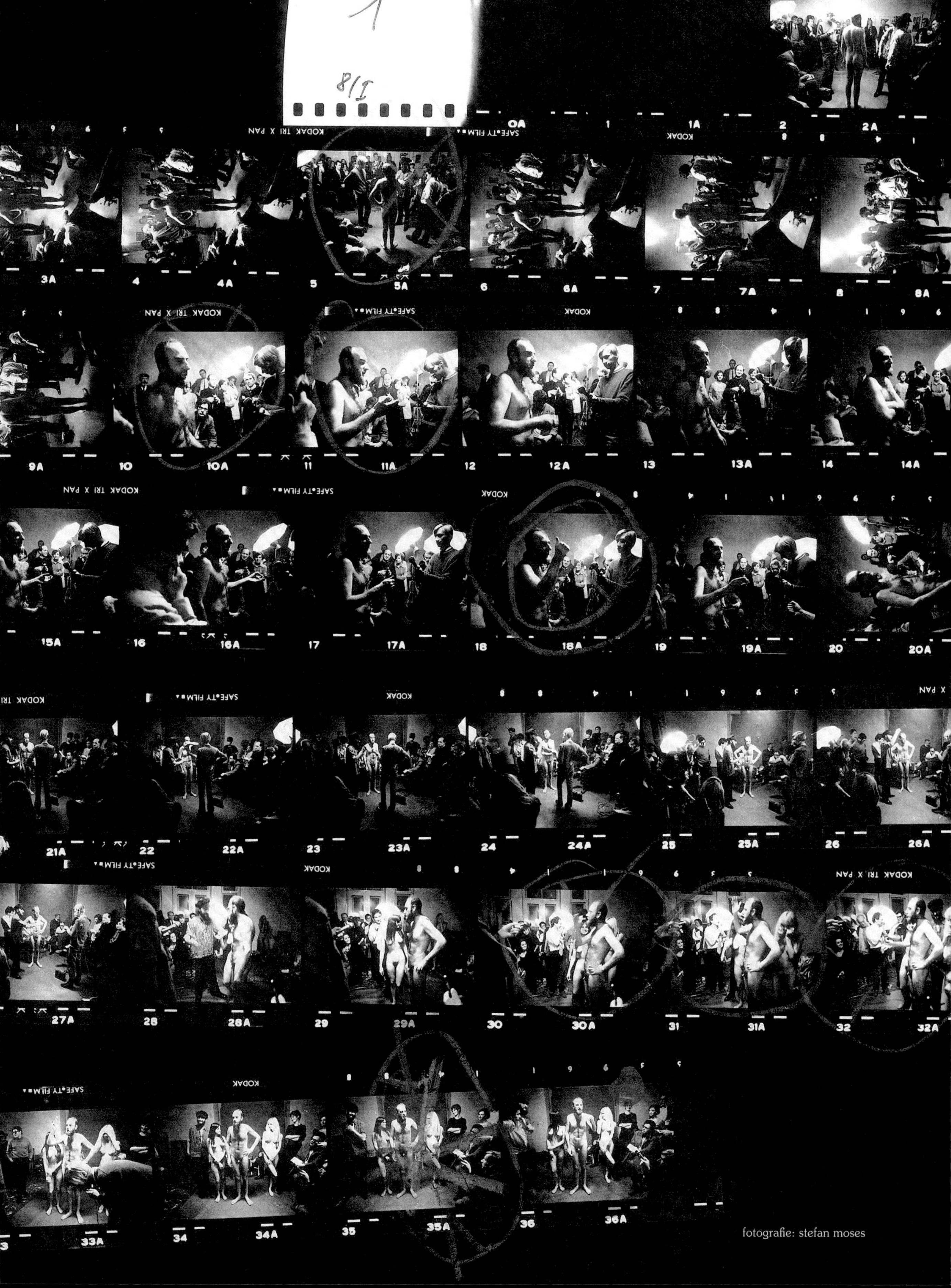

fotografie: stefan moses

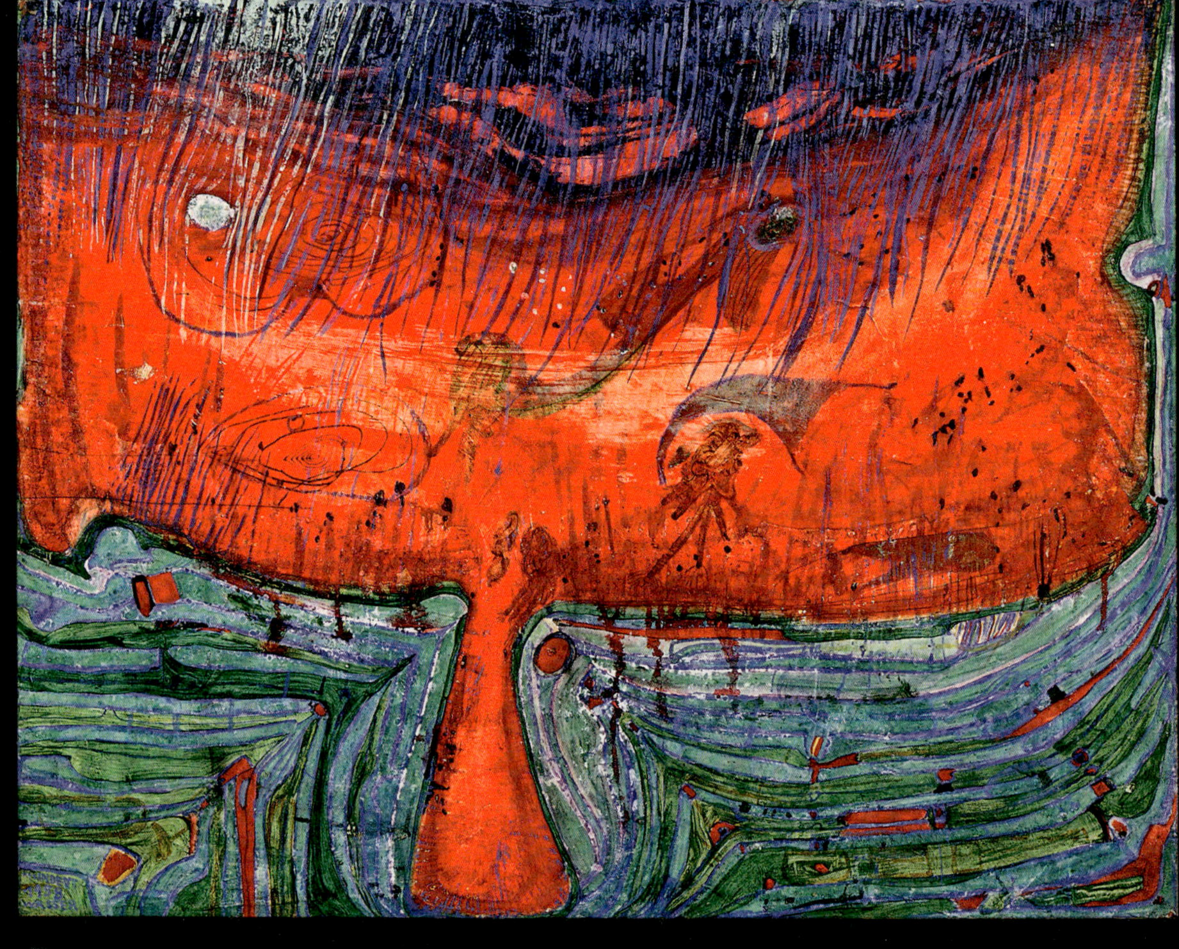

365 **Gras der Erde Regen des Himmels**
Grass of Earth Rain of Heaven

Joachim Jean Aberbach

Der Prophet

Hundertwasser erscheint in der Öffentlichkeit manchmal in, wenn man so will, merkwürdiger Aufmachung. So kann es beispielsweise passieren, dass er den Speisesaal des Hotels Claridge's in London betritt und an den Füßen verschiedenfarbige gestrickte Socken trägt, die in einer selbstgefertigten Kombination aus Sandale und Schuh stecken, auf dem Kopf eine bunte Seemannsmütze und über den Schultern einen gestreiften Kaftan, und trotzdem wird unter den anwesenden Gästen niemand lachen oder auch nur kichern. Irgendwie haben alle das starke Gefühl, dass da gerade ein geheimnisvoller, wichtiger Bote den Raum betreten hat.

Was wahre Künstler sagen oder schaffen, ist immer ihrer Zeit voraus. Letztendlich werden sie mehr oder weniger von allen verstanden werden, aber bis dahin kann es eine ganze Generation dauern. Behauptungen, die dem allgemein anerkannten Denken ganz und gar wesensfremd zu sein schienen, werden zur Norm. Was merkwürdig oder gar abstoßend wirkte, verwandelt sich in etwas von strahlender Schönheit. Diese Vorwegnahme späterer Entwicklungen lässt sich im wahrsten Sinn als prophetisch bezeichnen.

Aus: Joachim Jean Aberbach, „Der Prophet", geschrieben 1975 in New York für: *Hundertwasser's Complete Graphic Work 1951–1976* (Ausst.-Kat. der USA-Grafik-Tournee), 1980/2008

The Prophet

Hundertwasser appears sometimes in public dressed in what might be called "strange ways". He could, for instance, walk into the dining room of Claridge's in London wearing on each foot knitted socks of different colors which are covered by a combination of sandals and shoes fashioned by himself, a multicoloured sailor's cap on his head, a striped caftan over his shoulders and yet, not one person present will laugh or even snicker. Somehow, they feel very strongly that a mysterious, important messenger has entered the room.

What true artists say or create is always ahead of their time. Eventually they are understood by more or less everybody, but a whole generation may have passed. Pronouncements which may have been completely alien to accepted notions become the norm. What looks strange, or possibly even revolting, transforms itself into a thing of vibrant beauty. This anticipation of later events can truly be called prophetic.

From: Joachim Jean Aberbach, "Der Prophet," written in New York in 1975 for *Hundertwasser's Complete Graphic Work 1951—1976,* catalog for the traveling exhibition in the United States, (New York: Prestel, 1980/2008)

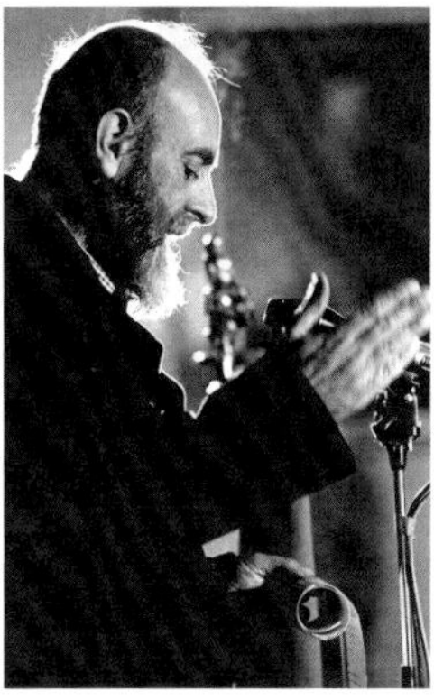

Hundertwasser bei einer Rede
Hundertwasser during a speech
Ort und Zeit unbekannt |
Place and date unkown

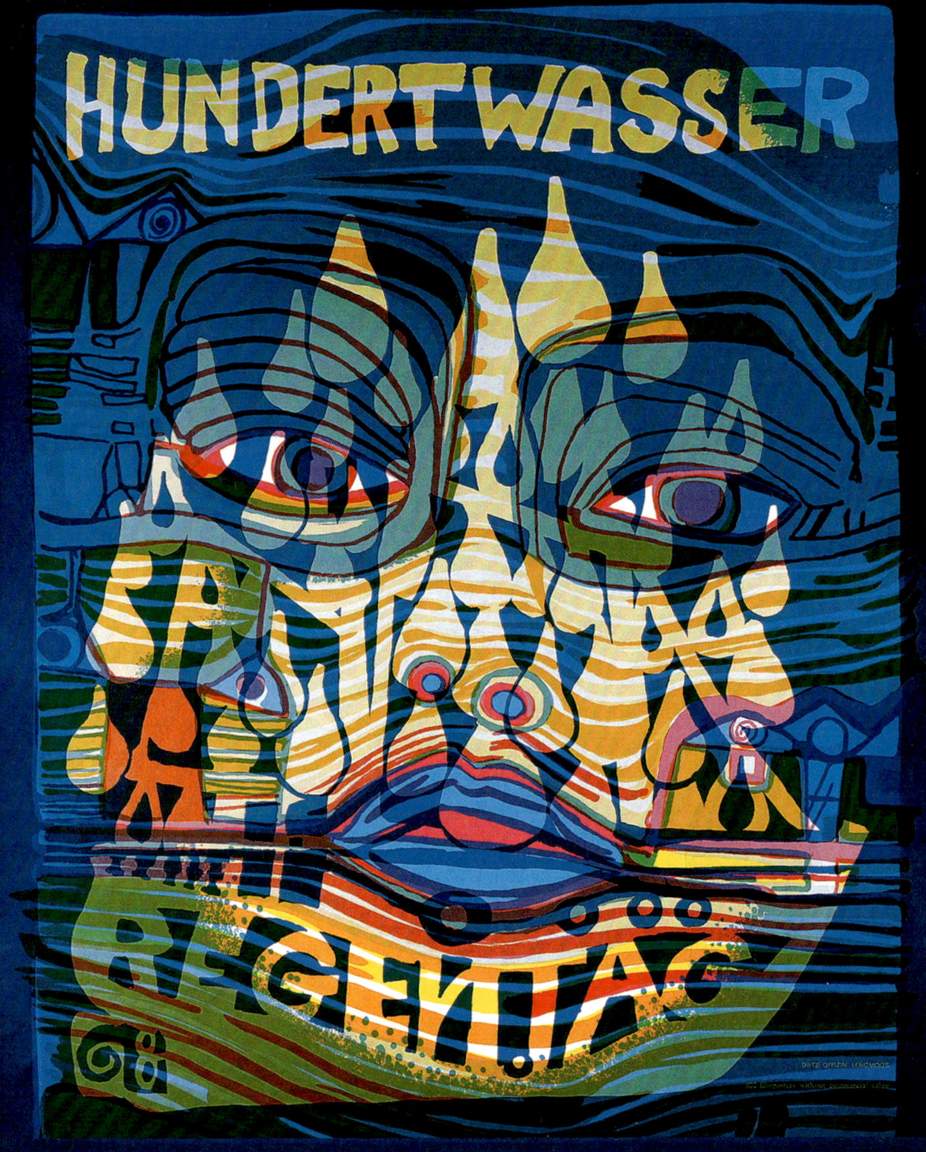

APA 122 / (712) **Originalposter *Hundertwassers Regentag***
Original Poster *Hundertwasser's Rainy Day*
München und Lengmoos | Munich and Lengmoos, 1972

9

Ein Regentag ist ein guter Tag

A Rainy Day Is a Good Day

1968 erwirbt Hundertwasser den alten Salzfrachter San Giuseppe T, den er in Werften in der Lagune von Venedig zu seinem ‚Regentag' getauften Schiff umbauen läßt. Die ‚Regentag' wird für ihn mobile Behausung, vor Anker bei Venedig verbringt er hier eine längere Phase des Rückzugs und unternimmt dann Fahrten übers Mittelmeer und schließlich bis nach Neuseeland.

Peter Schamoni dreht 1972 unter intensiver Mitwirkung Hundertwassers den Film *Hundertwassers Regentag,* in dem sich die Gedankenwelt Hundertwassers offenbart und auch die Bedeutung des Namens ‚Regentag' aufgeklärt wird, den Hundertwasser nicht nur seinem Schiff, sondern auch sich selbst gegeben hat. Hundertwasser erklärt seine Vorliebe für Regentage, an denen die Farben leuchten und er gut malen kann. Die Bedeutung des Elements Wasser in seinen verschiedensten Formen für Hundertwasser wird im Film spürbar.

In 1968, Hundertwasser purchases the old salt freighter *San Giuseppe T,* which he has converted into the ship he names *Regentag* (Rainy Day) at shipyards in the Venetian lagoon. The *Regentag* becomes a mobile accommodation; dropping anchor near Venice, he spends a longer period of retreat there, eventually undertaking journeys across the Mediterranean and, ultimately, to New Zealand.

In 1972, Peter Schamoni shoots the film *Hundertwasser's Rainy Day,* in close collaboration with Hundertwasser; it conveys the intellectual world of Hundertwasser and also clarifies the meaning of the name "Regentag," which Hundertwasser gave not only to his ship, but to himself as well. Hundertwasser explains his love of rainy days, on which the colors become luminous, thus allowing him to paint well. In the film, the particular importance of the element of water to Hundertwasser, in all its manifold manifestations, becomes tangible.

Das Schiff ‚Regentag' in der Lagune von Venedig
Hundertwasser's ship *Regentag* in the Venetian Lagoon
Venedig | Venice, 1971
Foto | Photo: Peter Schamoni

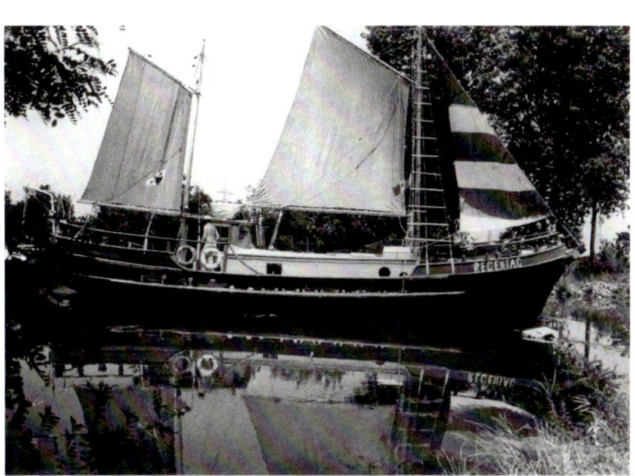

Hundertwasser auf seinem
Schiff ‚Regentag‘
Hundertwasser on his ship
Regentag
Adria | Adriatic Sea, 1971
Foto | Photo: Peter Schamoni

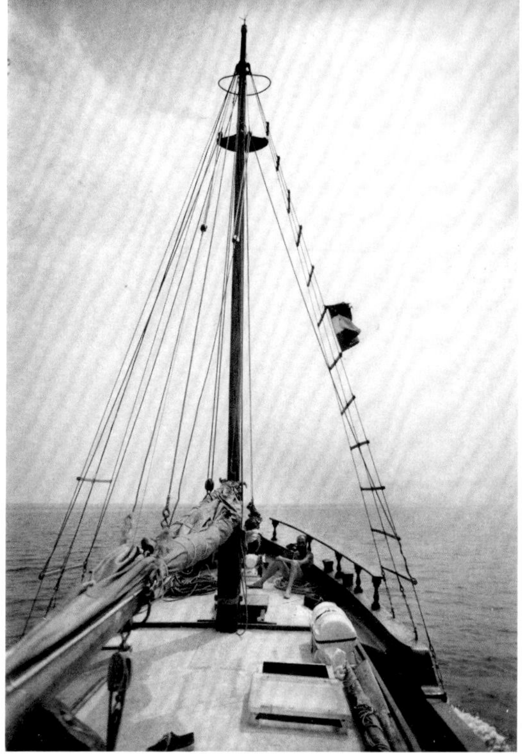

Hundertwasser malt an der Küste Kroatiens
Hundertwasser painting on thr Croatian coast
Adria | Adriatic Sea, 1971
Foto | Photo: Manfred Bockelmann

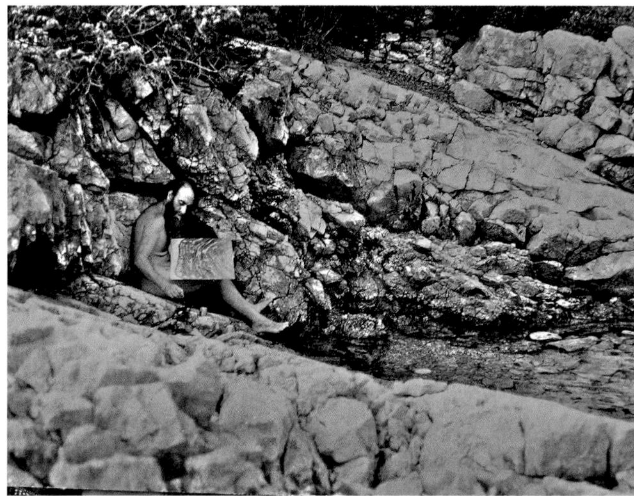

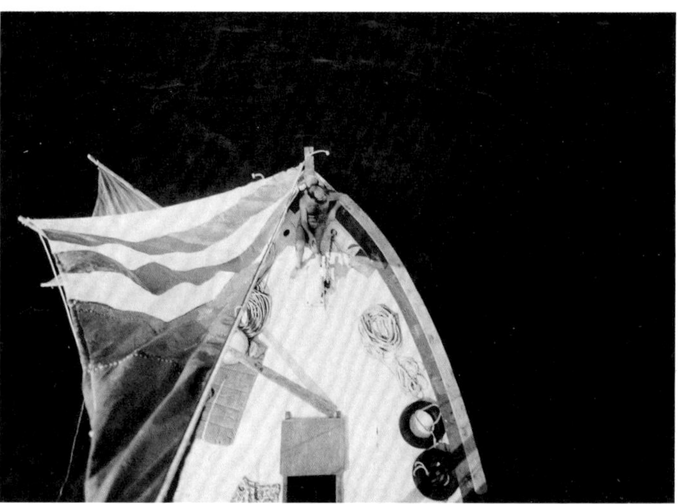

Hundertwasser auf seinem
Schiff ‚Regentag‘
Hundertwasser on his ship *Regentag*
Adria | Adriatic Sea, 1971
Foto | Photo: Manfred Bockelmann

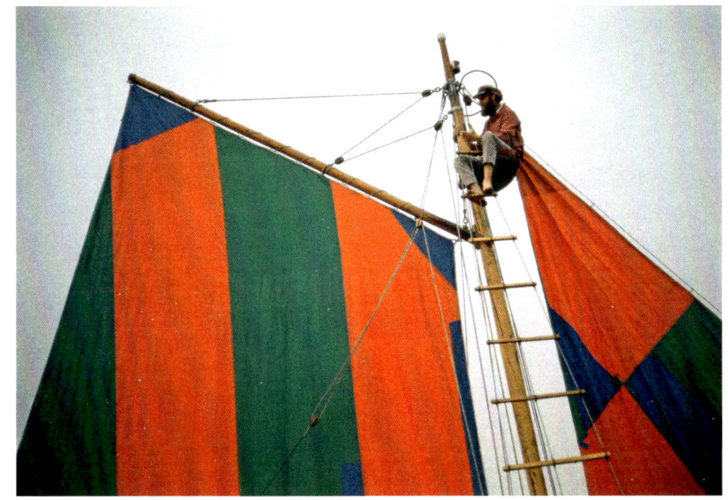

Hundertwasser auf seinem
Schiff ‚Regentag‘
Hundertwasser on his ship *Regentag*
Adria | Adriatic Sea, 1971
Fotos | Photos: Manfred Bockelmann

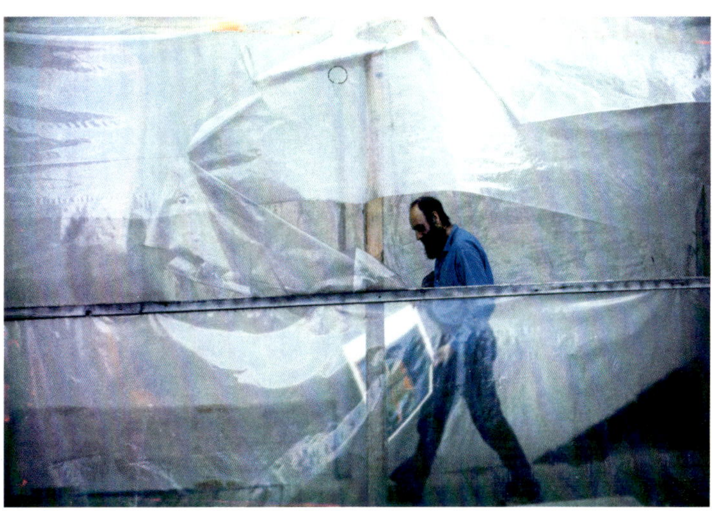

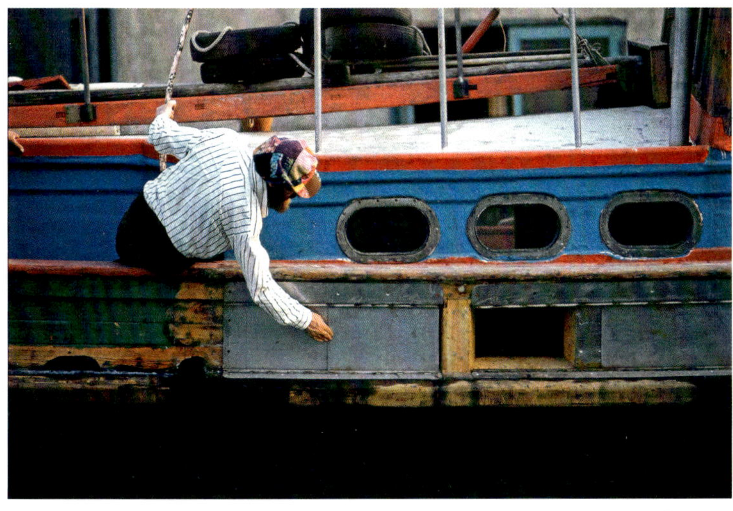

Wenn ich male, träume ich
(1973)

Wenn ich male, träume ich ja.
Das ist so, wenn der Traum zu Ende ist, erinnere ich mich nicht
mehr an das, was ich geträumt habe, das Bild aber bleibt.
Es ist das Resultat des Traumes, aber ich kann den Ursprung des
Traumes nicht mehr entdecken. Also, wenn der Maler nicht mehr
völlig erstaunt ist über das, was er malt, dann ist es kein gutes
Bild, denn ich selber möchte mich von meinen eigenen Bildern
überraschen lassen.
Ich möchte ständig meine eigenen Bilder entdecken.
Dadurch schalte ich einen Teil meiner Persönlichkeit aus, es
kommt dann von ganz woanders, d.h. ich schalte meinen Intellekt
aus, um etwas anderes wirken zu lassen, das von ganz weit her
kommt, ganz ganz weit herkommt.

Friedensreich Hundertwasser im Film *Hundertwassers Regentag*
Aus: Dialogliste zum Film „Hundertwassers Regentag" von Peter Schamoni, 1973

When I Paint, I am Dreaming
(1973)

When I paint, I am dreaming.
I mean, when the dream is over, I can't remember what I dreamed,
but the picture is there.
It's the fruit of the dream.
If a painter is not astonished by what he has painted,
it is not a good picture.
I want to be surprised by my own paintings.
I want to discover my own paintings.
I put aside a part of my personality.
It comes from somewhere else.
I mean, I switch off my intellect, I let something else take over,
something that comes from far away, from far, far away.

Friedensreich Hundertwasser in *Hundertwassers Regentag (Hundertwasser's Rainy Day)*, from
the dialog list of the film by Peter Schamoni, 1973

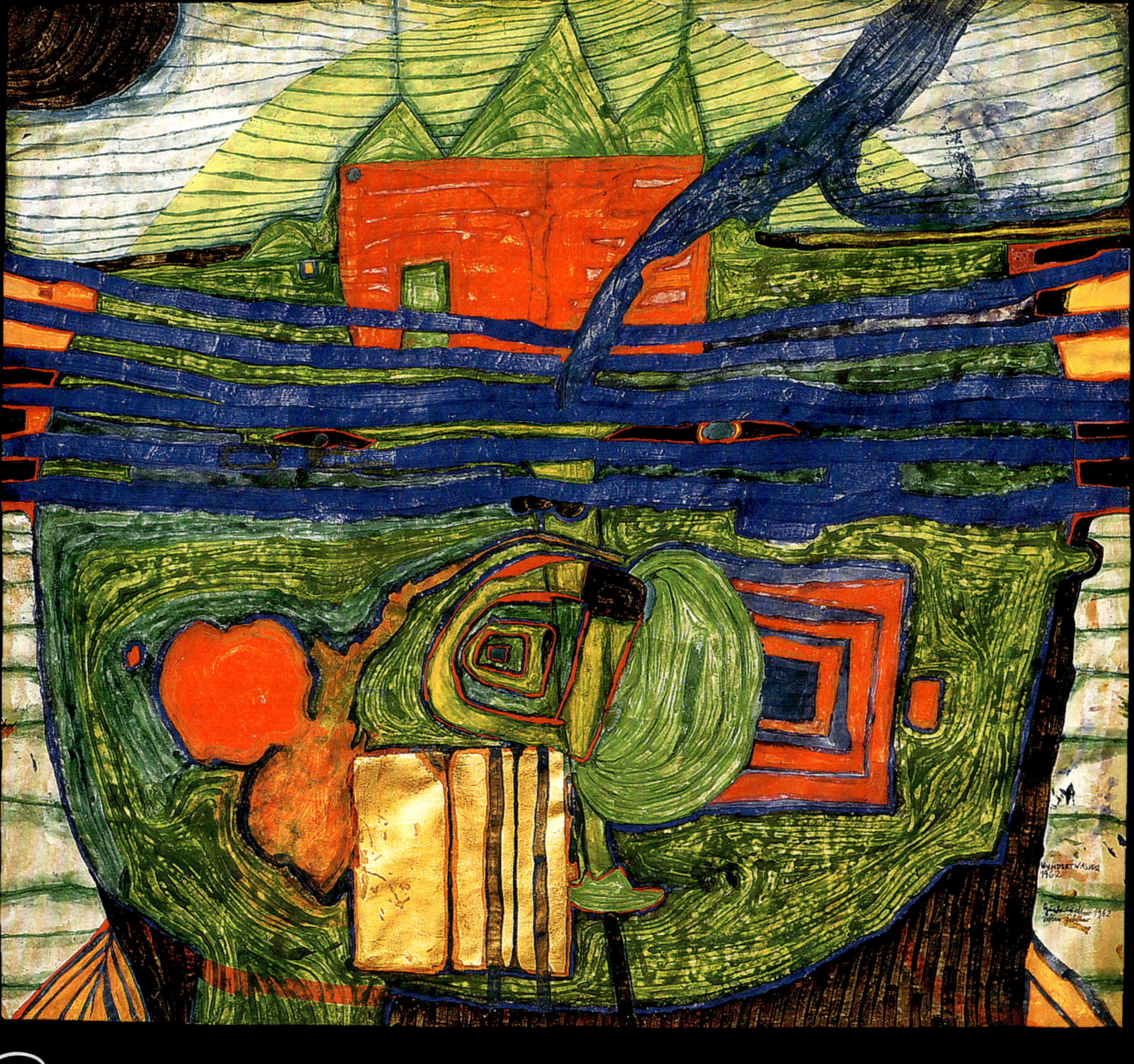

515 **Phönikisches Schiff – Starhemberg**
Phoenician Ship
Wien | Vienna, 1962

Postkarte von Hundertwasser an Peter Schamoni – Vorderseite
Postcard sent by Hundertwasser to Peter Schamoni — front
Catanzaro, Kalabrien | Catanzara, Calabria, 1972

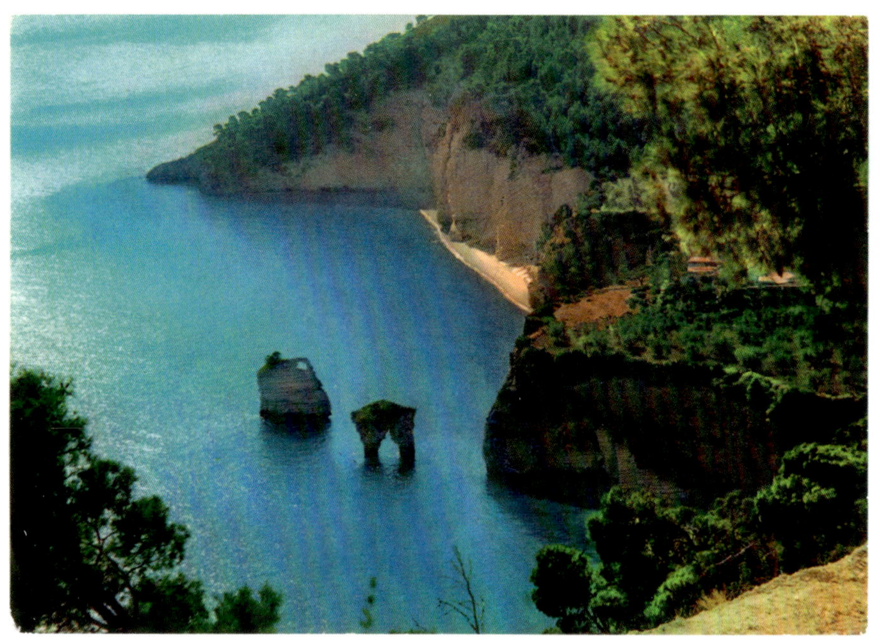

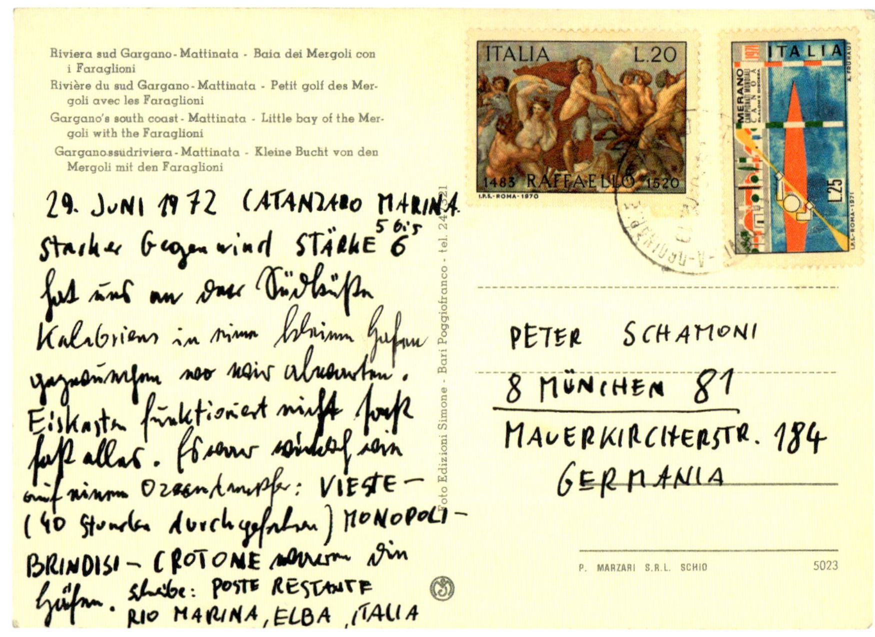

Postkarte von Hundertwasser an Peter Schamoni – Rückseite
Postcard sent by Hundertwasser to Peter Schamoni — back
Catanzaro, Kalabrien | Catanzara, Calabria, 1972

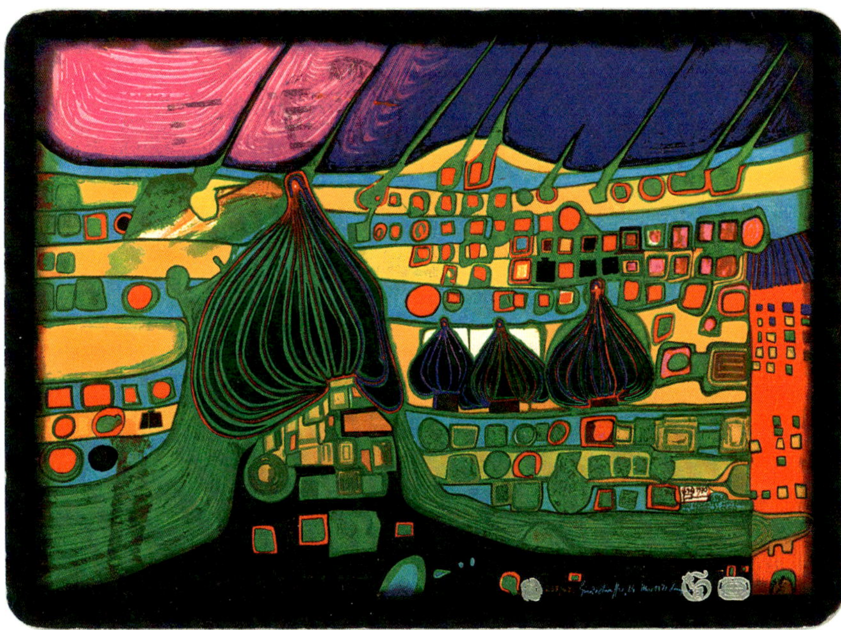

Postkarte von Hundertwasser an Peter Schamoni – Vorderseite
Postcard sent by Hundertwasser to Peter Schamoni—front
Rakino Island, Neuseeland | Rakino Island, New Zealand, 1973

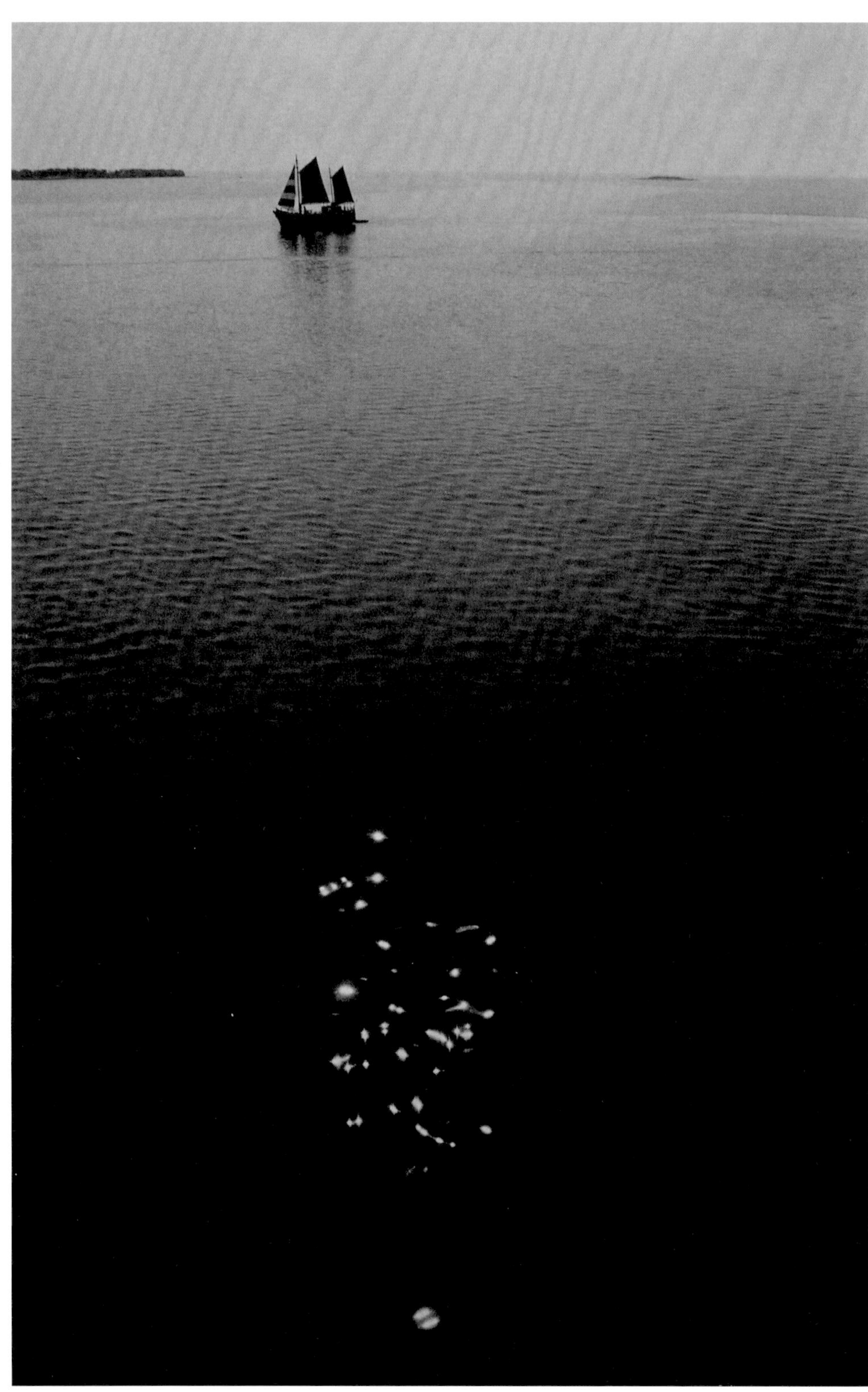

Das Schiff ‚Regentag‘
im Mittelmeer
The ship *Regentag*
in the Mediterranean
Adria | Adriatic Sea, 1971
Foto | Photo:
Manfred Bockelmann

Ein Regentag ist für mich der schönste Tag
(1972)

Maler sein ist schon etwas Ungeheures,
weil … die Malerei gibt die Möglichkeit, eine Sprache zu schaffen
und wirklich in Regionen vorzustoßen, die sehr, sehr weit weg sind von uns.
Ich glaube, mit der Malerei kann man am tiefsten ins Unbekannte vorstoßen.
Ich glaube auch, dass malen eine religiöse Beschäftigung ist.
Es heißt doch auch, dass die Malerei die Farbe in sich trägt.
Die Skulptur braucht Licht, um leben zu können, dagegen die Malerei lebt
durch sich selbst.
Deswegen ist ein trüber Tag, ein Regentag, für mich der schönste Tag,
es ist ein Tag, an dem ich arbeiten kann.

Jedenfalls, wenn es regnet, bin ich glücklich, und wenn es regnet, weiß ich,
dass mein Tag beginnt.

Friedensreich Hundertwasser im Film *Hundertwassers Regentag*
Aus: Dialogliste zum Film „Hundertwassers Regentag" von Peter Schamoni, 1972

A Rainy Day Is the Kind of Day I Like
(1972)

To paint is to release extraordinary powers,
because painting gives you a chance to invent a language
and to venture into distant regions which are a long way off.
I believe that painting takes us deeper than anything else
into the unknown.
And I believe, even, that painting is a religious activity.

Sculpture needs light, but painting needs colours.
A painting cannot live without colours.
And when it rains the colours come to life.
A cloudy day, a rainy day is the kind of day I like.
I am happy when it rains, and when it rains my day begins.

Friedensreich Hundertwasser in *Hundertwassers Regentag* (Hundertwasser's Rainy Day),
from the dialog list of the film by Peter Schamoni, 1973

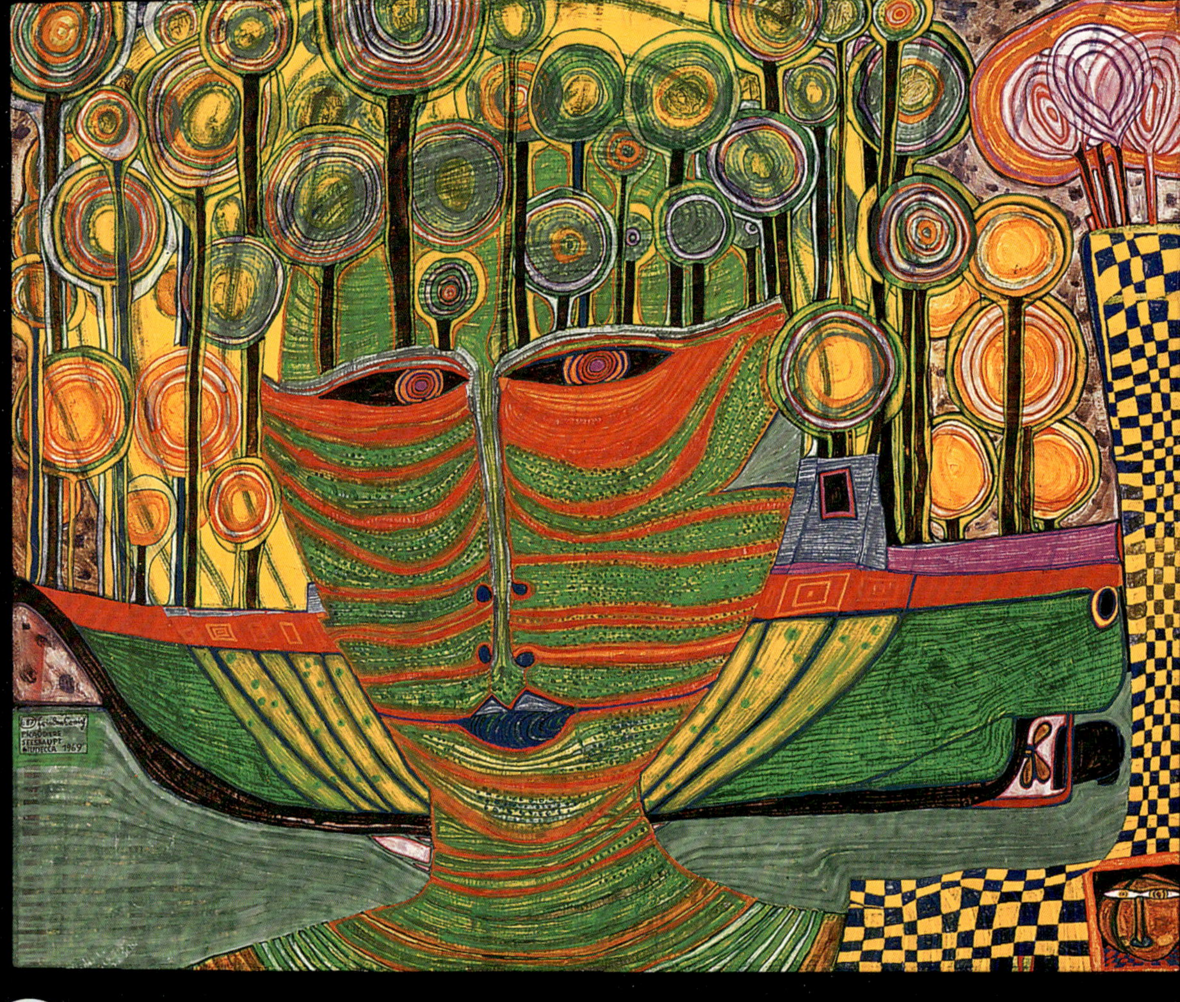

(687) **Columbus landet in Indien**
Columbus Lands in India
Venedig | Venice, 1969

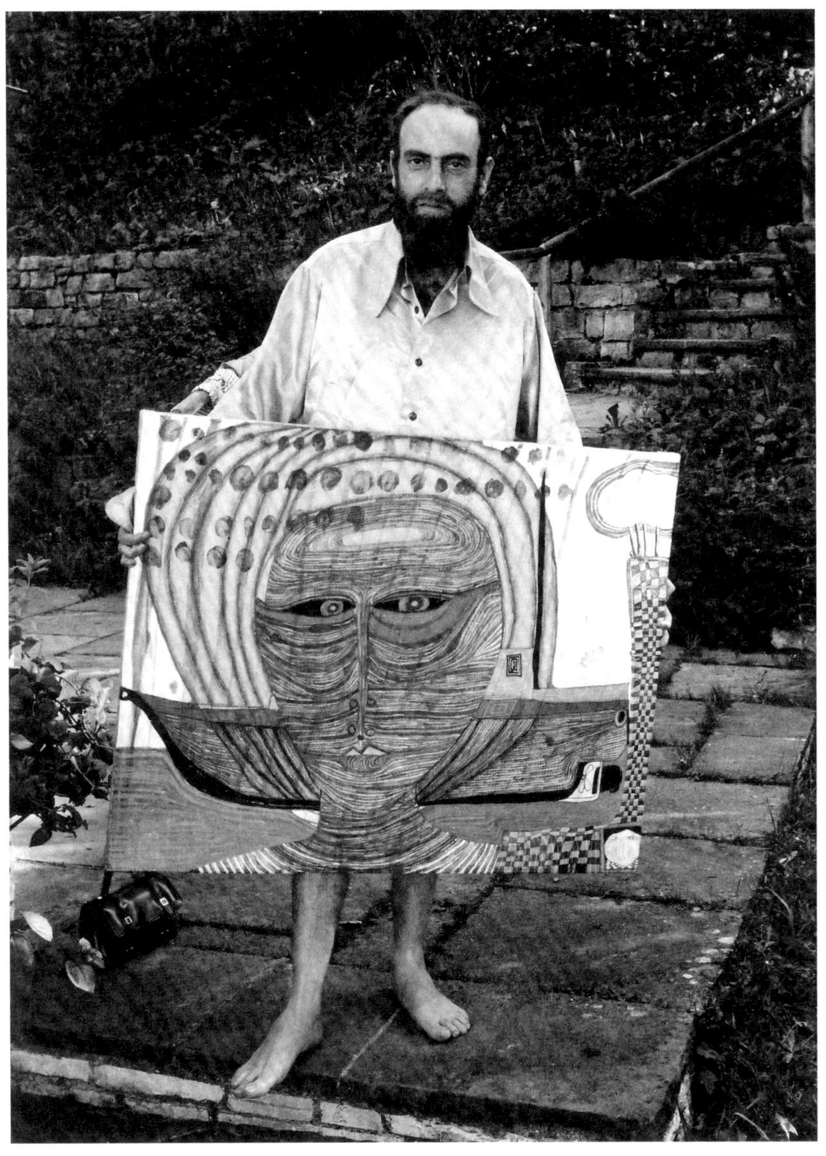

Hundertwasser mit dem Bild *Columbus landet
in Indien* in Seeshaupt am Starnberger See
Hundertwasser with the picture *Columbus
Lands in India* in Seeshaupt on Lake Starnberg
Seeshaupt, 1971
Foto | Photo: Peter Schamoni

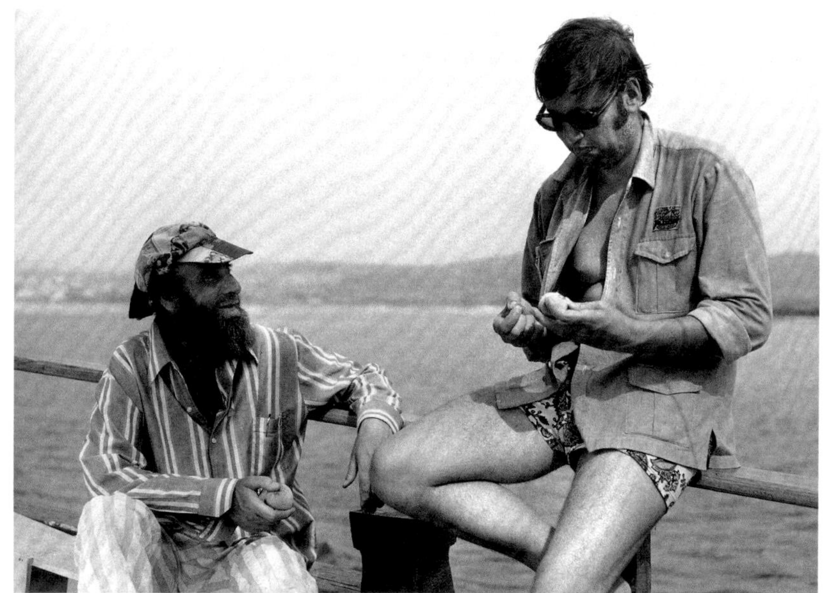

Hundertwasser und Peter Schamoni
bei den Dreharbeiten
Hundertwasser and Peter Schamoni
during shooting
Mittelmeer | Mediterranean, 1971

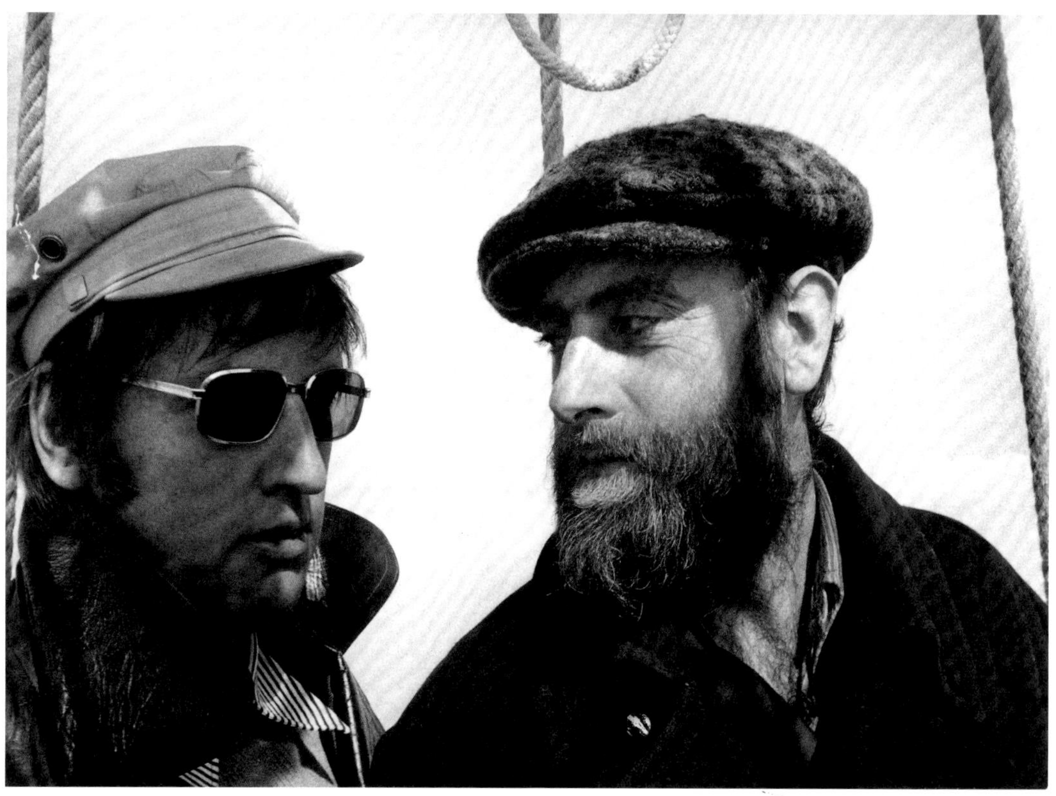

Hundertwasser und Peter Schamoni bei einer Ballonfahrt
Hundertwasser and Peter Schamoni during a balloon ride
Mittelmeer | Mediterranean, 1972
Foto | Photo: Peter Schamoni

Der Film *Hundertwassers Regentag* von Peter Schamoni

Man sieht den Maler in seiner Umgebung, seinem natürlichen Habitus und Habitat, man sieht ihn mit seiner Mutter, einer knochigen alten Frau, die gleich der Grandma Moses ihren eigenen bunten kleinen Kosmos erschafft. Man sieht ihn mit Mädchen, mit Werftarbeitern und Schiffern, mit seiner schwarzen Katze und seinem schwarzen Hund. Bild eines freien Menschen, der, wenn es ihn danach gelüstet, auf den blanken Eisschollen nahe seiner Mühle im Waldviertel liegt und neben sich das Schneewasser gurgeln hört, der in seinem Wiener Jugendstil-Atelier hoch über der Stadt leere weite Räume um sich geschaffen hat, der im Vorgarten seines venezianischen Palazzo sitzt und Licht in sich hineintrinkt, der nackend am Meeresstrand malt und mit grellfarbigen Segeln – weißrot, rotblau, türkisrot gestreift langsam die Buenta hinuntertreibt. Diese Totalen, das gleitende Schiff gesehen durch das Ufergehölz, haben einen wahrhaft fabelhaften Reiz. Sie sind schön, schön im verpönten Sinne; sie erzeugen Rührung und Lebensfreude zugleich, ein erfüllter Traum. Eine ‚success story‘, die wirklich passiert ist.

Hilde Spiel

Aus: Hilde Spiel, in: FAZ vom 18. März 1972

The Film *Hundertwasser's Rainy Day* by Peter Schamoni

We see the painter in his surroundings, his natural habitus and habitat, we see him with his mother, a raw-boned old woman who, like Grandma Moses, creates her own colorful world. We see him with girls, with dock workers and deck hands, with his black cat and his black dog. The image of a free man, who, when the spirit moves him, lies down on the bare ice floes near his mill in the wooded district listening to the melted snow as it gurgles beside him, who has created empty, wide-open spaces all around himself in this Viennese art nouveau atelier high above the city, who sits on the front lawn of his Venetian palazzo drinking in the light, who paints in the nude on the banks of the sea or drifts slowly down the Buenta with garishly colored sails. These long shots, his gliding ship viewed through the thicket on the riverbank, have a truly fabulous charm. They are beautiful, beautiful in a disparaged sense; they move us and enhance the joy of life at the same time, a dream come true. A "success story" that really happened.

Hilde Spiel

From: Hilde Spiel, in the *Frankfurter Allgemeine Zeitung*, 18 March 1972

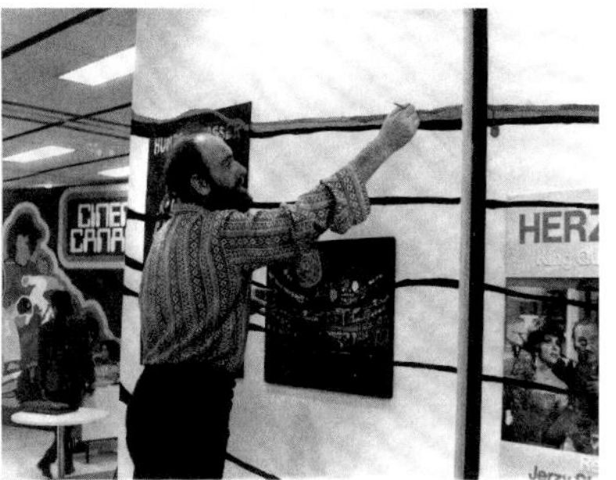

Hundertwasser dekoriert den Stand der deutschen Exportunion beim Filmfestival in Cannes, 1972
Hundertwasser decorating the German Export Union stand at the 1972 Cannes Film Festival
Cannes | Cannes, 1972
Foto | Photo: Peter Schamoni

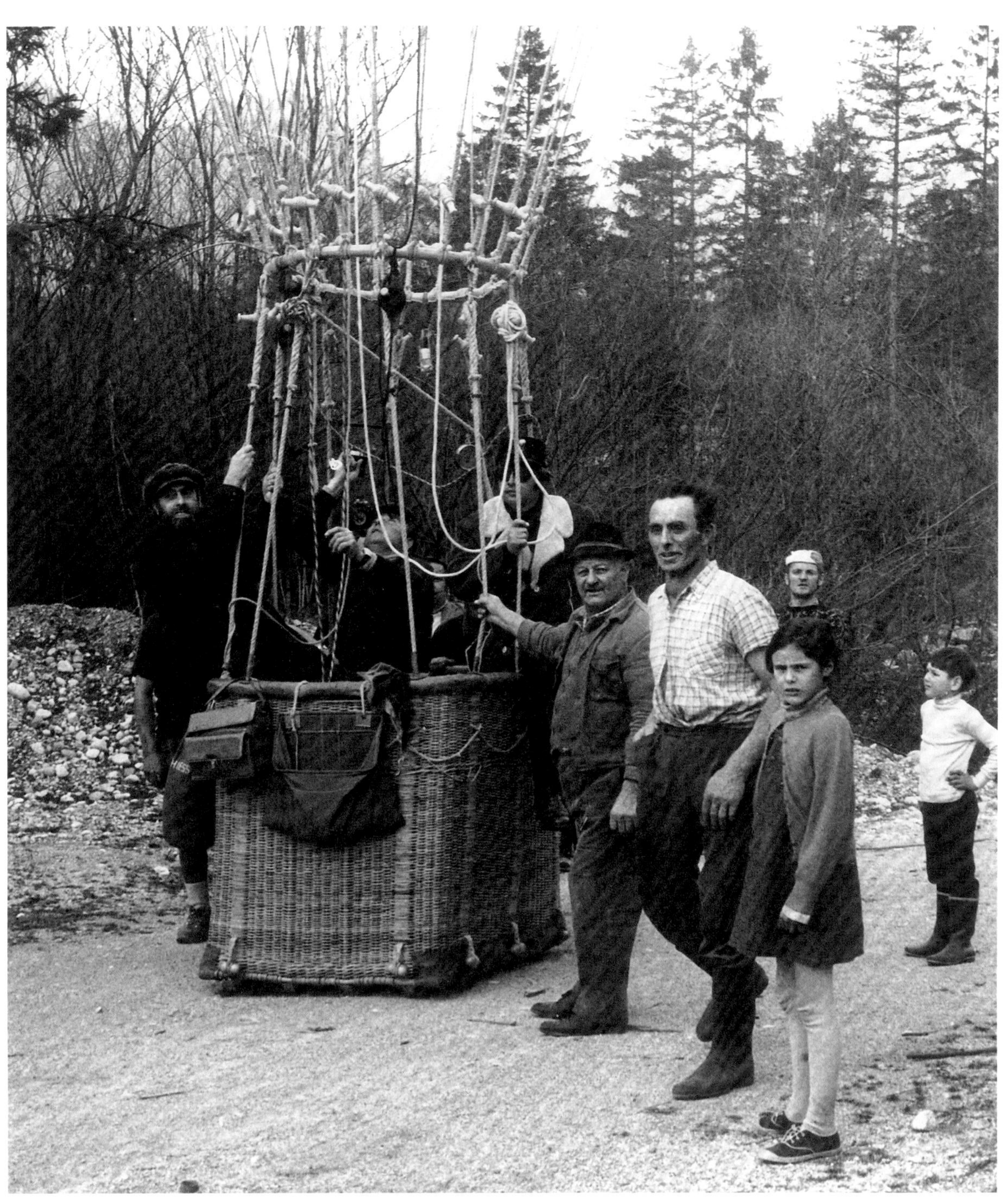

Hundertwasser bei einer Ballonfahrt
Hundertwasser during a balloon ride
Steyrbruck | Steyrbruck, 1972
Foto | Photo: Peter Schamoni

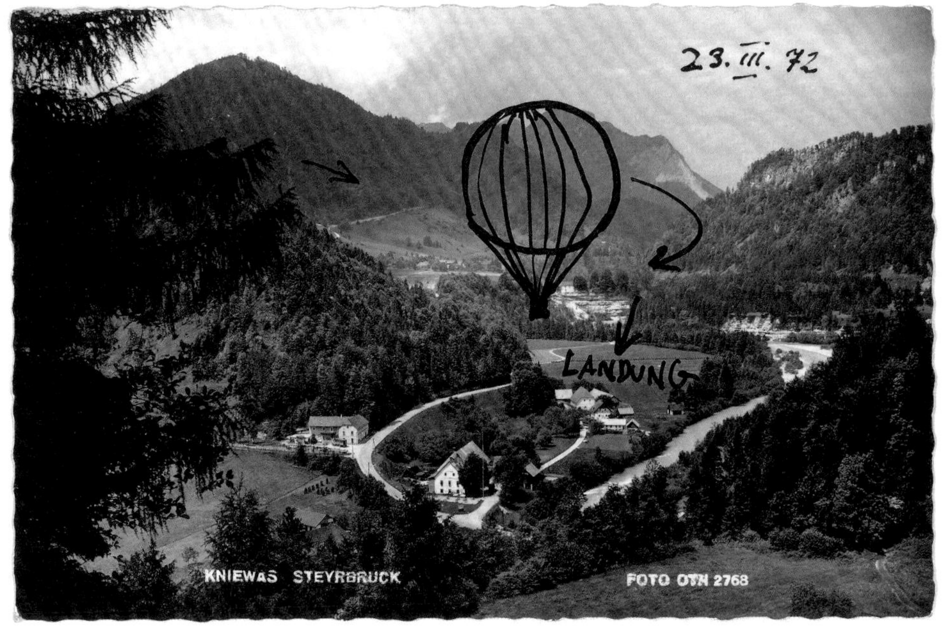

Von Hundertwasser
bemalte Postkarte
mit Markierung der
Landestelle des Ballons
Postcard painted
by Hundertwasser,
marking the landing
site of the balloon
Steyrbruck | Steyrbruck,
1972

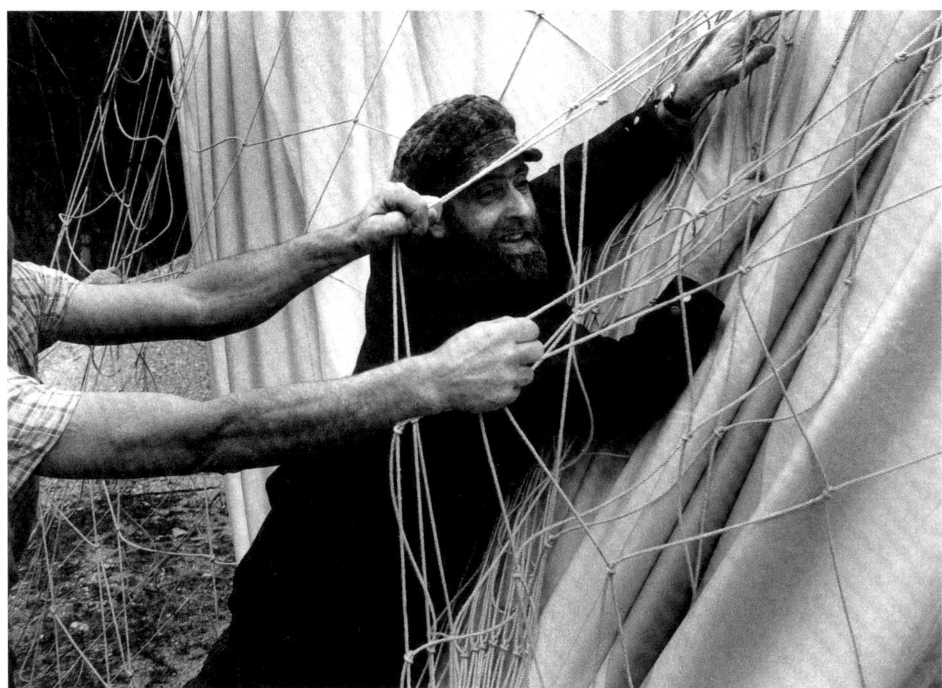

Hundertwasser bei einer Ballonfahrt
Hundertwasser during a balloon ride
Steyrbruck | Steyrbruck, 1972
Foto | Photo: Peter Schamoni

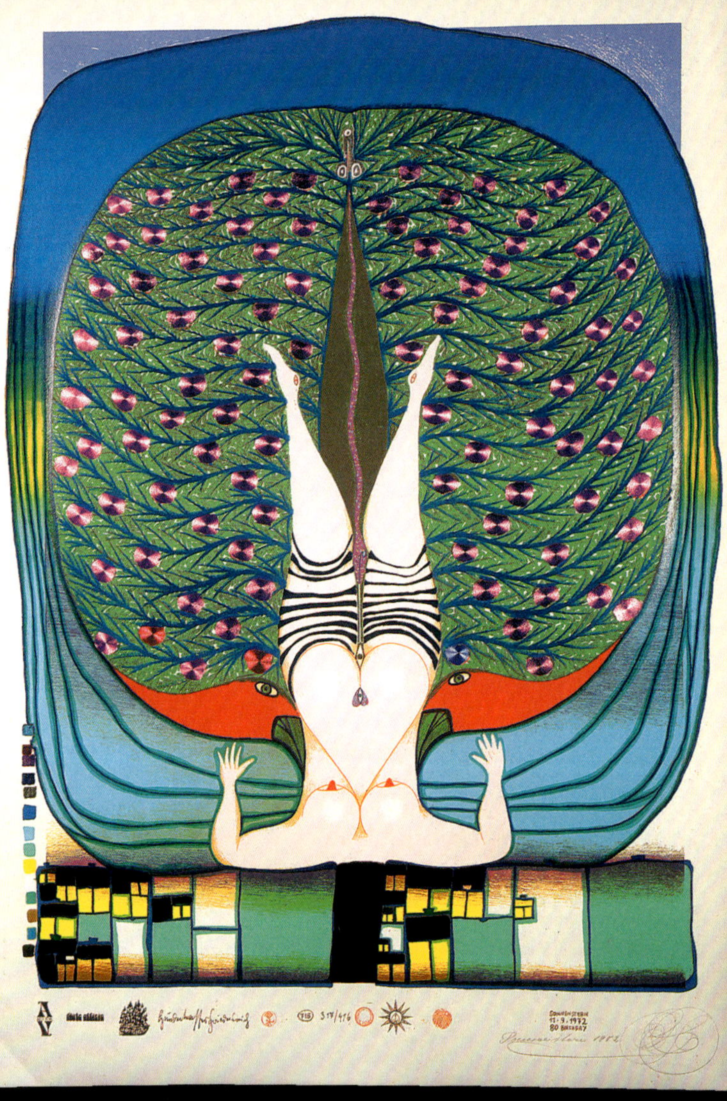

Hommage à Schröder-Sonnenstern
Homage to Schröder-Sonnenstern

Friedrich Schröder-Sonnenstern,
Hundertwasser, Yuko Ikewada,
Siegfried Poppe und Tante Martha
Friedrich Schröder-Sonnenstern,
Hundertwasser, Yuko Ikewada,
Siegfried Poppe and Tante Martha
Ort und Jahr unbekannt |
Place and Date unknown

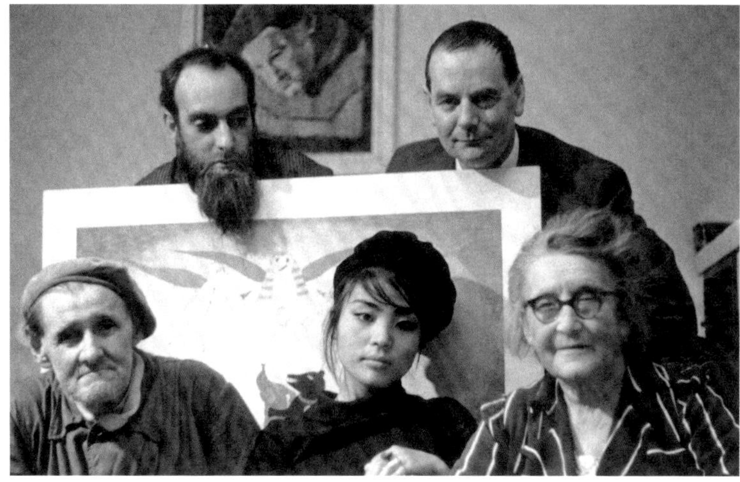

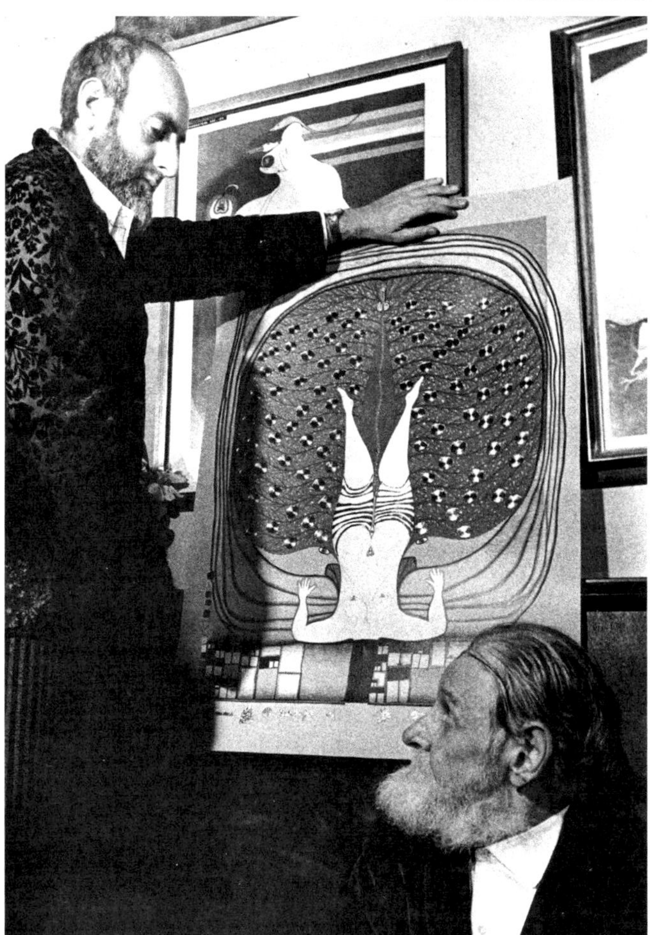

Hundertwasser mit Friedrich Schröder-Sonnenstern an
dessen 80. Geburtstag am 11. September 1972
im Lokal Kleine Weltlaterne in Berlin-Kreuzberg
bei der Präsentation der Grafik *Hommage à Schröder-
Sonnenstern*
Hundertwasser with Friedrich Schröder-Sonnenstern
on the latter's 80th birthday on September 11, 1972,
at the restaurant Kleine Weltlaterne in Berlin/
Kreuzberg while presenting the print *Hommage à
Schröder-Sonnenstern*
Berlin | Berlin, 1972
Foto | Photo: Peter Schamoni

Sonnensterngedicht
(1964)

Sonnenstern ist einsam und in weiter Ferne.
Die Sterne sind einsam und in weiter Ferne.
Sonnenstern brennt, ohne zu sterben,
Die Sonne brennt, ohne zu sterben.
Sonnenstern strahlt aus von weither,
Und sein Schein ist so hell,
Daß wir unsere Augen bedecken müssen.
Sonnenstern gibt uns Licht für Generationen.
Sonnenstern ist unabhängig von uns allen auf dieser Welt.
Sonnenstern ist stärker als wir alle auf dieser Welt.
Seine Revolution ist nicht brutal und zerstörerisch wie jene, die wir kennen;
Seine Revolution kommt von den Sternen
Und geht in unser Innerstes.
Er ist Abgesandter einer anderen Welt.
Sonnenstern brennt immer –
Laßt uns still sein,
Laßt uns hören,
Gott spricht.

Verfasst 1964, erschienen in: *Schröder-Sonnenstern* (Ausst.-Kat. Düsseldorf, Kunsthalle Düsseldorf), Düsseldorf 1967

Sonnenstern Is Burning
(1964)

Sonnenstern is lonely and far away.
The stars are lonely and far away.
Sonnenstern is burning without dying,
The sun is burning without dying.
Sonnenstern shines from so far away,
but his shine is so bright
That we have to cover our eyes.
Sonnenstern will give us light for generations.
Sonnenstern is independent of all of us on this earth.
Sonnenstern is stronger than all of us on this earth.
His revolution is not brutal and not destroying like the ones we know;
His revolution comes from the stars
And goes into the inner side of us.
He is a deputy of another sky.
Sonnenstern is burning.
Let us be silent.
Let us listen.
God is speaking.

Written in 1964, published in Schröder-Sonnenstern, ex. cat. (Tokyo: Aoki Gallery, 1965)

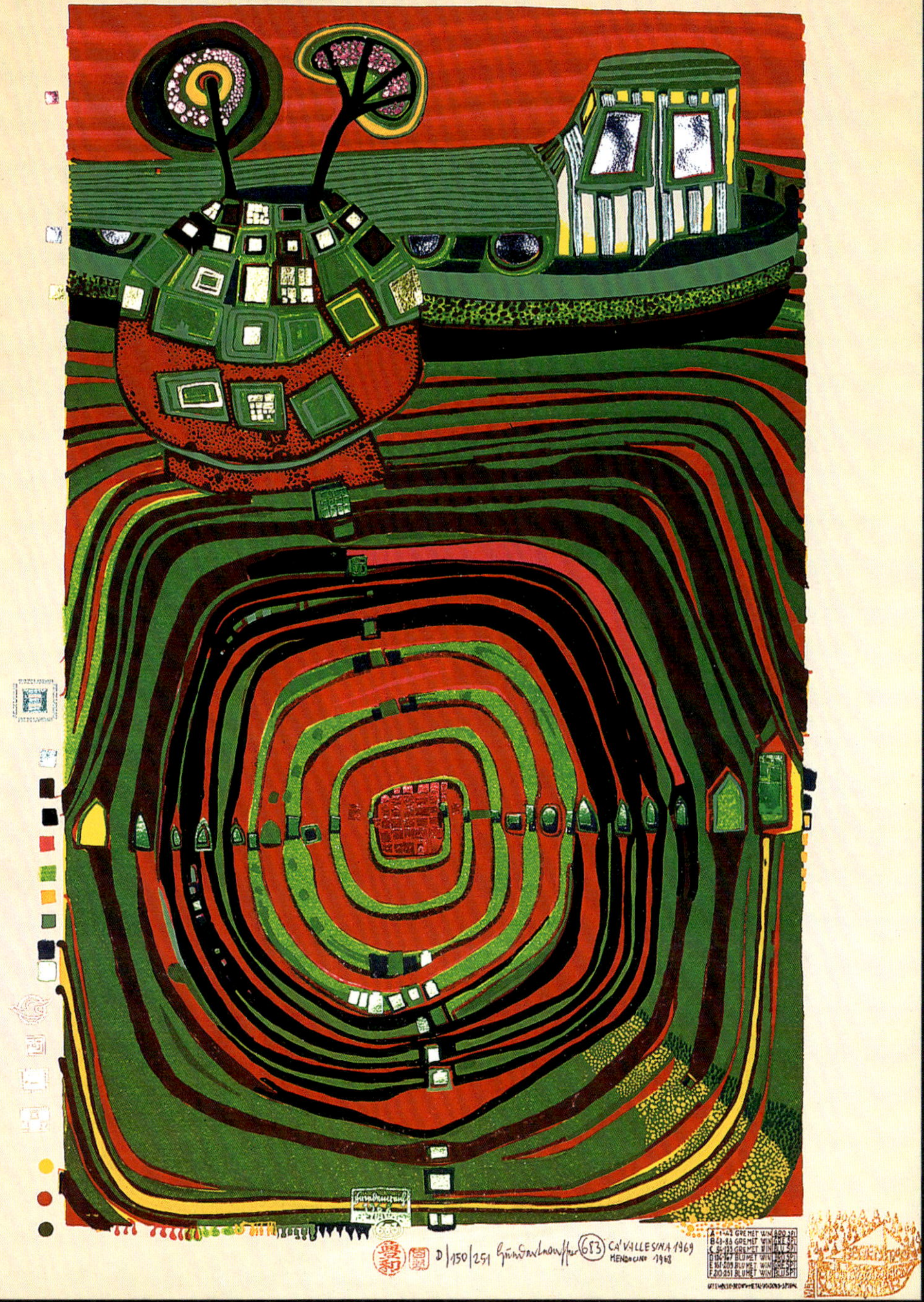

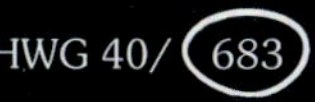

HWG 40/ 683 **La Barca – Regentag**
Slow Travel under the Sun
Venedig | Venice, 1969

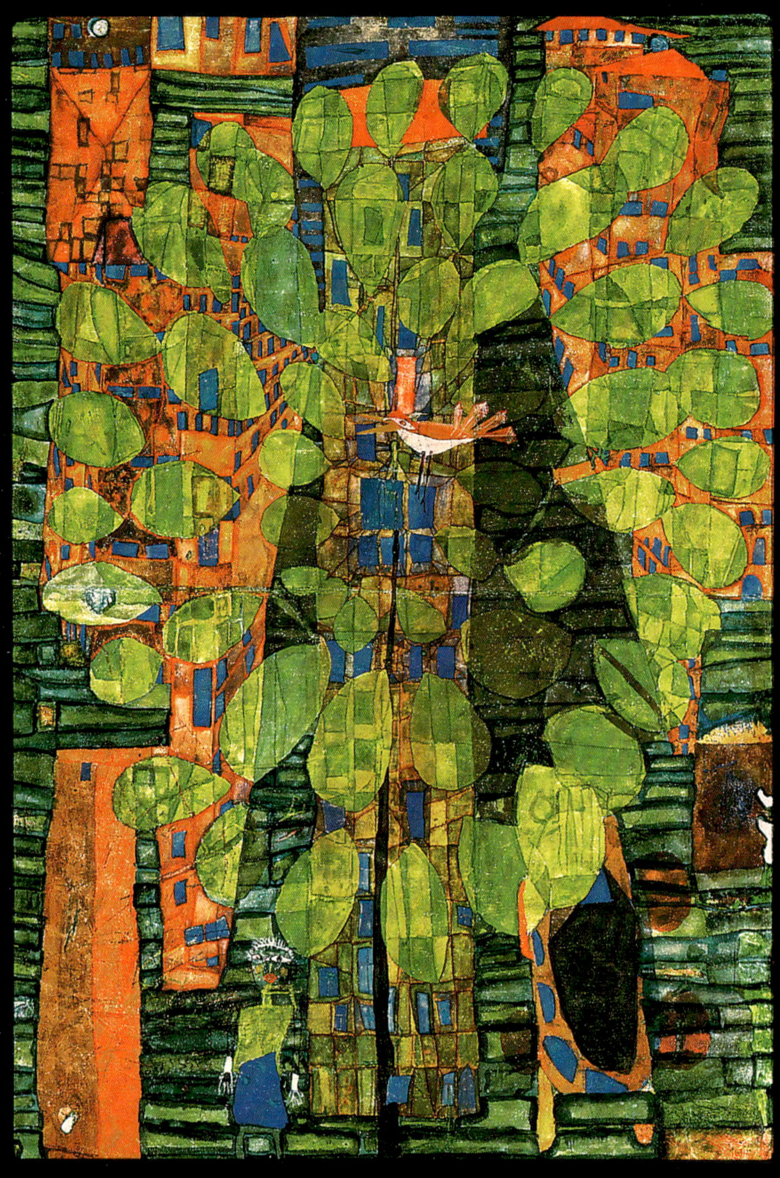

Singender Vogel auf einem Baum in der Stadt
Singing Bird on a Tree in the City
Aflenz | Aflenz, 1951

10

Baummieter und Fensterrecht

Tree Tenants and Window Rights

Das ökologische Engagement und die Architekturkritik Hundertwassers finden 1972 im Manifest *Dein Fensterrecht – deine Baumpflicht* zusammen. Bei der TV-Sendung „Wünsch dir was" stellt Hundertwasser seine Ideen einem breiten Publikum vor. Die Menschen sollen das Recht erhalten, auch den Umkreis ihrer Fenster selbst zu gestalten; zugleich sollen sie ‚Baummieter' aufnehmen, also Bäume, die aus den Fenstern wachsen. Bei der Triennale di Milano 1973 platziert Hundertwasser Baummieter an mehreren Gebäuden.

Die Baummieter sind Teil des Konzepts der Renaturierung der Städte, eine Einlösung der Verpflichtung, Flächen der Natur zurückzugeben – eine damals belächelte Forderung, die aus heutiger klimatologischer Sicht höchst sinnvoll erscheint. In diesen Aktionen erweist sich Hundertwasser als ökologischer Visionär, der vieles, was sich heute etwa im ‚vertical gardening' im urbanen Raum zu etablieren beginnt, zunächst mit Bildern, künstlerischen Aktionen und Texten und später mit seinen Gebäuden vorweggenommen hat.

Hundertwasser's ecological commitment and criticism of architecture converge in his 1972 manifesto titled *Your Window Right – Your Tree Duty*. As part of a TV show called "Wünsch dir was" (Make a Wish), Hundertwasser presents his ideas to the wider public. People should have the right to creatively design the wall areas surrounding their windows, and, at the same time, they should take in tree tenants, that is, trees that grow out of the windows. At the 1973 Milan Triennale he places a number of tree tenants in several buildings in Milan.

The tree tenants are part of Hundertwasser's concept of restoring nature in cities, thus fulfilling the obligation of returning areas that have been wrenched from nature—a demand that is derided at the time, but today appears to make perfect sense climatologically. Here Hundertwasser proves to be an ecological visionary who—initially, in his paintings, artistic actions and texts, and, subsequently, also in his buildings—anticipated many things that are now becoming established in terms of re-greening urban space, for instance "vertical gardening."

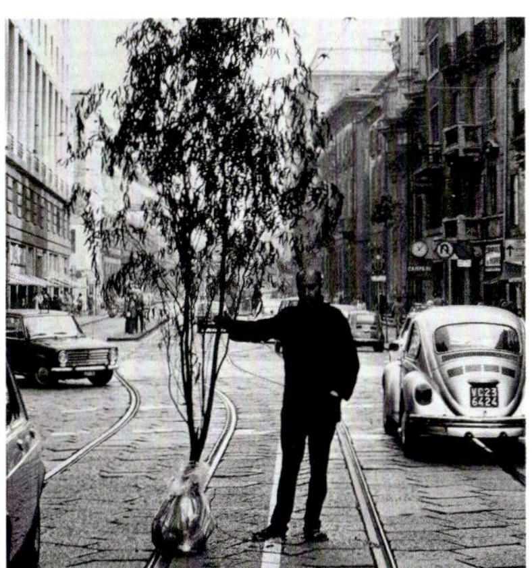

Baummieteraktion während der Triennale di Milano in der Via Manzoni in Mailand
Tree-tenant action on Via Manzoni in Milan during the Triennale di Milano
Mailand | Milan, 1973

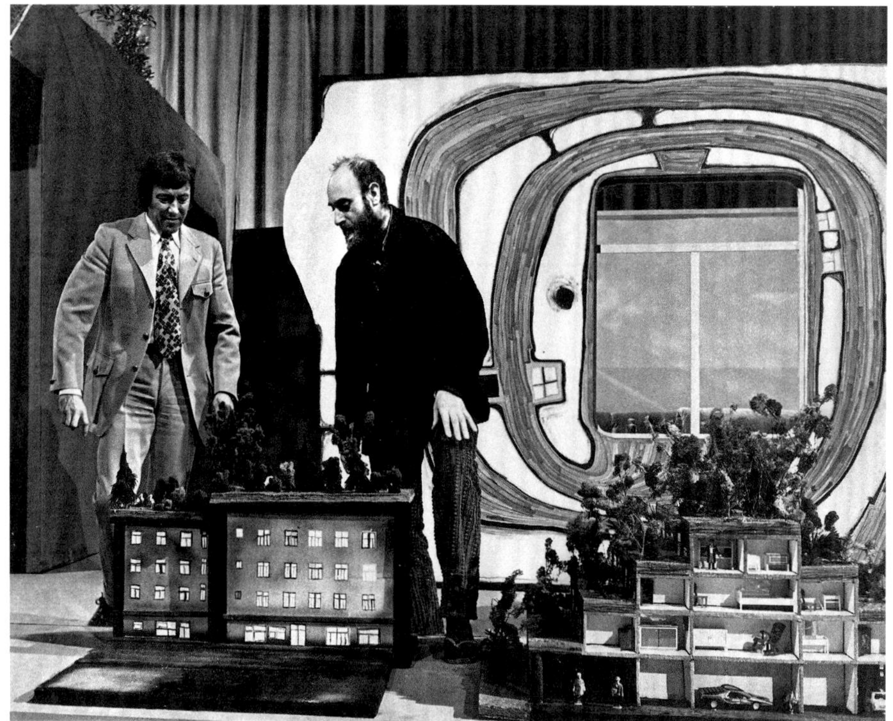

Hundertwasser in der
Eurovisions-Sendung
„Wünsch dir was"
mit Dietmar Schönherr
Hundertwasser on the
Eurovision broadcast of
"Wünsch dir was" with
Dietmar Schönherr
1972

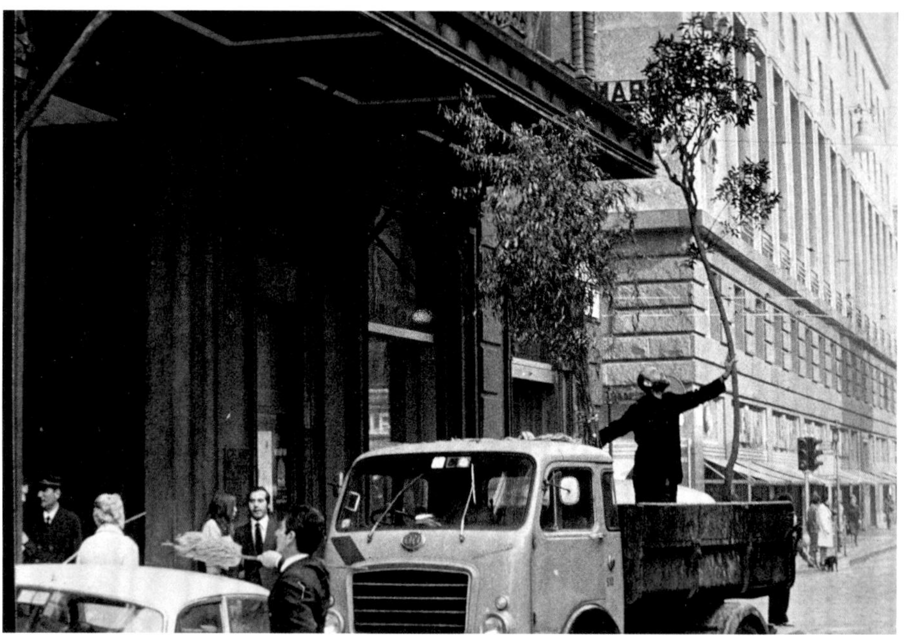

Baummieteraktion während der Triennale
di Milano in der Via Manzoni in Mailand
Tree-tenant action on Via Manzoni
in Milan during the Triennale di Milano
Mailand | Milan, 1973

Erich Mursch-Radlgruber

Friedensreich Hundertwasser, ein ökologischer Visionär

Hundertwasser kann aktuell aus Sicht des Naturwissenschaftlers mit Sicherheit als Visionär bezeichnet werden. Er hat etwas vertreten, was damals wie heute außergewöhnlich ist: den gebauten Lebensraum des Menschen wieder der Natur zurückzugeben. Er hat erkannt, dass dem Menschen etwas fehlt. Nicht nur ästhetische und emotionale Qualitäten sind wesentlich, sondern auch das, was die Pflanzen – insbesondere die Bäume – dem Menschen als Lebenspartner geben können. Dieser braucht Licht und Luft zum Leben, während Pflanzen Sauerstoff produzieren und insofern kongeniale Partner für den Menschen sind. Zudem braucht der Mensch den Lebenspartner Baum genau dort, wo er lebt.

Horizontale Flächen der Natur zurückgeben

Es ist mittlerweile allgemein anerkannt, dass Dachbegrünungen viele positive Aspekte haben. Sie funktionieren klimatologisch in vielerlei Hinsicht positiv. Durch ihre aktive Transpiration halten die Pflanzen die Oberflächentemperatur konstant und verhindern Überhitzungen. Während sie tagsüber vor Sonneneinstrahlung schützen, verzögern sie nachts die Auskühlung der Oberfläche. Dächer, die für eine Bepflanzung baulich

Friedensreich Hundertwasser, an Ecological Visionary

From the natural scientist's perspective, there is no doubt that Hundertwasser can now be described as a visionary. He advocated something that was extraordinary both then and now: returning man's built-up living environment to nature. He realized that man is lacking something. What is essential are not just aesthetic and emotional qualities, but also what plants—especially trees—can give man as partners in this life. Man needs light and air to live, while plants produce oxygen, thus making them congenial partners for man. Moreover, man needs this life partner, the tree, right where he lives.

Returning Horizontal Surfaces to Nature

It is by now generally accepted that there are numerous advantages to roof greening. Climatologically, green roofs fulfill numerous positive functions. Through their active transpiration, plants ensure that the surface temperature remains constant and prevent overheating. While protecting against sunlight during the day, they slow down surface cooling at night. Roofs that have been structurally enhanced to allow for planting are more durable and, for this reason, economically attractive. What is most important about green roofing, however, is that something is returned to the hydrological cycle. A main problem in urban centers is the need to channel rainwater into the sewage system, which often leads to flooding. With green roofs, roughly 40 % of the precipitation

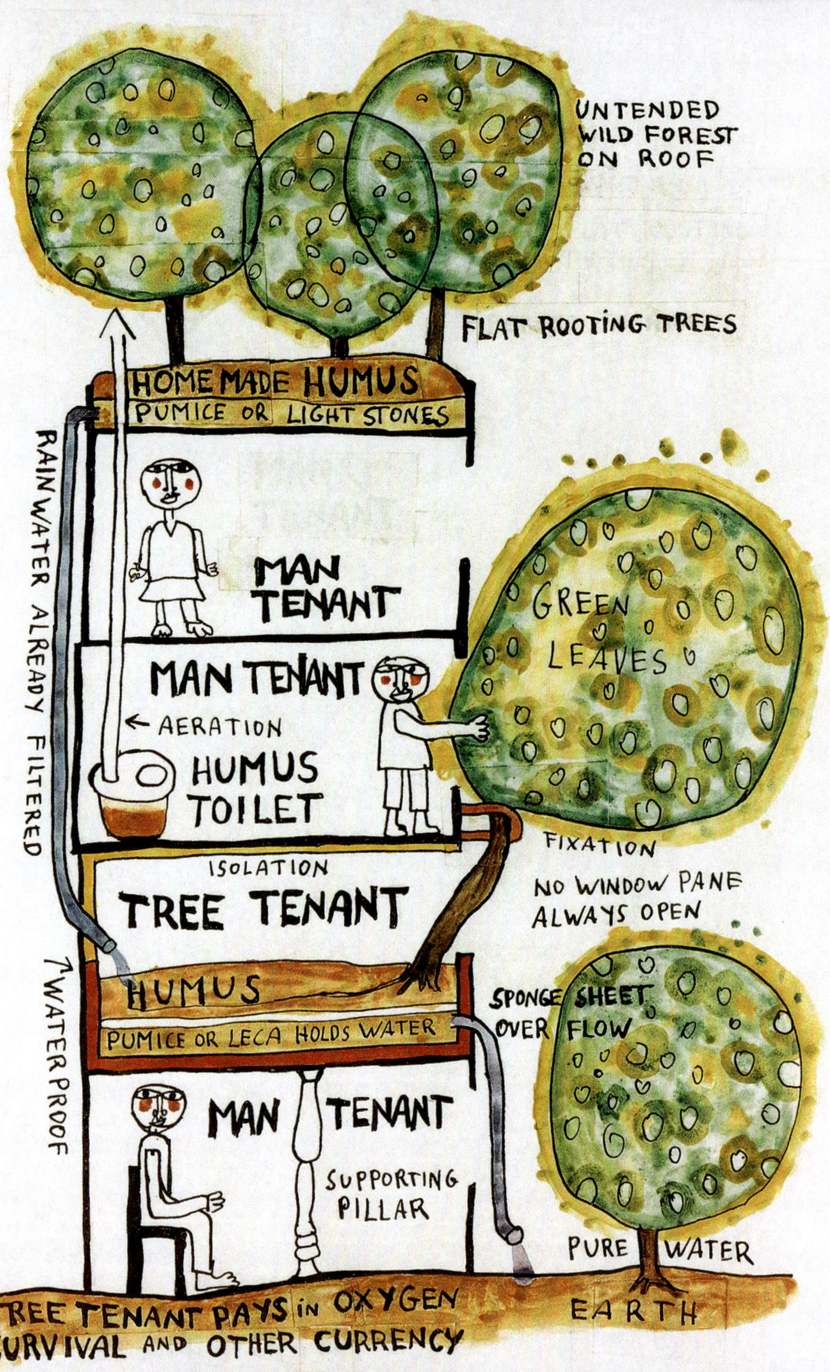

Baummieter
Tree Tenant
Wien | Vienna, 1976

entsprechend besser ausgeführt werden, sind auch haltbarer und damit wirtschaftlich interessant. Das Wichtigste bei der Dachbegrünung ist jedoch, dem Wasserkreislauf etwas zurückzugeben. Ein Hauptproblem in Städten besteht darin, dass die Niederschlagswässer der Kanalisation zugeführt werden müssen, was oft zu Überflutungen führt. Bei begrünten Dächern gehen hingegen rund 40 % der Niederschlagsmenge durch die Verdunstung der Vegetation direkt am Standort wieder in die Atmosphäre zurück. Grundsätzlich nimmt man der Umwelt bei jeder Baumaßnahme eine Fläche in der Größe des Baufeldes weg. Diese Fläche ist, wie Hundertwasser forderte, der Natur wieder zurückzugeben.

Der ‚Baummieter' als Vorläufer der Begrünung vertikaler Flächen

Ideal wäre es, ein ganzes Haus in eine grüne Hülle einzupacken. In der Fixierung auf das architektonische Erscheinungsbild wird jedoch bis heute die Natur zumeist ausgeklammert. Bei Bäumen denkt man primär an möglicherweise drohende Schäden an Gebäuden und Infrastruktur. Mit dem ‚vertical gardening' beginnt hier eine Veränderung, die vertikalen Flächen an Gebäuden als Träger von Leben zu begreifen und der Natur mehr Raum zu geben. Oft sind solche begrünten Wände nicht nachhaltig, also unter den vorgefundenen Bedingungen und den Jahreszeiten nicht ohne enormen Betreuungsaufwand lebensfähig. Der ‚Baummieter', also Bäume, die aus den Fenstern wachsen, entspricht hingegen auch der Idee, Vegetation nicht nur aus rationalen oder ästhetischen Gründen in die Architektur zu integrieren, sondern die Natur an sich näher an den Menschen zu bringen. Der Mensch in unserer heutigen Gesellschaft kann nicht mehr mit Natur umgehen und

returns straight to the atmosphere through evaporation from the vegetation. With every construction project, the environment is basically robbed of surface area the size of the construction site. This surface area should be returned to nature, in keeping with one of Hundertwasser's demands.

The "Tree Tenant" as a Precursor of Vertical Gardening

An ideal solution would be to wrap entire buildings in green envelopes. However, due to architecture's fixation on outer appearances, nature is still, to this day, usually disregarded. Trees primarily prompt thoughts of potentially imminent damage to buildings and the infrastructure. With "vertical gardening," a change is coming about, as vertical surfaces on buildings are gradually being conceived as a support for life, and nature is given more space. Such green walls are often not sustainable, that is, not viable under the given

Baummieteraktion während der Triennale
di Milano in der Via Manzoni in Mailand
Tree-tenant action on Via Manzoni in Milan during
the Triennale di Milano
Mailand | Milan, 1973

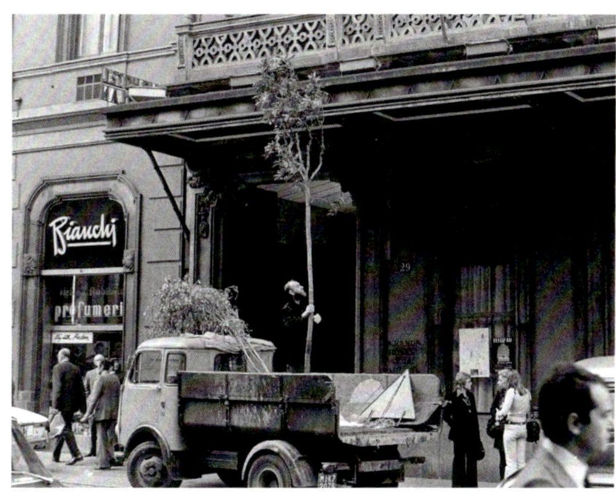

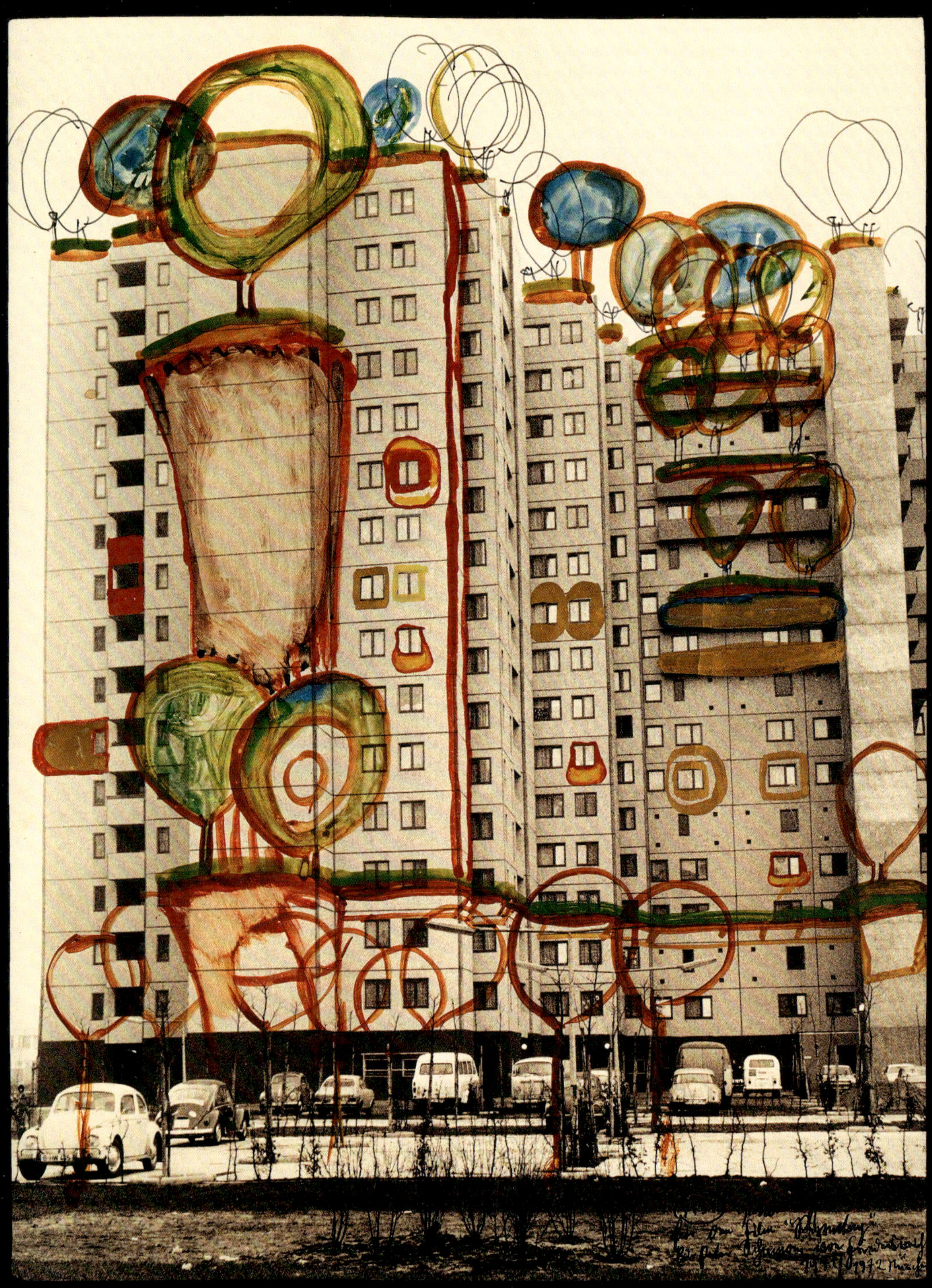

ARCH 20/II **Hochhaus**
High-Rise Building
München | Munich, 1971/72

muss diesen Umgang neu lernen. Ein Wertewandel sollte zugelassen und die Präsenz der Natur wertgeschätzt werden.

Baumpflanzungen sind sinnvoll

Die aktuelle Klimaänderung steht als akutes Problem im Raum. Als eine mögliche Reaktion darauf werden Baumpflanzungen propagiert. In unserem mitteleuropäischen Raum war ursprünglich überall Wald und würde man die Flächen hier ab sofort unberührt lassen, würde Wald zurückkehren. Weltweit war bereits zu Hundertwassers Zeit das Problem großflächiger Abholzungen spürbar. Auch wenn in Österreich aktuell noch ein Zuwachs an Waldflächen festzustellen ist, herrscht global eine Abnahme. Bäume sind als Lebenspartner des Menschen zu sehen und Baumpflanzungen daher positiv zu beurteilen.

conditions and the sequence of seasons without tremendous care and maintenance efforts. The "tree tenant"—a tree growing from a window—is, on the other hand, consistent with the idea of incorporating vegetation into architecture, not just for rational or aesthetic reasons, but also to bring nature itself closer to man. In contemporary society man no longer knows how to interact with nature and has to relearn this interaction. A change of values should be allowed and the presence of nature should be appreciated.

Planting Trees Makes Sense

We are currently facing climate change as a pressing problem. Planting trees is advocated as a possible response to it. The region of Central Europe was originally covered with forests, and if the land were immediately left untouched, the forests would return. Globally, the problem of large-scale deforestation was already perceptible in Hundertwasser's time. Even though an increase in forest area can currently be observed in Austria, globally there has been a decrease. Trees must be seen as partners of man, and planting trees should therefore be assessed positively.

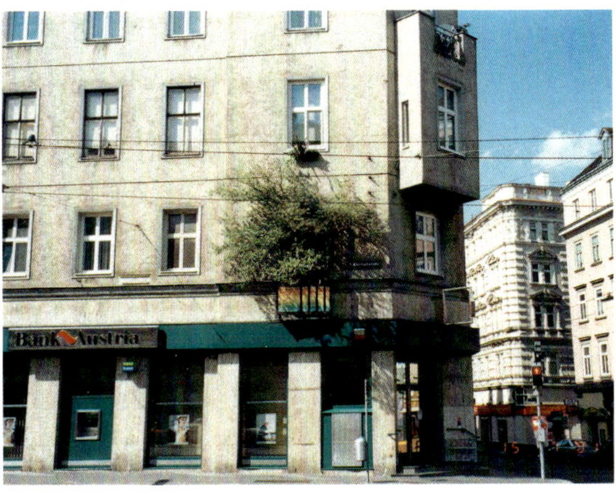

ARCH 27　**Baummieteraktion Alserbachstraße, Wien**
Tree-tenant Initiative, Alserbachstraße, Vienna
Wien | Vienna, 1981

Dein Fensterrecht
(1972)

Es ist dein Recht, dein Fenster und, so weit dein Arm reicht, auch die Außenseite
so zu gestalten, wie es dir entspricht.

Aus: Friedensreich Hundertwasser, „Dein Fensterrecht, deine Baumpflicht", geschrieben 1972 in Düsseldorf
anlässlich der Fensterrechtsdemonstration in der TV-Sendung „Wünsch dir was"

Your Window Right
(1972)

You have the right to transform your window and the outside wall around it as far as
your arms can reach until your house fits you.

From: Friedensreich Hundertwasser, "Your Window Right—Your Tree Duty", written in Dusseldorf in 1972
on the occasion of the window right demonstration in the TV broadcast "Wünsch dir was" (Make a Wish)
(English version by the artist)

Deine Baumpflicht
(1972)

Freie Natur muß überall dort wachsen, wo Schnee und Regen hinfallen, wo im Winter alles
weiß ist, muß im Sommer alles grün sein. Was waagrecht unter freiem Himmel ist, gehört
der Natur. Straßen und Dächer sollen bewaldet werden. In der Stadt muß man wieder
Waldluft atmen können. Das Verhältnis Mensch–Baum muß religiöse Ausmaße annehmen.

Aus: Friedensreich Hundertwasser, „Dein Fensterrecht, deine Baumpflicht", geschrieben 1972 in Düsseldoft
anlässlich der Fensterrechtsdemonstration in der TV-Sendung „Wünsch dir was"

Your Tree Duty
(1972)

The horizontal belongs to nature—the vertical may belong to men.
All that is white in winter must be green in summer. All that gets wet with rain,
all horizontal surfaces under the sky, belong to the realm of plant life.
Woods shall grow on streets and roofs. One must again be able to breathe woodland air
in the cities. The relationship between men and trees must gain a religious dimension.

From: Friedensreich Hundertwasser, "Your Window Right—Your Tree Duty, written in Dusseldorf in 1972
on the occasion of the window right demonstration in the TV broadcast "Wünsch dir was" (Make a Wish)
(English version by the artist)

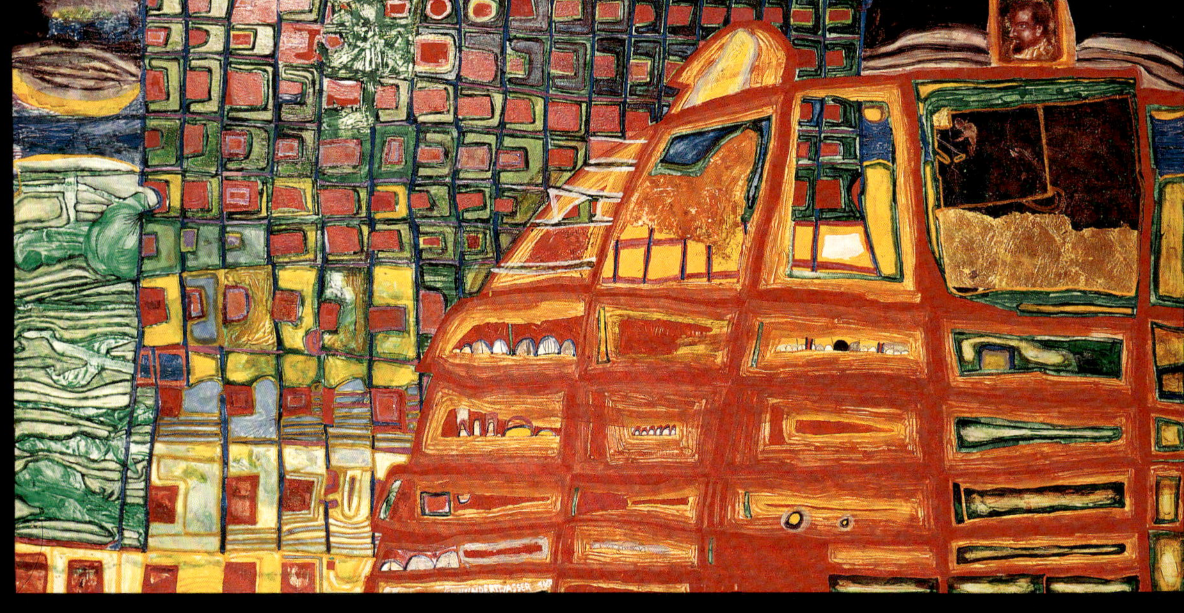

456

Stadt in Blüte
City in Bloom
Paris | Paris, 1960

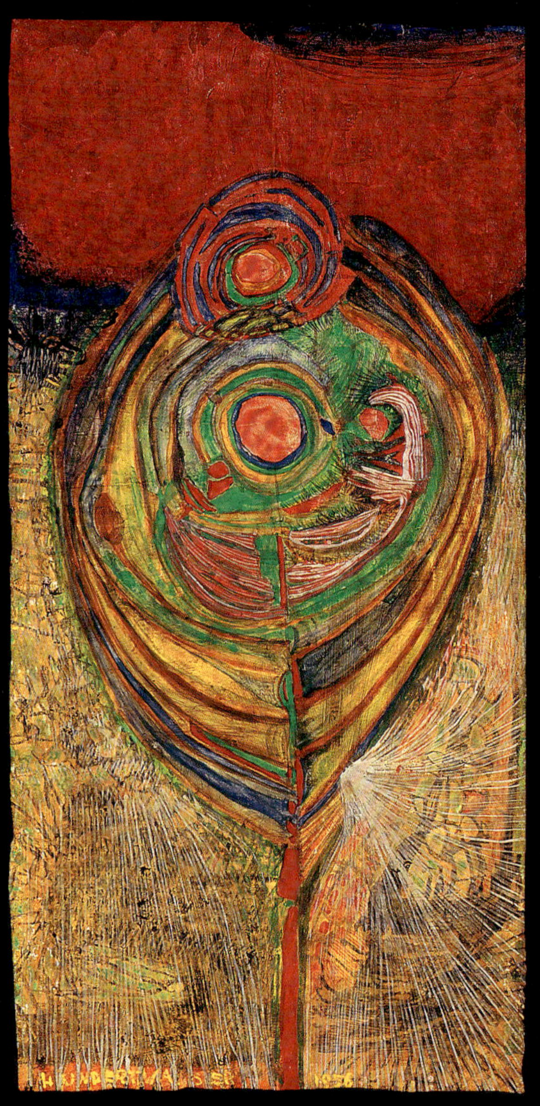

(279) **Vegetalrakete der Alten Meister**
Tree Rocket of the Ancient Masters
Paris | Paris, 1956

Dachbegrünungen – die Dachbedeckung der Zukunft
(1986)

Dachbegrünungen sind die Dachbedeckungen der Zukunft. Einen Wald auf dem Dach zu
haben oder eine wilde Wiese oder einen Gemüsegarten wird selbstverständlich sein. …

Doch Achtung, es muß die unberührte Natur sein, der wir wieder zu ihrem Recht verhelfen.
Da wir, wenn wir einen Friedensvertrag mit der Natur schließen, es mit einem unabhängigen,
freien Gesprächspartner tun müssen, nicht mit einem unterworfenen Sklaven. …

Die Grasvegetation ist jedes Jahr anders, was sehr erstaunlich ist. Das gesäte Gras oder
die ausgerollten Rasenmatten werden alljährlich durch andere Gras- und Pflanzensorten,
durch Samen oder Vogelflug ersetzt – eine ständige Wandlung.

Auf meinem Grasdach in Wien habe ich Bienen, Schmetterlinge, Käfer, Amseln, ja sogar
eine ihre Eier ausbrütende Wildente gesehen und fotografiert.

Aus: Friedensreich Hundertwasser, Vorwort zu:
Roland Stifter, *Dachgärten – Grüne Inseln in der Stadt*, Stuttgart 1986

Roof Afforestation — The Roof Cover of the Future
(1986)

Roof afforestation is the roof cover of the future. It will be natural to have a forest, or a wild
meadow, or a vegetable garden on your roof. …

But careful, it must be untouched nature that we help restore to its own right. Since, when
entering into a peace treaty with nature, we must do this with an independent and free partner,
not with a subordinated slave. …

The grass vegetation is different each year, which is amazing. The sowed grass or the
rolled out lawn are replaced each year by other types of grass and plants through seeds
or flight of birds — a constant transformation.

On my grass roof in Vienna, I have seen and photographed bees, butterflies, beetles,
blackbirds, and even a wild duck breeding its eggs.

From: Friedensreich Hundertwasser, preface to
Roland Stifter, *Dachgärten – Grüne Inseln in der Stadt* (Stuttgart: Ulmer, 1986)

Hundertwasser im Museum des 20. Jahrhunderts
vor dem Architektur-Modell *Die Häuser hängen
unter den Wiesen*
Hundertwasser in front of the architecture model
The Houses Are Hanging Underneath the Meadows
at Vienna's Museum of the 20th Century
Wien | Vienna, 1972
Foto | Photo: Gabriela Brandenstein

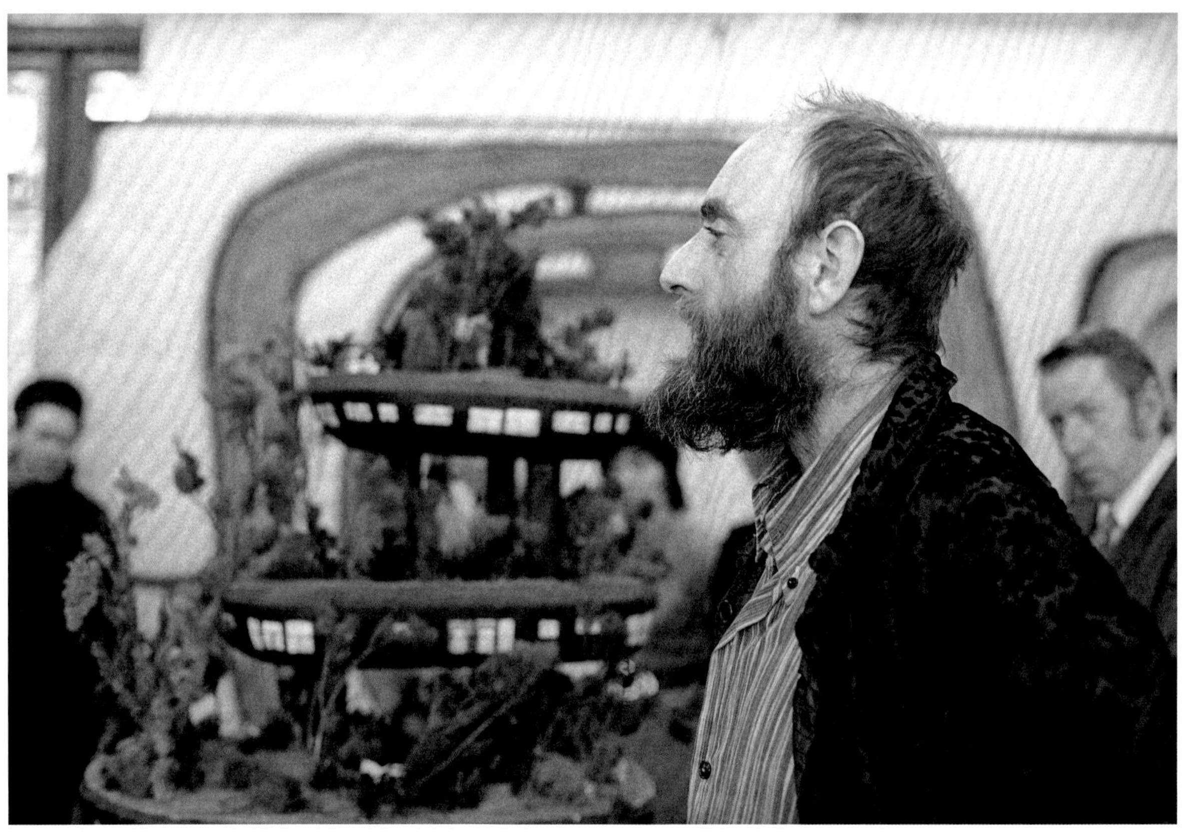

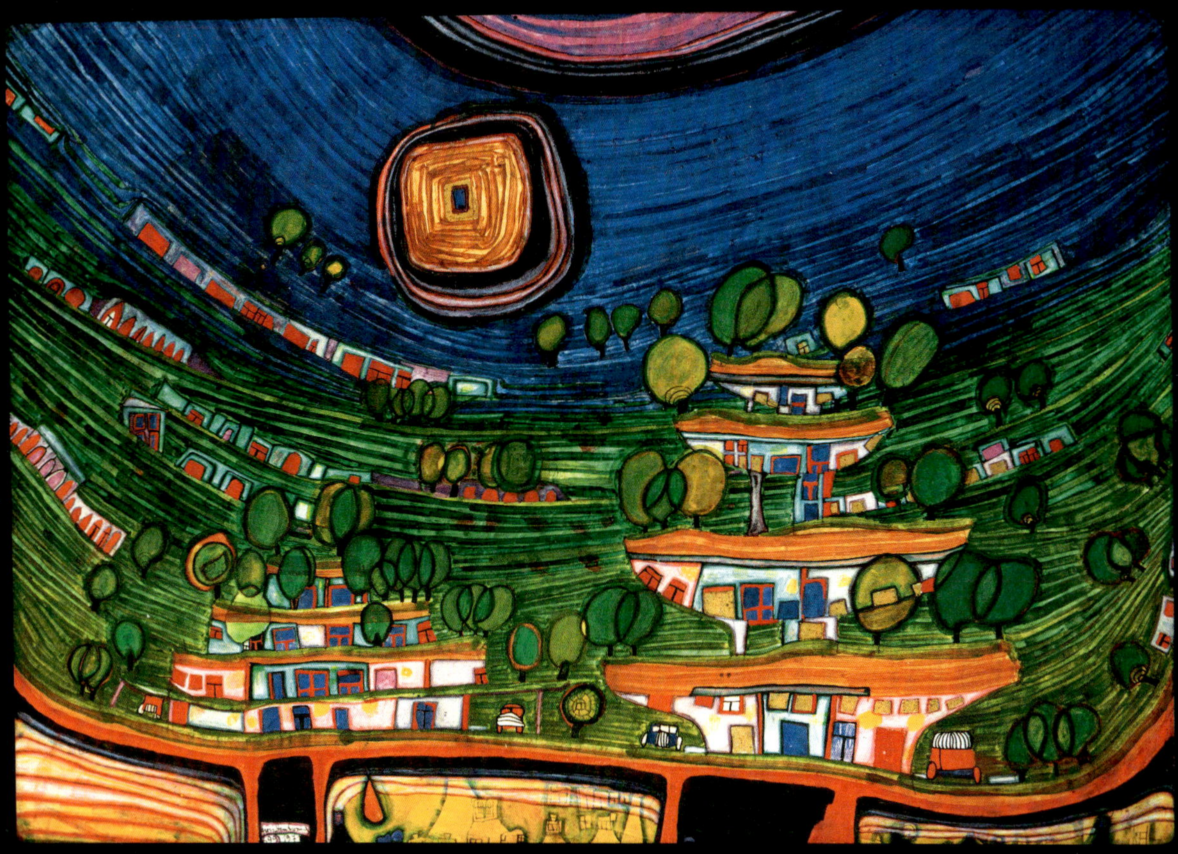

(699) **Die Häuser hängen an der Unterseite der Wiesen**
The Houses Are Hanging Underneath the Woods (Meadows)
Bogenhausen | Bogenhausen, 1971

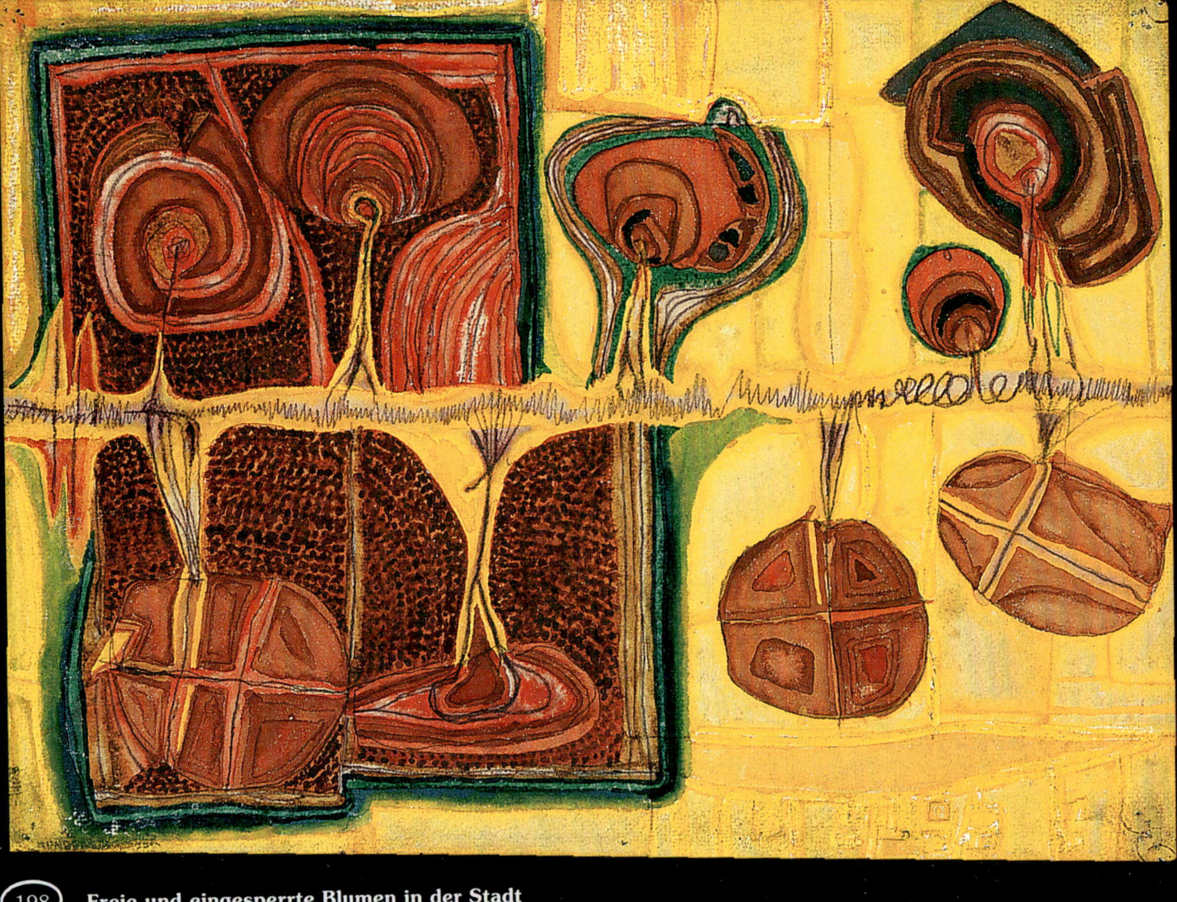

(198) Freie und eingesperrte Blumen in der Stadt
Free and Imprisoned Flowers in the City
Rom | Rome, 1954

11

Biotop
Meisterschule

Hundertwasser selbst war 1949 nur kurz Student an der Akademie der bildenden Künste am Schillerplatz in Wien und noch kürzer an der École des Beaux-Arts in Paris. Sein Engagement als Dozent an der Kunsthochschule Lerchenfeld in Hamburg endete 1959 mit einem Eklat. Fast folgerichtig ist seine Bestellung als Leiter einer Meisterschule am Schillerplatz 1981 von Kontroversen begleitet. Ähnlich wie seinerzeit in Hamburg verwandelt er den Raum in ein Biotop mit vielen kleinen Einzelbereichen für die Studierenden. In der Zeit, die er in Neuseeland verbringt oder seinen internationalen Verpflichtungen nachgeht, kommuniziert er mit den Studenten in Wien über Tonbandbrief.

Die Kontroversen legen sich und seine Tätigkeit am Schillerplatz dauert bis zu seiner Emeritierung 1997 fort. Der Antilehrer und radikale Kritiker aller Kunsthochschulen erweist sich so in seinen späten Jahren als Meisterschulleiter, der seinen Studenten den Raum eröffnet, den sie für ihre individuelle künstlerische Entwicklung brauchen.

The Master School
Biotope

In 1949, Hundertwasser was, briefly, enrolled as a student at the Academy of Fine Arts on Schillerplatz in Vienna and, even more briefly, as a student at the École des Beaux-Arts in Paris. His teaching position at the art academy in Hamburg ended with a scandal in 1959. It thus seems almost logical that his appointment as teacher of a master school at the Vienna academy in 1981 gives rise to controversy. As in Hamburg, he transforms the classroom into a biotope with numerous small individual areas for the students. When spending time in New Zealand or pursuing his international commitments, he communicates with his students in Vienna via audio letters.

The controversy abates, and he continues teaching at the academy until his retirement in 1997. The anti-teacher and radical critic of all art academies thus, in his later years, proves to be a master school teacher who provides his students with the space they need for individual artistic development.

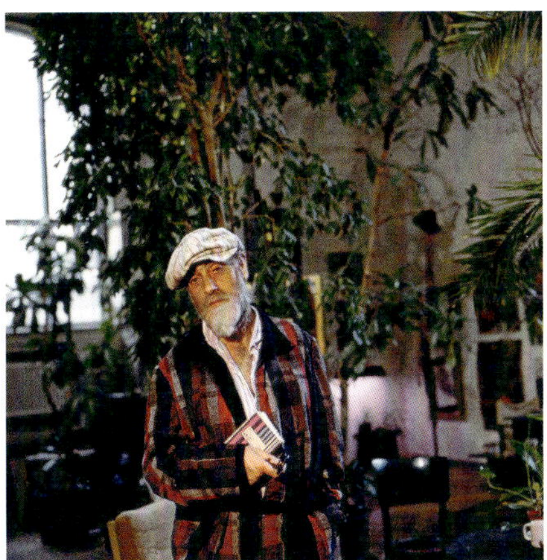

Hundertwasser in seiner Meisterschule
in der Akademie der bildenden Künste
am Schillerplatz in Wien
Hundertwasser in his master school at
the Academy of Fine Arts on Schillerplatz in Vienna
Wien | Vienna, 1985
Foto | Photo: Franz Hubmann

Richtlinien für die Meisterschule Hundertwasser
(1983)

In der Meisterschule Hundertwasser lernt man nichts. Im Gegenteil. Es wird versucht, Gelerntes zu verlernen. Anzuknüpfen ist dort, wo man als sechsjähriges Kind aufgehört hat. …

Die Akademie der bildenden Künste muß einen Friedensvertrag mit der Natur anstreben, der einzigen schöpferischen Instanz, die uns den schönen Weg weisen kann. Um dies zu vollbringen, müssen wir ihre Sprache und ihre kreativen Kräfte erlernen. Der Mensch muß sich selbst in seine ökologischen Grenzen zurückverweisen und seine Position als schöpferisches Ebenbild Gottes wieder einnehmen. …

Meine Tätigkeit an der Akademie kann nur auf die Schaffung einer Atmosphäre gerichtet sein, innerhalb derer sich eine freie schöpferische Tätigkeit ganz von selbst entwickelt … Schüler werden durch Pflanzen ersetzt, es sei denn, die Schüler verwandeln sich in Pflanzen. Die Pflanzen sind die wahren Meisterschulleiter. Hundertwasser ist nur ihr Assistent. …

Man muß die heile Welt von morgen schaffen und vorleben. Die Akademie muß Ursprung des neuen Paradieses sein.

Von hier muß die Schönheit überzeugend in die Welt gehen.

Die Akademie der bildenden Künste muß aufhören, eine Schule zu sein, und ein freies Reich werden, eine Art Garten Eden, voll Pflanzen, Farbe und Freude, Individualität und geballte Kraft, ein Gleichnis für den Beginn der Schöpfung.

Die schönen Künste müssen schön sein.

Malen ist eine große Sache.

Aus: Friedensreich Hundertwasser, „Richtlinien für die Meisterschule Hundertwasser",
geschrieben für die Hundertwasser-Meisterschule an der Akademie der bildenden Künste,
Wien 1982, ergänzt in Kaurinui, Neuseeland 1983

Guidelines for Hundertwasser's Master School
(1983)

In Hundertwasser's master school one learns nothing. On the contrary.
An attempt is made to unlearn what one has learned. The thing is to pick up where one had
left off as a six-year-old. ...

The Academy of Fine Arts must strive for a peace treaty with nature, the only creative authority
that can show us the beautiful way. In order to accomplish this, we have to learn its language
and its creative forces. Man must relegate himself again back to his ecological barriers and
return to his position as a creative entity in the image of God. ...

My activity at the academy can only be directed at creating an atmosphere in which a free
creative practice will develop all by itself. ... Nude models are replaced by plants, students
are replaced by plants, unless the students transform themselves into plants. Plants are
the true master school teachers. Hundertwasser is merely their assistant. ...

One must create the ideal world of tomorrow and go ahead and actually live it. The academy
must be the origin of the new paradise.

From here beauty should convincingly go out into the world.

The Academy of Fine Arts must stop being a school and become a free realm, a kind of
Garden Eden, full of plants, color and joy, individuality and concentrated power, an allegory
of the beginning of creation.

The fine arts must be beautiful.

Painting is something great.

From: Friedensreich Hundertwasser, "Guidelines for Hundertwasser's Master School,"
written for Hundertwasser's master school at the Academy of Fine Arts in Vienna in 1982,
completed in Kaurinui, New Zealand, in 1983

**Tonbandbrief Hundertwassers an die Studenten
der Meisterschule an der Akademie der bildenden Künste in Wien**
(1982)

Wenn man die Farbe und das Material, mit dem und auf dem man malt, nicht liebt, dann kann
das Bild nichts werden. Es ist völlig unmöglich, daß man die Farbe, das Papier, die Leinwand
und den Pinsel nur als Mittel zum Zweck nimmt. Die Farbe ist ein Lebewesen. Die Farbe ist
etwas Heiliges – auch der Pinsel, auch die Leinwand und auch das Papier, auch der Bleistift,
was auch immer – man muß quasi ein Fetischist all dieser Dinge sein. Man muß diese Dinge
verehren wie Götter. Der Bleistift ist ein Gott, die Farbe ist ein Gott, der Pinsel ist ein Gott.
Die Farbe ist wie ein Stück Brot, sie ist etwas Heiliges. Genauso wie man Brot nicht wegwerfen und nicht verschwenden darf, darf man Farbe nicht wegwerfen und verschwenden.

... Eines der wichtigsten Geheimnisse der Natur ist, wie sie funktioniert, d. h. wie der Kreislauf funktioniert, der Kreislauf vom Leben zum Sterben. Deswegen habe ich z. B. das Symbol
der Spirale gebraucht, das ein Symbol des Lebens und Sterbens ist, des Sich-Ausdehnens
und des Sich-Konzentrierens. Das Entstehen aus dem Quasi-Nichts und das Sich-Verlieren
in unendliche Weiten, das Entstehen von unendlichen Weiten und das Sterben im kleinsten
Punkt ...

Der Künstler hat in unserer Gesellschaft die wichtigste Aufgabe zu erfüllen, nachdem alle
anderen Sparten scheinbar Schiffbruch erleiden. ... Deswegen hat der Künstler dafür zu
sorgen und dazu beizutragen, daß die Welt sich erneuert. Was die Menschheit braucht, ist,
daß man ihr einen neuen Weg zeigt. ... Die zeitgenössische Kunst hat bisher hauptsächlich
das Negative aufgezeigt, sie war sozusagen ein Spiegelbild der negativen Auswirkungen
unserer Zeit. Die Kunst darf nicht nur Negatives bringen. Die Kunst muß warnen, das ist
ihre Pflicht, aber sie muß gleichzeitig auch einen Ausweg finden ...

Alles, was waagrecht ist unter dem freien Himmel, gehört der Natur. Wir haben der Natur
widerrechtlich Territorien weggenommen, die wir ihr zurückgeben müssen.

Aus: Friedensreich Hundertwasser, „Tonbandbrief Hundertwassers an die Studenten
der Meisterschule an der Akademie der bildenden Künste, Wien", aufgenommen Mai 1982

Tape-recorded Letter by Hundertwasser to the Students
of the Master School at the Academy of Fine Arts in Vienna
(1982)

If you don't love the paint and material with which and on which you paint, the painting
cannot amount to anything. It is totally impossible to use paint, paper, canvas and brush only
as means to an end. Paint is a living thing. Paint is something sacred – as are the brush,
canvas and even paper, even the pencil, whatever – you have to be a kind of fetishist about
all these things. You have to revere these things like gods. The pencil is a god, paint is a god,
the brush is a god. Paint is like a piece of bread; it is something sacred. Just as you should
not throw away bread or waste it, you shouldn't throw paint away or waste it, either. …

One of the most important secrets of nature is how it works, that is, how the cycle works,
the cycle from life to death. That is why I used the symbol of the spiral, for example, which is
a symbol of life and death, of expansion and concentration. Its origin from almost nothing and
its vanishing in infinite space, the origin from infinite space and death at the smallest point. …

The artist has the most important task to fulfill in our society, since all other fields are apparently
a failure. … That is why the artist must ensure and contribute to the world's renewal. Humanity
needs to be shown a new way. … Contemporary art has thus far mainly shown what is
negative; it was the mirror image of the negative consequences of our time, as it were.
Art must not present merely the negative. Art must warn; that is its duty, but it must at the
same time find a solution. …

So everything horizontal under the open sky belongs to nature. We have misappropriated
territories from nature which we must give back to her.

From: Friedensreich Hundertwasser, "Tape-recorded Letter to the Students
of the Master School at the Academy of Fine Arts in Vienna," recorded in May, 1982

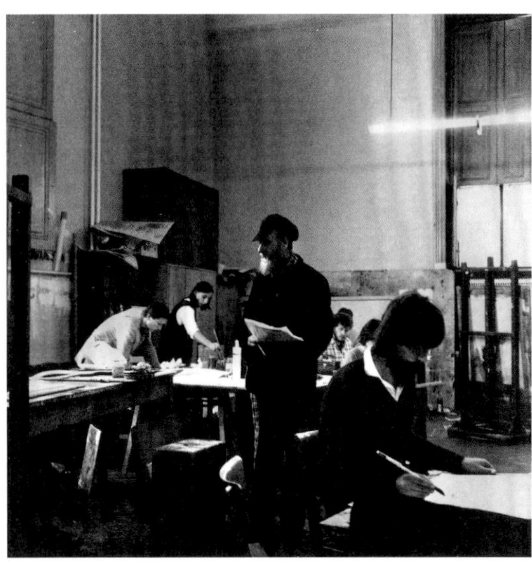

Hundertwasser während einer Aufnahmeprüfung
in seiner Meisterschule in Wien
Hundertwasser during an entrance exam
in a room of his master school in Vienna
Wien | Vienna, Jahr unbekannt | Date unknown
Foto | Photo: Peter Dressler

Die Räume der Meisterschule Hundertwasser in Wien
The rooms of the Hundertwasser master school in Vienna
Wien | Vienna,
Jahr unbekannt | Date unknown
Foto | Photo: Peter Dressler

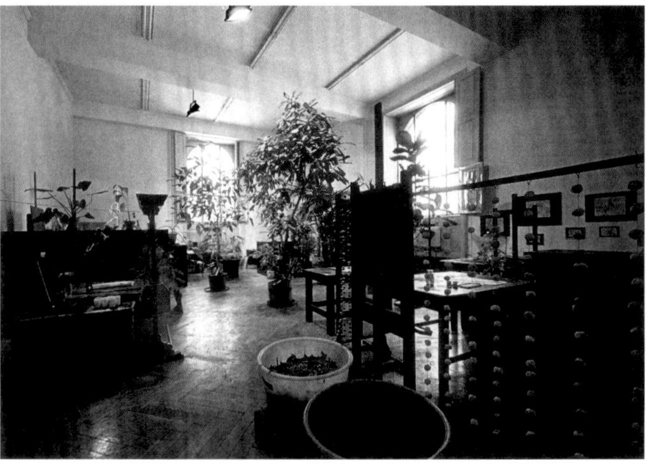

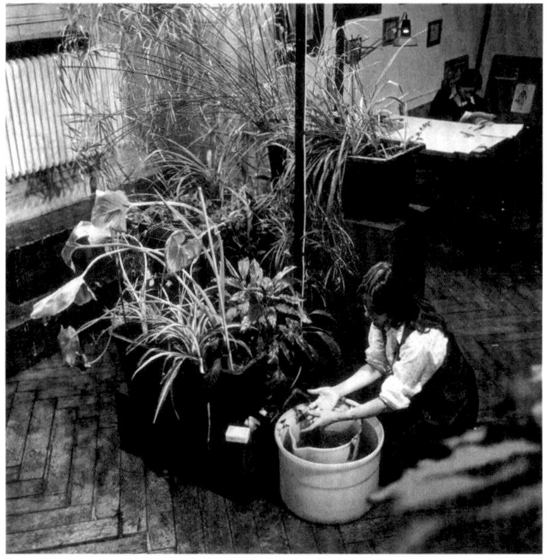

Die Studenten versorgen die Pflanzen, die gemäß Hundertwasser die wahren Lehrer der Meisterschule sind
The students take care of the plants who are, according
to Hundertwasser, the real teachers of the master school
Wien | Vienna, Jahr unbekannt | Date unknown
Foto | Photo: Peter Dressler

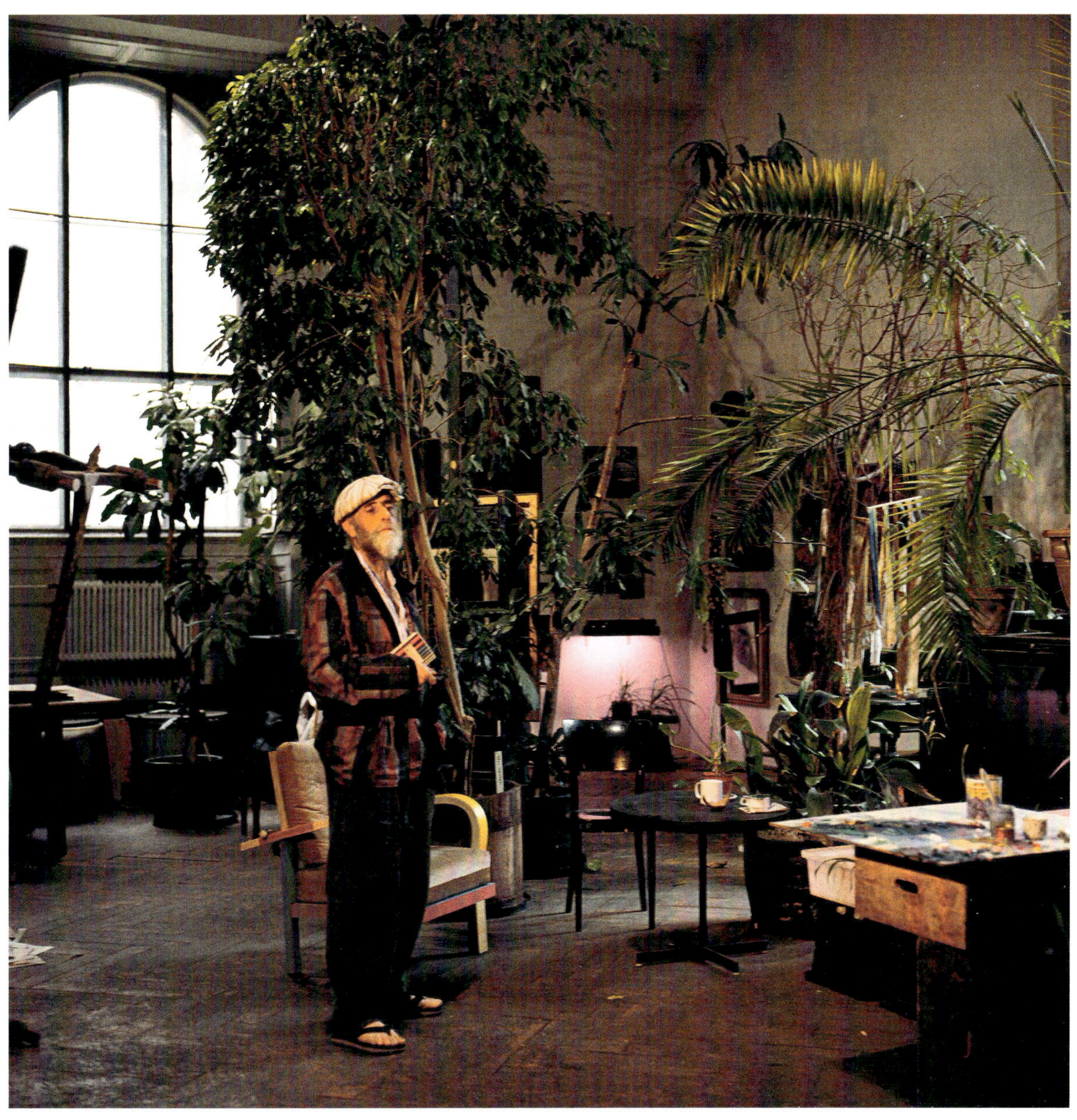

Hundertwasser in seiner Meisterschule an der Akademie
der bildenden Künste am Schillerplatz in Wien
Hundertwasser in his master school at the
Academy of Fine Arts on Schillerplatz in Vienna
Wien | Vienna, 1985
Foto | Photo: Franz Hubmann

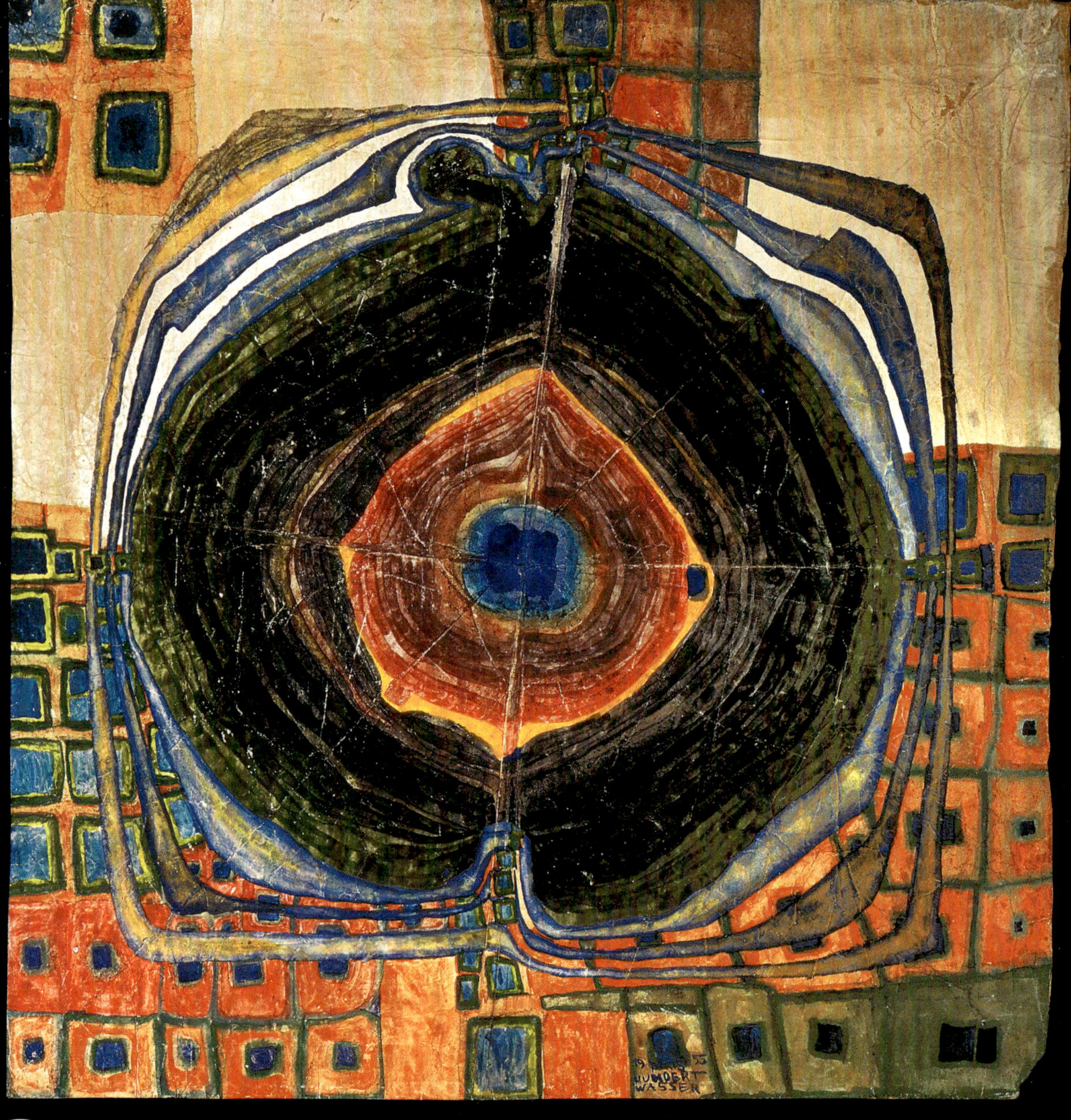

227 **Ein Regentropfen, der in die Stadt fällt**
A Raindrop Which Falls into the City

12

Das KunstHausWien

Im 1991 eröffneten KunstHausWien bündeln sich Hundertwassers Lebensthemen. Sein Freund und Manager Joram Harel entdeckt auf der Suche nach einer Heimat für Hundertwassers Werk die ehemalige Thonet-Fabrik im 3. Bezirk. Mit Architekt Peter Pelikan gestaltet Hundertwasser das Haus nach seiner Philosophie. Es erhält ‚Baummieter‘, ein bewaldetes Dach, ‚tanzende Fenster‘ und keramische Säulen in Hundertwasser-Farben. Die Besucher empfängt bereits im Foyer der charakteristische unebene Fußboden.

Wohl mehr als alle anderen seiner Schöpfungen verkörpert das KunstHausWien eine Einheit von Kunst und Leben – Hundertwassers Eintreten für einen ‚Friedensvertrag mit der Natur‘ ist nicht von seiner Kunst zu trennen. So wie sich seine Popularität quasi neben dem Kunstbetrieb entfaltete und viele Menschen weltweit erreichte, so ist auch das KunstHausWien mit seiner Verbindung aus Hundertwasser-Personalmuseum und internationalen Wechselausstellungen seit der Gründung eine lebendige Besonderheit.

The KunstHausWien

In the KunstHausWien, which opens in 1991, central themes of Hundertwasser's life converge. Looking for a home for Hundertwasser's work in the 1980s, his friend and manager, Joram Harel discovers the building of the former Thonet furniture factory in Vienna's third district. Working with the architect Peter Pelikan, Hundertwasser designs a building consistent with his philosophy. "Tree tenants" are incorporated, as is a tree-covered roof, "dancing windows" and ceramic columns in Hundertwasser colors. Already in the lobby, visitors are greeted by the characteristic slanted floor.

Probably more than any other of Hundertwasser's works, the KunstHausWien epitomizes the merging of art and life. His advocacy of a "peace treaty with nature" is inseparable from his art. Just as Hundertwasser's popularity as an artist unfolded apart from the art scene, and thereby reached many people throughout the world, the KunstHausWien, in the way it combines a personal museum of Hundertwasser with a space for international temporary exhibitions, is a vibrant special venue.

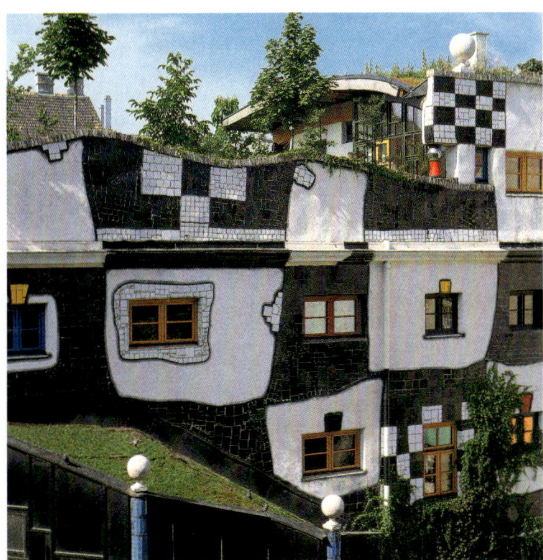

KunstHausWien, Blick auf die Dachbegrünung
KunstHausWien, view of the green roof
Wien | Vienna, 1993
Foto | Photo: Herbert Schwingenschlögl

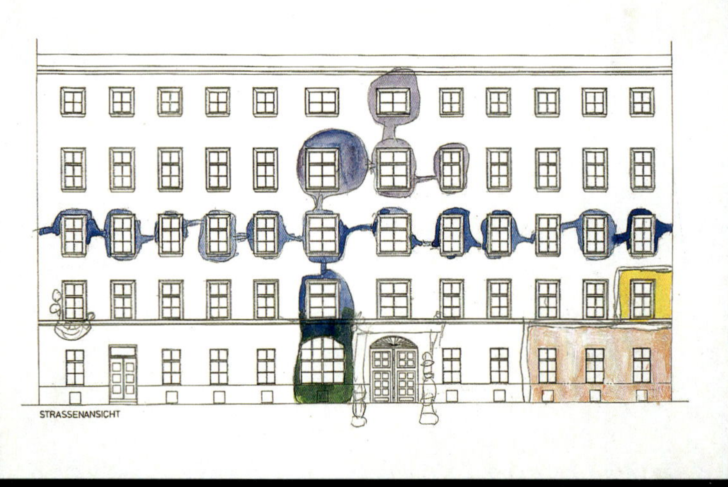

ARCH 68 / II   **KunstHausWien – Straßenansicht | Fassadenentwurf**
KunstHausWien—view from the street | Sketch for the façade
Wien | Vienna, 1988

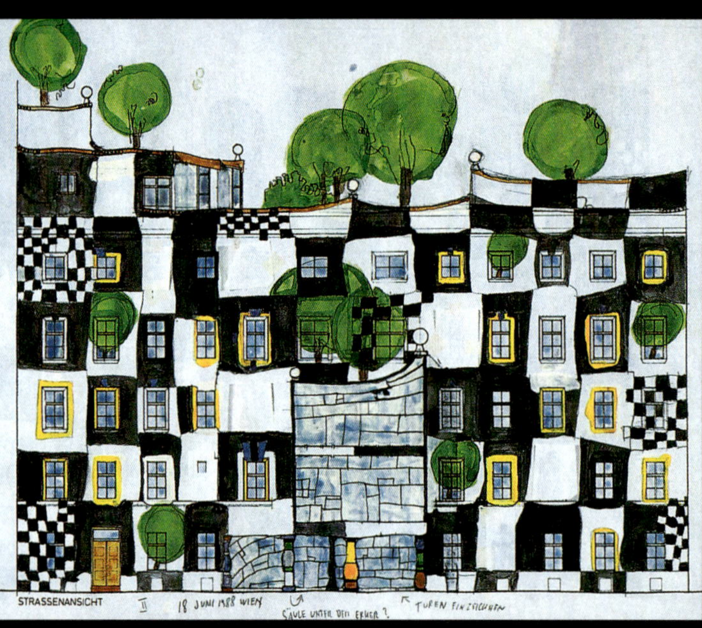

ARCH 68 / III   **KunstHausWien – Straßenansicht**
Fassadenentwurf auf einem Plan von Architekt Peter Pelikan
KunstHausWien—view from the street
Proposed design for the façade on a plan by the architect Peter Pelikan
Wien | Vienna, 1988

Dieter Ronte

Hundertwasser
oder der Traum vom
anderen Museum

Hundertwasser zählt zu den wichtigsten österreichischen Künstlern des letzten Jahrhunderts. Als strategisch denkender und arbeitender Künstler mit dem Mut, gesellschaftliche Probleme beim Namen zu nennen und Lösungen vorzuschlagen, war er stets ein unbequemer, polyglotter Maler, Architekt und Denker. Nur eines ist ihm Zeit seines Lebens versagt geblieben: Es fehlt in seiner Biografie die große entscheidende retrospektive Museumsausstellung in New York, Paris oder London. Daher verwundert es nicht, dass ein Künstler wie Hundertwasser laut über diese Tatsache nachdachte und seinerseits über das Museum an sich reflektierte.

Hundertwasser plädierte für eine emotionale Bestandsaufnahme der Welt. Für ihn war das auch die Botschaft eines Museums, das er als Erlebnisraum verstand: Die Emotion übertrifft hier die rationalen Erfahrungen. Mit dem KunstHausWien erfüllte sich der Künstler den Traum vom Personalmuseum, wie es in vielen anderen Ländern existiert (etwa das Thorvaldsen-Museum in Kopenhagen, die Picasso-Museen in Barcelona und Malaga sowie neuerdings auch das Nitsch-Museum in Mistelbach oder das Rainer-Museum in Baden). Er beendete seine relativ geringe museale Präsenz, indem er sich ein eigenes Museum baute, das entgegen den herkömmlichen

Hundertwasser,
or The Dream of
a Different Museum

Hundertwasser ranks among the most important Austrian artists of the past century. As an artist who thought and worked strategically, and had the courage to clearly identify social problems and propose solutions to them, he was always a contentious, polyglot painter, architect and thinker. Only one thing eluded him during his lifetime: his biography never included a definitive major retrospective exhibition in one of the museums in New York, Paris or London. Thus, it comes as no surprise that an artist like Hundertwasser wondered out loud about this and, for his part, reflected on the very idea of the museum.

Hundertwasser argued the case for an emotional stocktaking of the world. To him, that was also the mission of the museum. He viewed the museum as a space of experience, where emotion surpasses rational experience. With the establishment of the KunstHausWien, he fulfilled his dream of a personal museum, similar to those found in other countries (for instance, the Thorvaldsen Museum in Copenhagen, the Picasso museums in Barcelona and Malaga, or the Nitsch Museum in Mistelbach and the Rainer Museum in Baden, both recently established in Austria). He sought to overcome the underrepresentation of his work in museums by building a museum of his own, which, unlike traditional museums, welcomes the visitor by igniting the imagination through the use of colour in its architecture. His own artistic presence is, moreover, complemented by temporary

Zur Rolle des KunstHausWien

(1990)

Das KunstHausWien ist sich seiner zentralen Rolle in Europas Mitte bewußt und strebt ähnlich wie die Secession vor etwa 100 Jahren eine Erneuerung des kreativen Weltbildes an.

Kunst muß wieder Farbe bekennen.
Kunst muß sich wieder an den Menschen wenden. ...

Die Kunst muß wieder Brücke zwischen Schöpfung, Natur und Kreativität des Menschen sein.
Die Kunst muß wieder eine Gesamtheitsfunktion erlangen und nicht nur für eine Insidergruppe gemacht werden. ...

Aus: Friedensreich Hundertwasser, „Zur Rolle des KunstHausWien"
geschrieben im Oktober 1990 anlässlich der Eröffnung des KunstHausWien im April 1991

The Role of the KunstHausWien

The KunstHausWien is fully aware of its role in the heart of Europe, and in an effort similar to that of the Vienna Secession some 100 years ago, strives for a renewal of relationship in harmony with the creativity of nature and man.

Art must meet its purpose.
Art must show its colours.
...
Art must again be a bridge between the creativity of nature and the creativity of man.
Art must regain its universal function for all and not be just a fashionable business for insiders.
...

From: Friedensreich Hundertwasser, "The Role of the KunstHausWien,"
written in October 1990 on the occasion of the official opening of the KunstHausWien in April, 1991

Museen mit einem großen farbigen Fantasieschub in der Architektur den Besucher willkommen heißt. Die eigene künstlerische Präsenz wurde durch internationale Wechselausstellungen ergänzt. Der Künstler schuf den ästhetischen Kontext selbst, in dem er öffentlich gesehen und diskutiert werden will. Er schrieb sozusagen narzisstisch seine Kunstgeschichte selbst.

Hundertwasser räumte mit konventionellen Überlegungen zum Museum auf. Er verlieh einem früheren Fabrikgebäude eine neue Zukunft, indem er leichte Korrekturen vornahm, z. B. beim Fußboden, der nun unregelmäßig ist, nicht präzise und glatt. Wie bei der manieristischen schiefen Ebene zur Erkennung einer anderen Weltsicht, wollte er die andere Sehweise stärken, indem der Betrachter physisch anders vorgehen muss als in den meisten Museen. Der etwas verunsicherte Stand öffnet neue emotionale Felder für den Betrachter.

Das Museum ist bei Hundertwasser ein Ort der Fantasie und der langsamen vegetativen Lebenserfahrung, ein Ort, der gegen die gesellschaftlichen Normen antritt, ein Ort von Überraschungen und Freuden: „Ich will zeigen, wie einfach es im Grunde ist, das Paradies auf Erden zu haben." (*Hundertwasser über Hundertwasser,* 1975) Der gespürte und auch erfahrene Konflikt mit der Gesellschaft führte konsequenterweise zur Errichtung eines eigenen Museums, um einen Ort für seine Visionen und entschiedenen Meinungen zu haben. Das Museum wurde zum Gefäß seiner Philosophie und zum Ort der Vermittlung. Es ist von einem Aufforderungscharakter geprägt, der für ein neues und richtigeres Leben als Vorbild fungiert: „Nur wer schöpferisch denkt und lebt, wird überleben

international exhibitions. The artist himself created the aesthetic context in which he wanted to be publicly viewed and discussed. In a way, he narcissistically authored the history of his own art.

Hundertwasser did away with conventional considerations regarding the museum. He bestowed a new future upon what was once a factory building, by making slight changes, for instance, to the floor, which is now irregular rather than precise and smooth. Similar to the way Mannerists employed a skewed plane to encourage the recognition of a different view of the world; he wanted to reinforce another manner of seeing by forcing the viewer to proceed in a way that is different from most museums. The slightly insecure stance opens up new emotional fields for the viewer.

For Hundertwasser, the museum is a place of the imagination and of a slow vegetative experience of life, a place that opposes social norms, a place of surprises and joy. "I want to demonstrate how simple it is, fundamentally, to have paradise on earth." (*Hundertwasser über Hundertwasser,* 1975) The perceived and experienced conflict with society led, as a logical outcome, to the creation of his own museum, in order to have a place for his visions and strong opinions. The museum became the vessel for his philosophy and a place of communication. It is characterized by a challenging quality that serves as a model for a new and more proper life. "Only those who think and live creatively will survive in this world and in the beyond." (*Hundertwasser über Hundertwasser,* 1975) Aside from the reference to the hereafter, these thoughts are, in fact, very close to those of

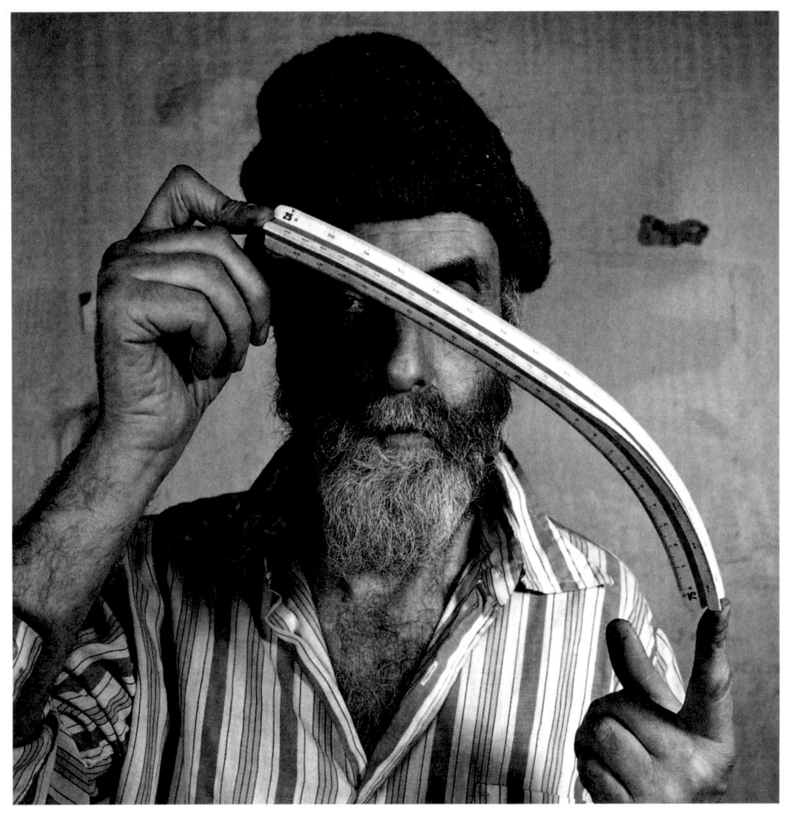

Hundertwasser mit einem verbogenen Lineal, das ihm
nach einem Brand in einem Architekturbüro zugeschickt wurde
Hundertwasser with a bent ruler sent to him after a fire
at an architect's office
Wien | Vienna, 1985
Foto | Photo: Gerhard Krömer

im Diesseits und Jenseits." (*Hundertwasser über Hundertwasser,* 1975) Abgesehen vom Jenseits sind diese Überlegungen jenen von Joseph Beuys sehr nahe: das Credo, dass die Kreativität die Rettung der Menschen sei – nicht aber der Glaube an den linearen Fortschritt.

„Österreich braucht ein übergeordnetes Zentrum, bestehend aus immerwährenden höheren Werten, – die man gar nicht mehr auszusprechen wagt – wie Schönheit, Kultur, inneren und äußeren Frieden, Glaube, Reichtum des Herzens …", schrieb Hundertwasser 1983 zum 75. Geburtstag von Otto von Habsburg. Nehmen wir diese Worte ernst, so füllt sich das Museum mit Politik und persönlichen Träumen, wird es eine übergeordnete, repräsentative Institution, die sich in der Nähe von Kirche offenbart: das Museum als Kathedrale der Schönheit. Diesen Traum hatten schon die Kunstliebhaber des ausgehenden 19. Jahrhunderts. Man fühlt sich erinnert an den österreichischen Jugendstil, die Wiener Sezession und mit ihnen den Traum vom Gesamtkunstwerk.

Hundertwasser, der sich zudem als ein Magier der Vegetation verstand, sah sein Museum auch als Ort eben dieser Magie, nicht aber der Wissenschaft. Er leugnete die Aufklärung als den steten Lebenstrieb. Die logische Erklärbarkeit der Welt soll im Museum aufgehoben und durch die Geheimnisse der Magie ersetzt werden. Alfred Schmeller schrieb, noch vor allen eigenen Überlegungen des Künstlers über das Museum, in *Continuum* (Wien 1956) zu den Charakteristika von Hundertwassers Kunst: „Hundertwassers eigentliche Form ist der Einschluss. Die Höhle mit den funkelnden Schätzen, die nach innen gewendete Kristallisation" – eine durchaus auch denkbare museale Form. Das philosophische Motto zum

Joseph Beuys: the credo that creativity is man's salvation—rather than the belief in linear progress.

On the occasion of Otto von Habsburg's 75th birthday in 1983, Hundertwasser wrote, "Austria needs a superordinate center made up of everlasting higher values—values that people hardly dare to publicly espouse anymore—such as beauty, culture, inner and outer peace, faith, richness of the heart …." If we take these words seriously, the museum will fill with politics and personal dreams; it will be a superordinate, representative institution manifesting itself as something close to church: the museum as a cathedral of beauty. The art lovers of the late nineteenth century already had this dream; one is reminded of Austrian Jugendstil, of the Viennese Secession and, by extension, of the dream of the total work of art.

Hundertwasser who considered himself, moreover, a magician of vegetation, also saw his museum as a place of this magic, rather than as a site of academics. He denied enlightenment as the continual life instinct. In the museum, the logical explicability of the world was to be suspended and replaced by the secrets of magic.

Even prior to all the artist's own reflections on the museum, Alfred Schmeller discussed the characteristics of Hundertwasser's art in Continuum (Vienna, 1956), where he wrote, "Hundertwasser's real form is enclosure. The cave with glittering treasures, the crystallization turned inward"—a museum form that is indeed quite conceivable. The philosophical motto of the KunstHausWien in Vienna is underlined by the fountain in which

Hundertwasser zeigt das Prinzip des Augenschlitzhauses
Hundertwasser demonstrates the principle
of the eye-slit house
Wien | Vienna, 1985
Foto | Photo: Gerhard Krömer

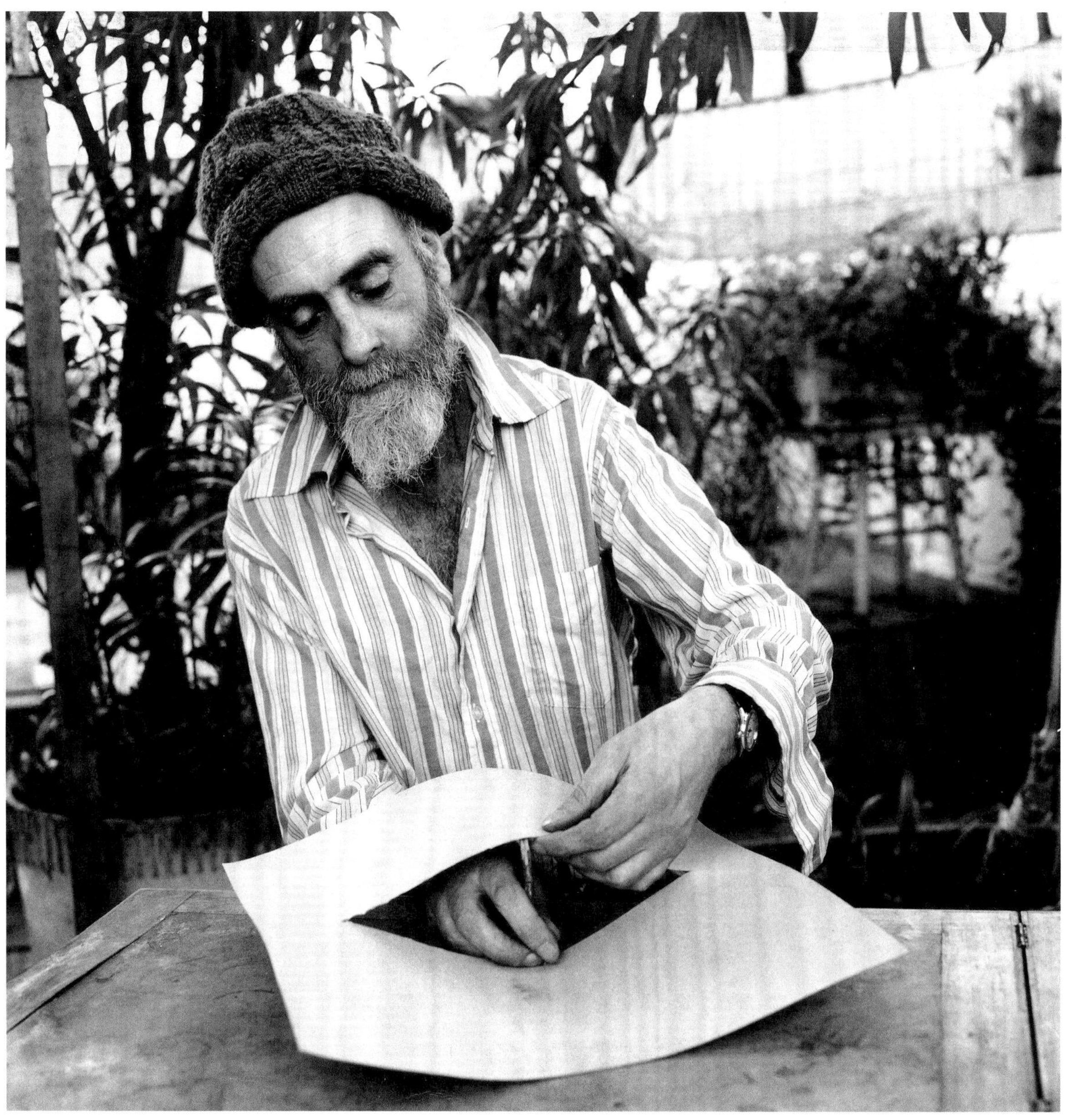

Haus in Wien trägt der Brunnen, bei dem das Wasser gegen die Schwerkraft fließt. Der Titel des Brunnens signalisiert die Botschaft des Museums: *panta rhei,* alles fließt. Steine aus allen Kontinenten symbolisieren den internationalen Anspruch, zugleich reflektieren sie die Lebenserfahrungen des Künstlers. Das spielerische Element betont die antirationalistische Haltung des Künstlers. Das Museum wird zum Ort der Überraschungen, der Schönheiten, des alternativen, besseren Lebens.

Hundertwasser hat sich intensiv mit dem Kunstmuseum als gesellschaftliche und architektonische Institution beschäftigt. Er hat die internationale Museumslandschaft nicht wirklich verändern können, aber er hat in ihr, besonders in Wien, einen weiteren Akzent gesetzt. Vielleicht hat er zudem, als künstlerischer Aktionist und Selbstdarsteller, früher als andere Museumsleute etwas von dem heute so favorisierten Eventcharakter des Museums gespürt.

Hundertwasser interessierte nicht eine logisch aufgearbeitete Kunstgeschichte, die sich im Museum der Genies präsentiert und deren Paradigmata sich eben aus dieser Kunst herauskristallisieren. Er argumentierte mit den Gesetzen der Natur, der Ökologie, der Biologie, also der Kunstwissenschaft zunächst fremden Denkfeldern. Er wusste, dass der Mensch nur im Einklang mit der Natur leben kann, dass es die Künstler sind, die den Konstruktionscharakter der Natur besser aufzeigen und verstehen können als die Forscher der exakten Wissenschaften: „Der Kunst fallen mehr und mehr gewisse Aufgaben zu, die bisher teils Wissenschaft, teils Religion erfüllen zu können vorgaben, die nun aber eindeutig deren Zuständigkeit übersteigen." (Ausstellungstext Art Club, 1953)

the water flows against gravity. The fountain's title indicates the museum's message: *panta rhei,* everything flows. Stones from every continent symbolize the international aspirations, while simultaneously reflecting the experiences the artist gathered throughout his life. The playful element underscores the artist's antirationalistic attitude. The museum becomes a place of surprises, of beauty, of an alternative, better life.

Hundertwasser engaged in intense reflection on the art museum as a social and architectural institution. He was not really able to change the international museum landscape, but he did add a new accent to it, particularly in Vienna. As an artistic activist and self-publicist, he may have sensed the event character of museums, now so highly favored, earlier than the staffs of other museums.

Hundertwasser was not interested in logically processed art history, the sort of history that is presented in a museum full of geniuses, and where the paradigms are derived from this very art. He used the laws of nature, ecology, biology as the basis for his arguments, that is, fields of thought that were initially foreign to aesthetics. He knew that man can only live in harmony with nature, that it is the artists who are better able to point out and understand the constructional character of nature than the researchers of the exact sciences. "Art is now gaining certain tasks which science and religion pretended to be able to solve, but these tasks have definitely exceeded their competence." (Exhibition Text: Art Club, 1953)

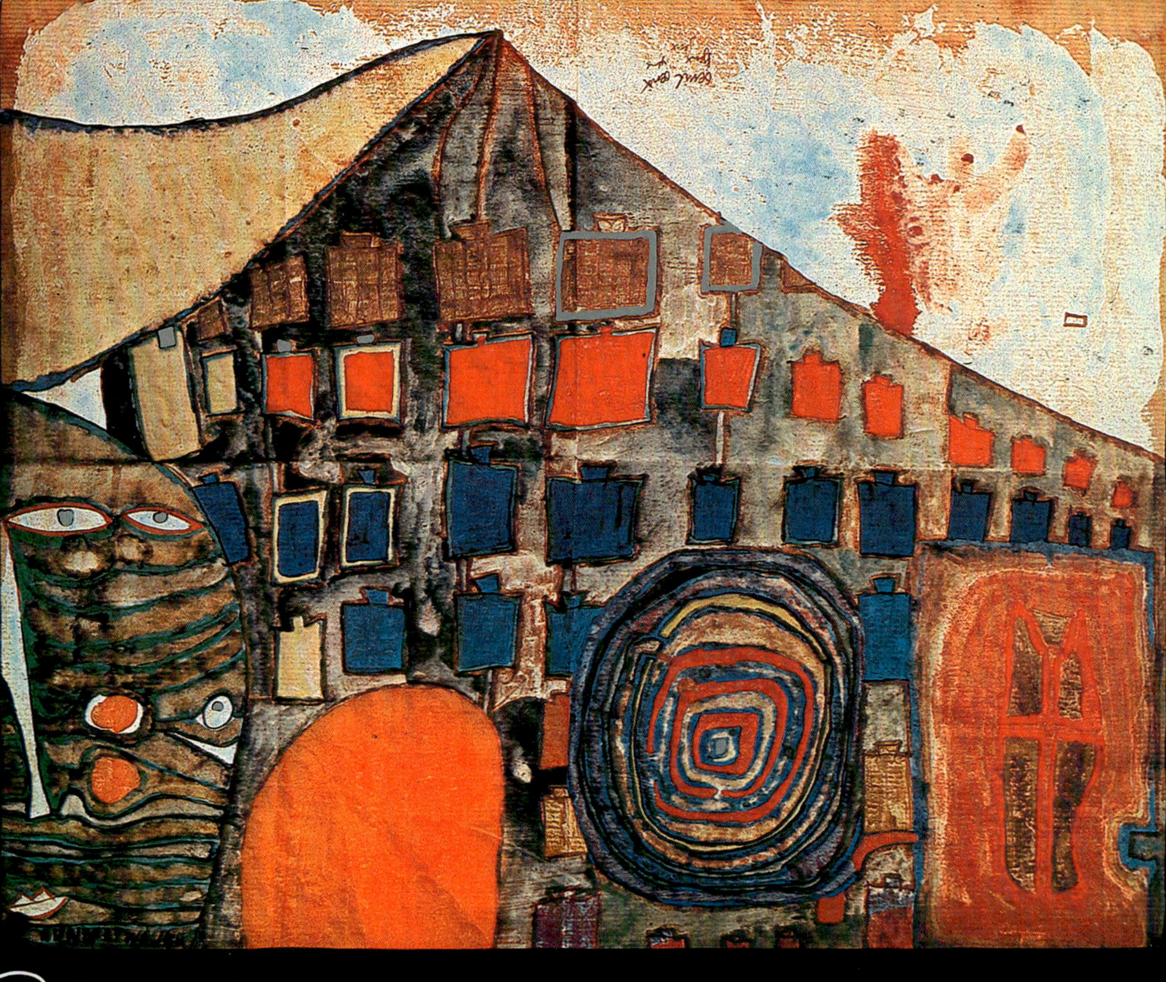

Verlöschendes Haus
House Fading Away
La Picaudière | La Picaudière, 1962

Hundertwassers Ästhetik
der Entlastung

Hundertwasser hat uns zwei wesentliche Dinge übermittelt: einerseits eine Ästhetik der Freude, die an etwas erinnert, das seit der Antike Bestandteil der Kunst ist, und andererseits eine Ästhetik der Entlastung, die die Menschen wieder an das Spüren der Natur, ja der Welt heranführt. Hundertwassers Kunst kämpft mit den Mitteln des Hochgefühls der Freude gegen die Schwere und Obrigkeitsgläubigkeit in der Welt an. Die geheime Botschaft hinter den enorm wichtigen ökologischen Anliegen von Hundertwasser hat eine ästhetisch-subversive Kraft, die noch nicht vollständig erfasst wurde.

Mit der Erkenntnis der heilenden Wirkung zweier Hochgefühle – ich nenne sie ‚Joy' für Freudestrahlen und Freudentaumel und ‚Chill' für eine produktive Form von Trägheit und Entspannung – als hochwertige emotionale Gesten für alle Menschen war Hundertwasser ein Vorreiter dessen, was heute etwa im Urban Design überall im öffentlichen Raum spürbar ist.

Christian Mikunda

Hundertwasser's Aesthetics of Respite

Hundertwasser has passed two essential things on to us: one is the aesthetics of joy, which is reminiscent of something that has been an integral part of the history of art since Antiquity, and the other is an aesthetics of respite, which again allows people to gain a sense of nature and, indeed, the world. Hundertwasser's art combats the seriousness of the world and its belief in authority by means of the exhilaration of joy. The secret message underlying Hundertwasser's tremendously important ecological concerns has an aesthetic/subversive power that has not yet been fully grasped.

By recognizing the healing effect of two feelings of elation as valuable emotional gestures for all people—I refer to the one as "joy," for radiant joy and paroxysms of delight, and the other as "chill," for a productive form of languor and relaxation—Hundertwasser pioneered what is noticeable today, for example, in urban design throughout public space.

Christian Mikunda

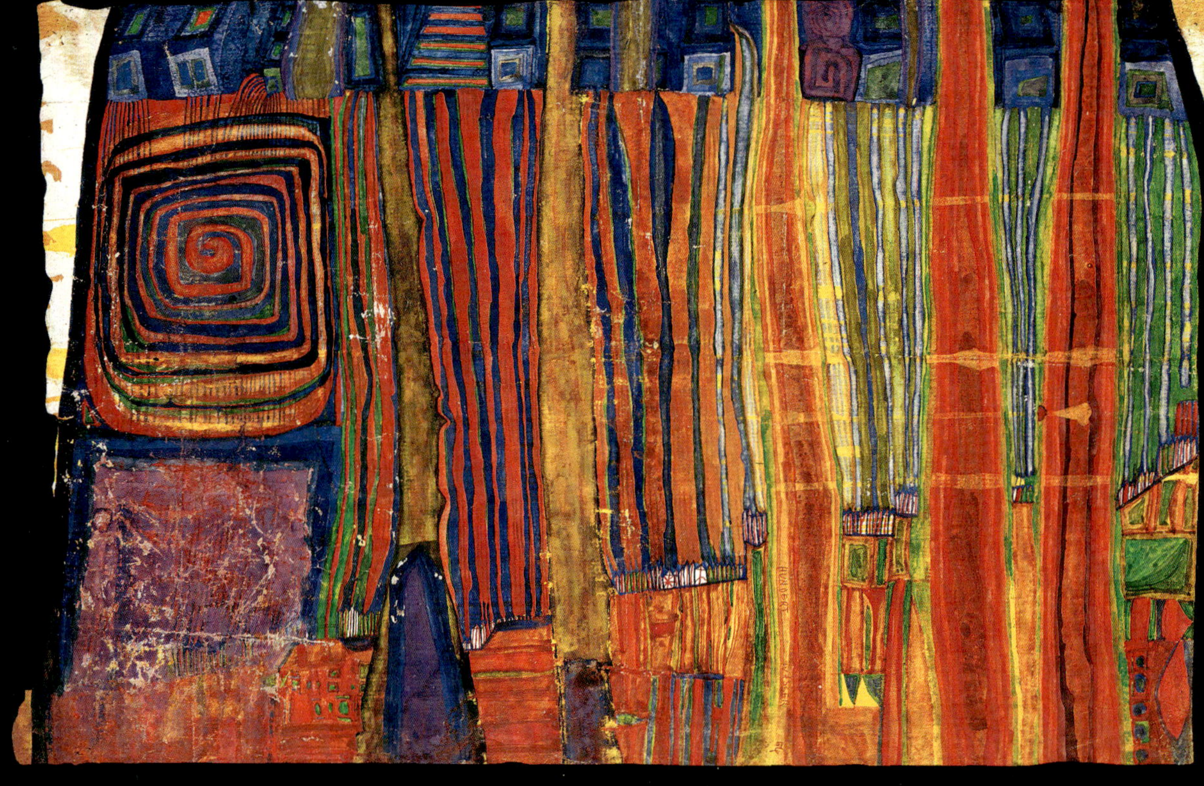

(181) **La Pioggia – Stadt unter dem Regen**
Town under the Rain
Venedig | Venice, 1954

13

Rückkehr ins Paradies

Wie ein grüner Faden zieht sich Hundertwassers ökologisches Engagement durch sein gesamtes Leben und Wirken. Als in den 1970er-Jahren Neuseeland zu seiner zweiten Heimat wird, entfaltet dieses Engagement seine globale Dimension. Seinem 1974 gestalteten Plakat für die ‚Conservation Week‘ in Neuseeland folgen weltweit Plakate und Aktionen für Baumpflanzungen und gegen die Zerstörung der Natur. Er engagiert sich – lange vor Tschernobyl – gegen die Atomkraft und 1984 erfolgreich für die Rettung der Donauauen bei Hainburg.

In Neuseeland – ‚Ao Tea Roa‘ (Das Land der langen weißen Wolke) in der Sprache der Maori – findet Hundertwasser auf seinem eigenen Land in der Bay of Islands Ruhe in dem Paradies, von dem er so oft geschrieben und das er so oft gemalt hat. Dort geht sein Schiff ‚Regentag‘ vor Anker, dort wächst nach seinem Tod im Jahr 2000 ein Tulpenbaum über seinem Grab im ‚Garten der glücklichen Toten‘, so wie er es vorherbestimmt hat.

Return to Paradise

Hundertwasser's ecological commitment runs through his entire life and work like a "green thread." When New Zealand becomes his second home in the 1970s, this commitment takes on a global dimension. The 1974 poster he designed for "Conservation Week" in New Zealand is followed by numerous posters and actions for tree plantings and against the destruction of nature all over the world. Long before Chernobyl, he is a vocal opponent of nuclear energy, and in 1984 he engages in a successful campaign to save the Danube wetlands near Hainburg.

In New Zealand—"Ao Tea Roa" (The Land of the Long White Cloud) as it is called in Maori—, on his own land on the Bay of Islands, Hundertwasser finds peace in the paradise that he had written of so often and that he had painted so often. There, his ship *Regentag* drops anchor, and there, a tulip tree grows after his death in 2000 on top of his grave in the "Garden of the Happy Dead," just as he stipulated.

Hundertwasser in der Hainburger Au
Hundertwasser in the Hainburg wetlands
Hainburg | Hainburg, 1984
Foto | Photo: Bernd Lötsch

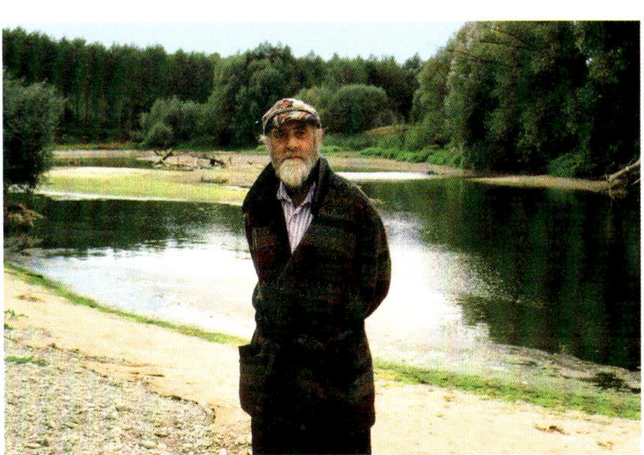

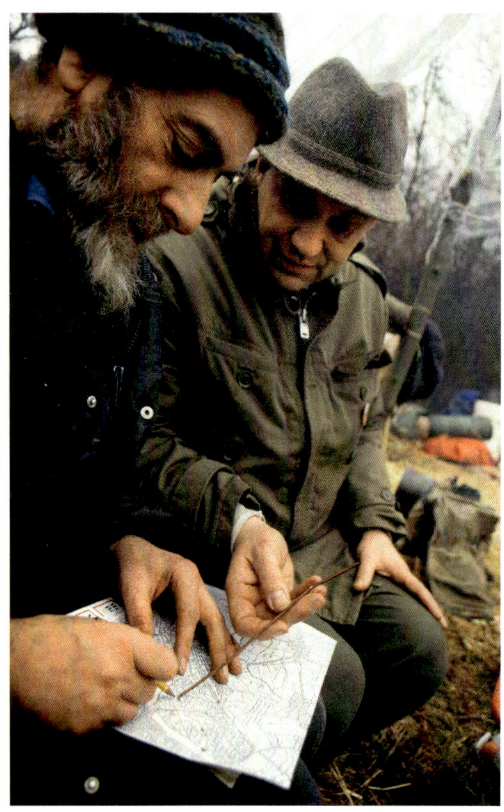

Hundertwasser mit dem Humanökologen
Peter Weish bei der Au-Besetzung
Hundertwasser with the human ecologist
Peter Weish during the occupation of the wetlands
Hainburg | Hainburg, 1984
Foto | Photo: Roland Stifter

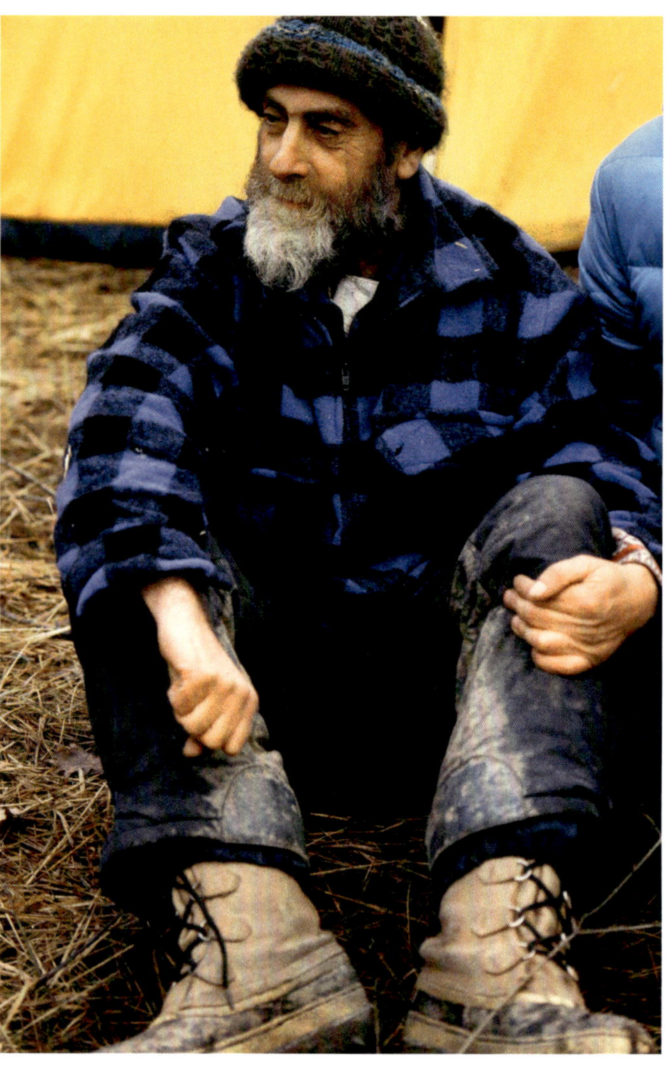

Hundertwasser bei der Au-Besetzung
Hundertwasser during the occupation
of the Danube wetlands
Hainburg | Hainburg, 1984
Foto | Photo: Roland Stifter

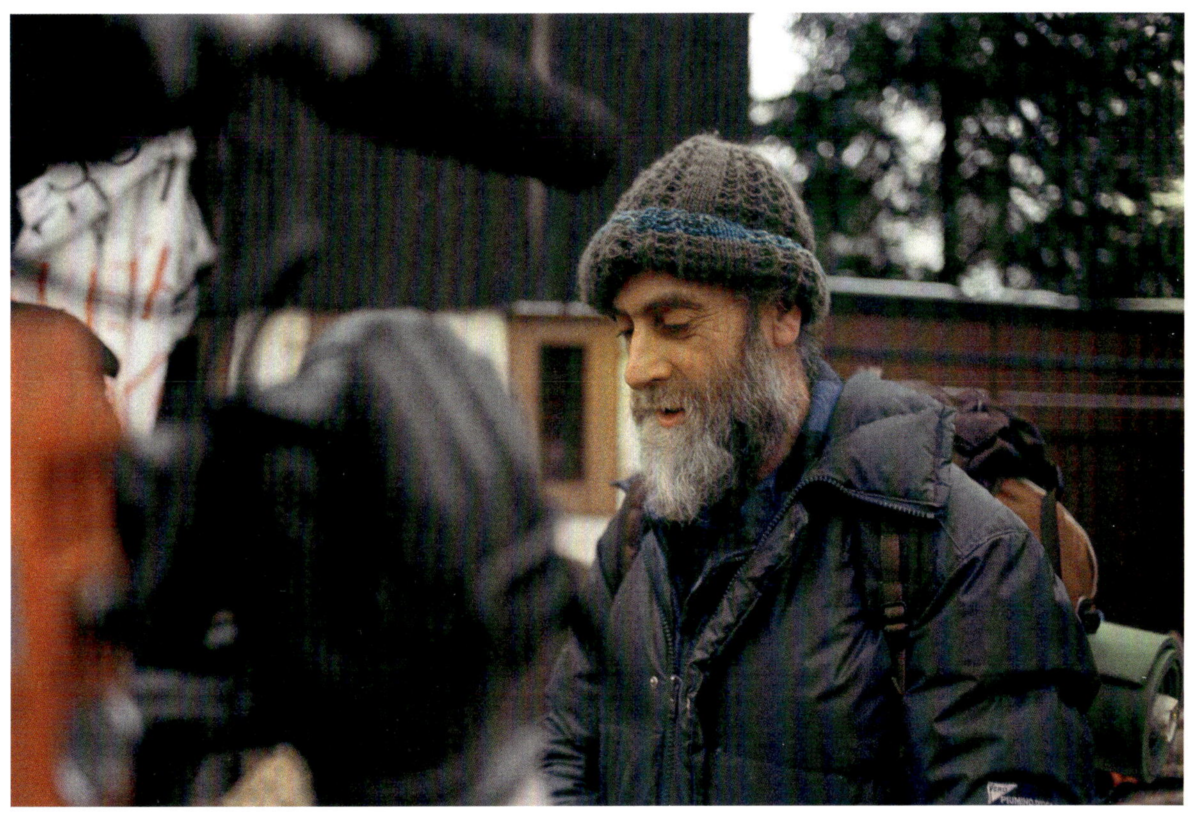

Hundertwasser bei der Au-Besetzung
Hundertwasser during the occupation
of the Danube wetlands
Hainburg | Hainburg, 1984
Foto | Photo: Peter Dressler

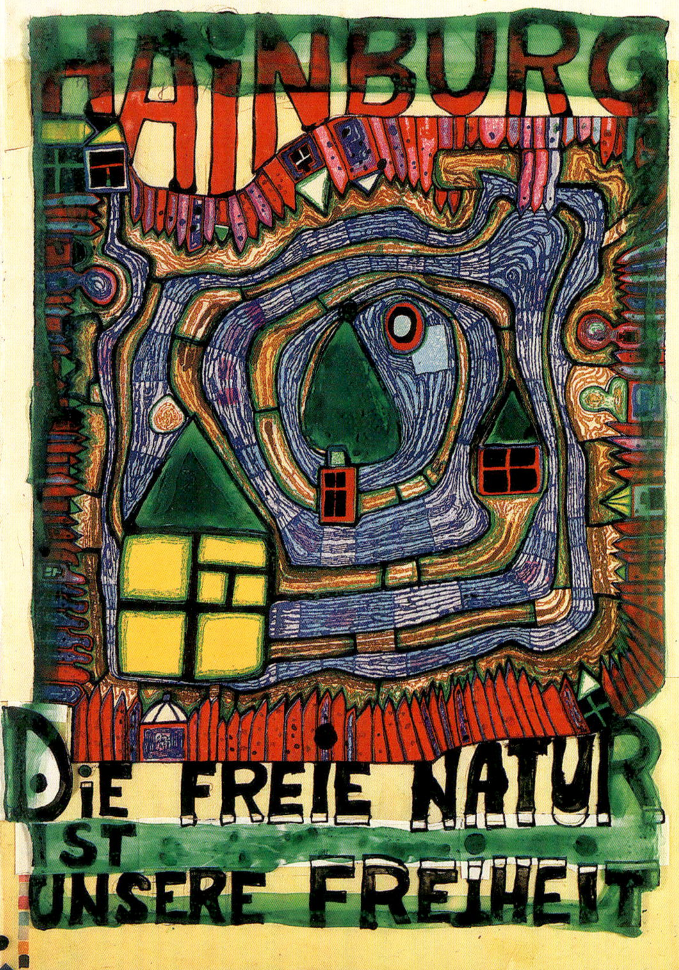

APA 175/ (808 B) **Hainburg – die freie Natur ist unsere Freiheit**
Hainburg—Free Nature Is Our Freedom
Originalposter | Original poster, 1984

Am 12. Dezember 1984 – Höhepunkt der Auseinandersetzung zwischen Regierung und Umweltschützern um die letzten Donauauen bei Hainburg – zerreißt Hundertwasser vor laufenden Kameras den Staatspreis. Er schäme sich, erklärt er der versammelten Presse, von diesen verantwortungslosen Leuten Ehren entgegengenommen zu haben. Dann packt er seinen Schlafsack und legt sich wieder zu den Demonstranten, welche die vereiste Au seit Tagen gegen Motorsägen, Planierraupen und ein Großaufgebot von Gendarmerie und Polizei verteidigen. Sein Hainburg-Poster finanziert einen Teil des Widerstandes.

Bernd Lötsch

Aus: Bernd Lötsch, *Der grüne Friederich,* 1980–2000

On December 12, 1984—at the height of the conflict between the government and environmentalists over the last remaining Danube wetlands near Hainburg—Hundertwasser rips the Austrian State Prize to pieces in front of running cameras. As he explains to members of the press who have gathered around him, he is ashamed to have accepted any honors from those irresponsible people. He then grabs his sleeping bag and rejoins the demonstrators who have been defending the frozen wetlands against chainsaws, bulldozers and a large number of police for days. His Hainburg poster helps to finance the resistance.

Bernd Lötsch

From: Bernd Lötsch, *Der grüne Friederich,* 1980–2000

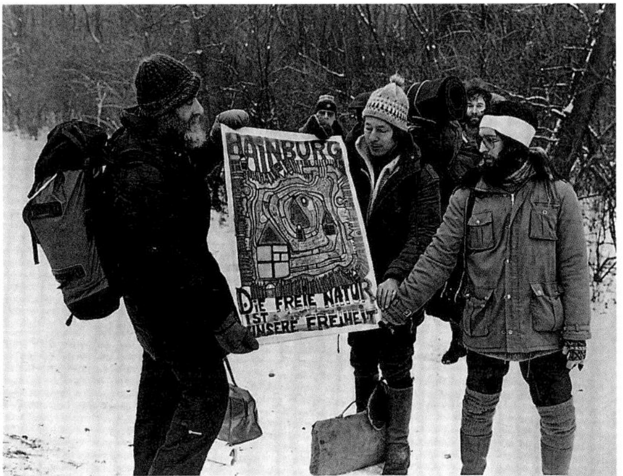

Hundertwasser mit Au-Besetzern
und seinem Plakat
Hundertwasser with occupiers of
the Danube wetlands and his poster
Hainburg | Hainburg, 1984
Foto | Photo: Hubert Kluger

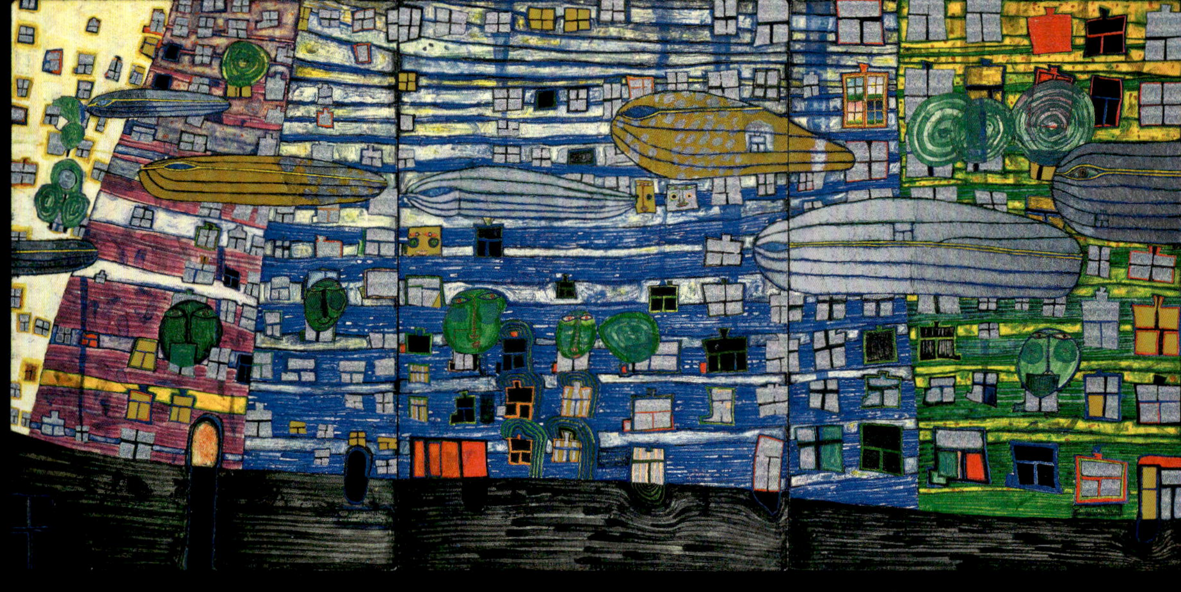

Gesang der Wale
Song of the Whales
Hahnsäge | Hahnsäge, 1978

Bernd Lötsch

Hundertwasser
als Ökologe

Vom ökologischen zum geistigen Fußabdruck

Die Impulse, die Hundertwasser der ökologischen Forschung gegeben hat, waren überraschend groß. Schließlich hat diese später in der Regel jene Dinge bestätigt, die er in seiner fast kindlichen Neugier spielerisch experimentierend bereits vorausgeahnt hatte: von Humustoiletten und Pflanzenkläranlagen bis zu sturmfesten Dachwäldern. Hundertwasser hat dem überdicht bebauten Venedig eine grüne Frischzelle, einen halbwilden Garten auf der Giudecca erhalten und in Neuseeland einen Urwald wieder begründet.

Viele wissen es, doch nur wenige haben es wirklich emotional erfasst: Alles Leben auf dieser Erde ist ein Geschenk der grünen Pflanzen. Ihr Wachsen, Wuchern, Werden und Vergehen ist für Hundertwasser die eigentliche Schöpfung, der große Gaswechsel der Vegetation ist für ihn der Atemzug des Schöpfers.

Hundertwasser mit Bernd Lötsch an dessen Institut für Umweltwissenschaften der Österreichischen Akademie der Wissenschaften
Hundertwasser with Bernd Lötsch at Lötsch's Institute for Life Sciences at the Austrian Academy of Sciences
Wien | Vienna, Datum unbekannt | Date unknown
Foto | Photo: Hisham Momen

Hundertwasser as
an Ecologist

From the Ecological to the Intellectual Footprint

Hundertwasser provided surprising impetus to ecological research. Ultimately, the latter was to confirm the validity of many of the things that Hundertwasser had anticipated while experimenting with child-like curiosity: from humus toilets and plant purification systems to storm-proof roof forests. For the densely built city of Venice, Hundertwasser preserved a green lung, a semi-wild garden on the island of Giudecca, and in New Zealand he re-established a virgin forest.

Although it is a fact that many people are aware of, only few have really grasped it emotionally: all life on this earth is a gift from green plants. For Hundertwasser, their growth, proliferation, flourishing and withering are the real Creation; vegetation's magnificent capacity for CO_2 exchange is, for him, the breath of the Creator.

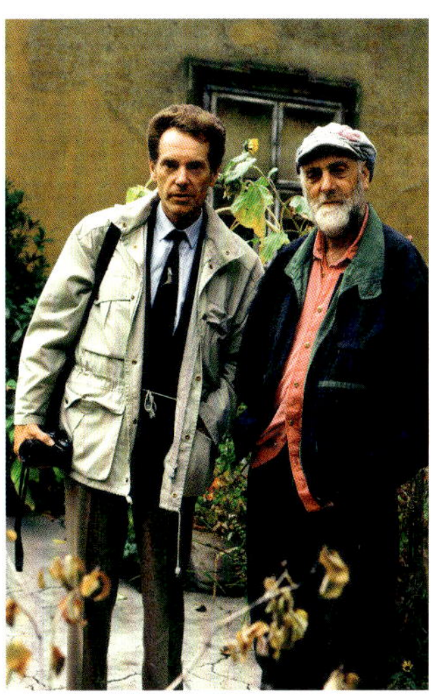

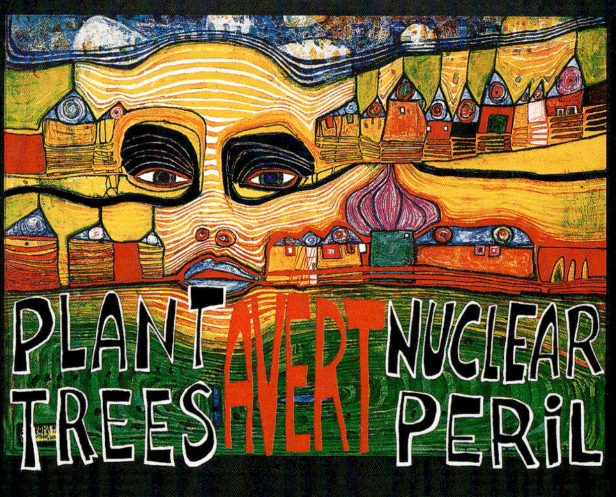

109/ (691D) **Plant Trees – Avert Nuclear Peril**
Originalposter | Original poster, 1980

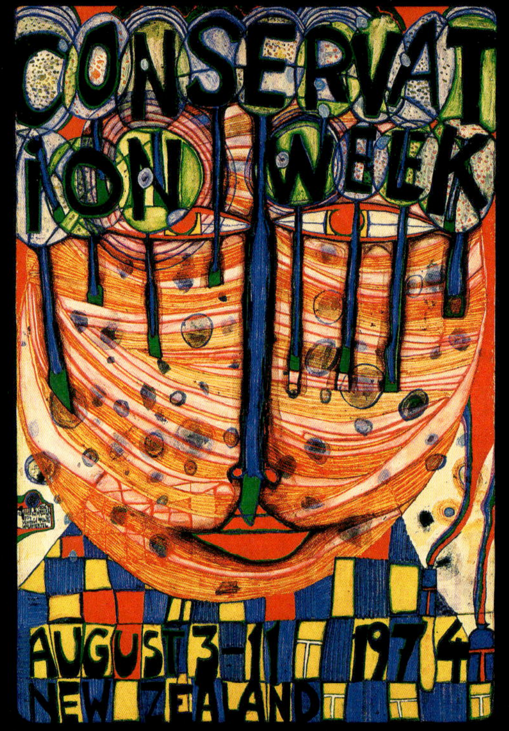

APA 127/ (726A) **Conservation Week**
Originalposter | Original poster, 1974

Er wollte stets nach dem Vorsatz der geringsten Beeinträchtigung der Natur leben und eine ‚minimal impact‘-Existenz mit dem kleinsten ‚ökologischen Fußabdruck‘ führen. Es klingt unglaublich, wenn ein weltberühmter Künstler mit Wohnsitzen in Wien, Venedig, Neuseeland und auf einem Hochseeschiff in Wahrheit überall zu leben versuchte wie der anspruchsloseste Schrebergärtner. Doch erst dadurch wird sein ‚geistiger Fußabdruck‘ im ökologischen – und gestalterischen – Gewissen unseres Zeitalters bleibend sein.

Beim Malen, sagte Hundertwasser, schalte er seinen Intellekt aus. Was andere für Kompositionen halten, sei wie von selbst nach vegetabilischen Wachstumsgesetzen über die Leinwand gewuchert – bei ihm gebe es weder Natur-Abbild noch Perspektive und doch lebe die Natur in seinen Bildern – in verschlüsselter Form – einfach durch die Ähnlichkeit der Entstehungsprozesse.

Wenn man seine Bilder – über die ästhetischen Farb- und Formreize hinaus – innerhalb des Gesamtkunstwerks seines Lebens zu sehen lernt, sind sie Bedeutungsträger, dunkelbunte Leuchtfeuer, Orientierungshilfen auf dem Weg in ein Zeitalter des Organischen, einer neuen, materiellen Bescheidenheit mit Spielraum für schöpferische Entfaltung – eigentlich die einzig mögliche Überlebenshaltung auf diesem grenzbelasteten, geschundenen und immer noch atemberaubend schönen Menschengestirn, das wir ‚Mutter Erde‘ nennen.

His aim was to live in a manner that always interfered least with nature, to live a minimal-impact existence with the smallest ecological footprint. It sounds incredible that a world-famous artist with residences in Vienna, Venice, New Zealand and on a seagoing vessel would try to live like the most modest subsistence farmer in all of those places. But this is precisely what makes his "intellectual footprint" enduring in the ecological and creative conscience of our age.

Hundertwasser claimed that he shut off his intellect when painting. What others consider compositions, is something that seemed to spontaneously sprawl across the canvas according to the laws of vegetal growth; in his works, he explained, there is neither any representation of nature nor perspective, and yet nature lives—in encrypted form—in his paintings, due simply to the similarity of their growth processes.

When you learn to view his paintings—going beyond the aesthetic stimuli of color and form—within the context of the total work of art of his life, you will recognize them to be signifiers of meaning, darkly colorful beacons, orientation aids on the way to a new age of the organic, a new material modesty with room for creative development—essentially the only possible way of life on man's critically strained and maltreated, yet still breathtakingly beautiful, celestial habitat that we call "mother earth."

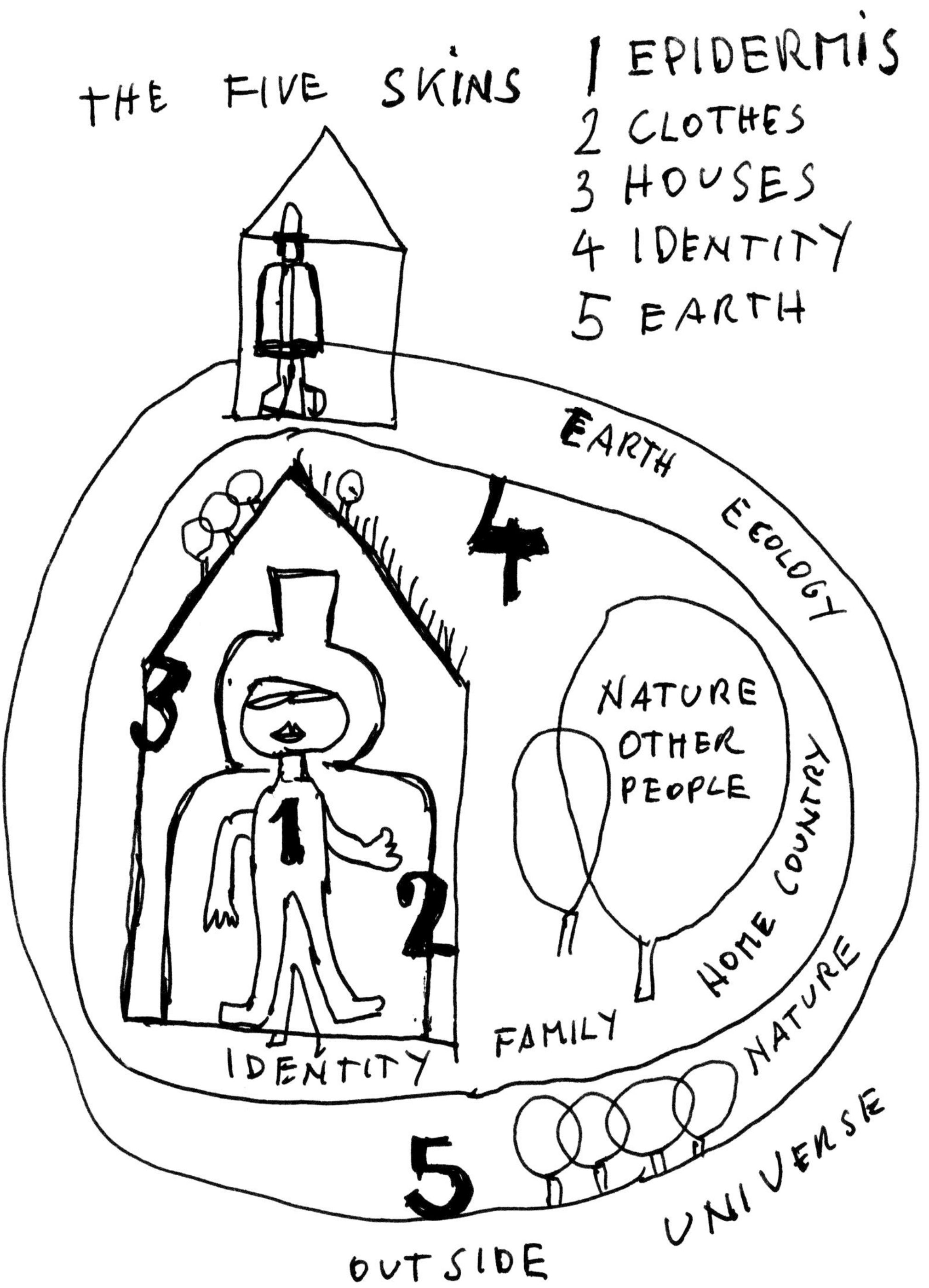

APA 382 **Piktogramm *Die fünf Häute des Menschen***
Pictogram *Men's Five Skins*
1997

Die fünf Häute

Seit er seine erste Spirale malte, 1953 im Atelier seines Freundes René Brô, hat Hundertwasser dieses Symbol seiner Weltsicht, seiner Beziehung zur äußeren Wirklichkeit, immer tiefer begründet.

Für Hundertwasser hat der Mensch drei Häute: seine natürliche Haut, seine Kleidung, sein Haus. Als der Künstler 1967/68 seine Nacktreden hält, um das Recht des Menschen auf seine dritte Haut geltend zu machen (die freie Mitgestaltung seines Wohnhauses), bringt er den Verlauf der Spirale zum rituellen Abschluss: Er findet seine erste Haut wieder, die Haut seiner ursprünglichen Wahrheit, seine Nacktheit als Mensch und Maler, indem er die zweite Haut (seine Kleidung) abstreift, um sein Recht auf die dritte Haut (sein Haus) zu proklamieren. Danach, seit 1972, als sich die große ideologische Wendung abzeichnet, wird sich die Spirale der großen Themen, mit denen sich Hundertwasser beschäftigt, weiter entwickeln. Seine Sensibilität für das Dasein wird durch neue Fragestellungen bereichert, die neue Antworten fordern und neues Engagement auslösen. Damit kommen neue Häute zur konzentrischen Einhüllung der drei erstgenannten hinzu. Die vierte Haut des Menschen ist sein soziales Umfeld (von der Familie bis zur Nation über die Wahlverwandtschaften des Freundeskreises). Die fünfte Haut ist die globale. Auf sie wirkt unmittelbar das Schicksal der Biosphäre, die Qualität der Luft, die wir atmen, der Zustand der Erdkruste, die uns beherbergt und ernährt.

Pierre Restany

Aus: Pierre Restany, *Die Macht der Kunst – Hundertwasser – Der Maler-König mit den fünf Häuten,* Köln 2003

The Five Skins

Since painting his first spiral in 1953, in the studio of his friend René Brô, Hundertwasser had sealed his vision of the world and of his relationship with exterior reality.

For Hundertwasser, man has three skins: his natural epidermis, his clothes, his house. When in 1967 and 1968 the artist delivered his "Naked" address to proclaim man's right to his third skin (the free alteration of his house), he accomplished the ritual full cycle of his spiral. He re-found his first skin, that of his original truth, his nakedness as a man and painter, by stripping off his second skin (his clothes) to proclaim the right to his third skin (his home). Later, after 1972, when the major ideological turning-point had been passed, the spiral of Hundertwasser's chief concerns began to unfold. His consciousness of being was enriched by new questions, which called for fresh responses and elicited new commitments. So appeared the new skins that were to be added to the concentric envelopment of the three previous ones. Man's fourth skin is the social environment (of family and nation, via the elective affinities of friendship). The fifth skin is the planetary skin, directly concerned with the fate of the biosphere, the quality of the air we breathe, and the state of the earth's crust that shelters and feeds us.

Pierre Restany

From: Pierre Restany, The Power of Art:
Hundertwasser–The Painter-King with the 5 Skins,
(Cologne: Taschen, 2003).

Schriftproben der Signaturen Hundertwassers
Specimens of Hundertwasser's signatures
Wien | Vienna, 1978

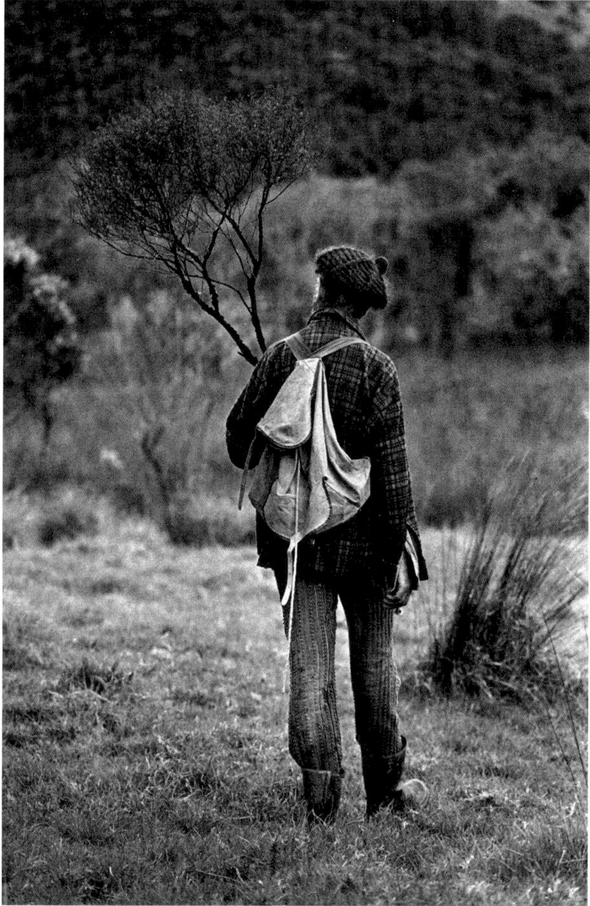

Hundertwasser unterwegs zum Pflanzen von
Bäumen auf seinem Land in der Bay of Islands
Hundertwasser underway planting trees
on his property on the Bay of Islands
Neuseeland | New Zealand, circa 1978
Foto | Photo: Gerd Ludwig

Die Technik, die Themen, die Titel: Alles wird von einer ‚persönlichen‘ Eigenart seines Werkes bestimmt, wird durch sie erklärt und greift doch über sie hinaus. Denn durch das Medium des Persönlichen führen uns diese Bilder und leiten uns entlang gewundener Wege in die Tiefen unseres Zeitalters, in das Mysterium großer Malerei, wo viel von der Seele des Malers stets verborgen liegt. Hundertwassers Bilder sind erfüllt von Sehnsucht, während sie in sich gleichzeitig die Erfüllung seines Sehnens enthalten. Sie erzählen von verlorenen Paradiesen und zeugen von einem erfüllten Leben.

Wieland Schmied

Aus: Wieland Schmied, „Hundertwasser auf dem Weg nach Neuseeland", Beitrag für: *Hundertwasser's Complete Graphic Work* 1951–1976 (Ausst.-Kat. der USA-Grafik-Tournee), 1980/2008

The technique, the themes, the titles: everything is determined and explained by the "personal" peculiarity of his work, and yet also transcends it. For these paintings lead us through the medium of the personal and direct us along winding paths into to the depths of our age, into the mystery of great painting, where much of the painter's soul always lies hidden. Hundertwasser's paintings are replete with desire, while at the same time containing the fulfillment of his desire. They tell of paradises lost and bear witness to a fulfilled life.

Wieland Schmied

From: Wieland Schmied, "Hundertwasser auf dem Weg nach Neuseeland," contribution to: *Hundertwasser's Complete Graphic Work 1951–1976,* catalog for the travelling exhibition in the United States, (New York: Prestel, 1980/2008)

Hundertwasser war ein ganz konsequenter Philosoph. Was er geschrieben hat, hat einen geradezu prophetischen Charakter, wenn man es heute liest.

Ernst Fuchs

Ernst Fuchs im Gespräch mit dem Herausgeber, Wien, April 2011

Hundertwasser was a philosopher who thought things through very systematically. When read today, his writings have a prophetic quality.

Ernst Fuchs

Ernst Fuchs in conversation with the editor, Vienna in April, 2011

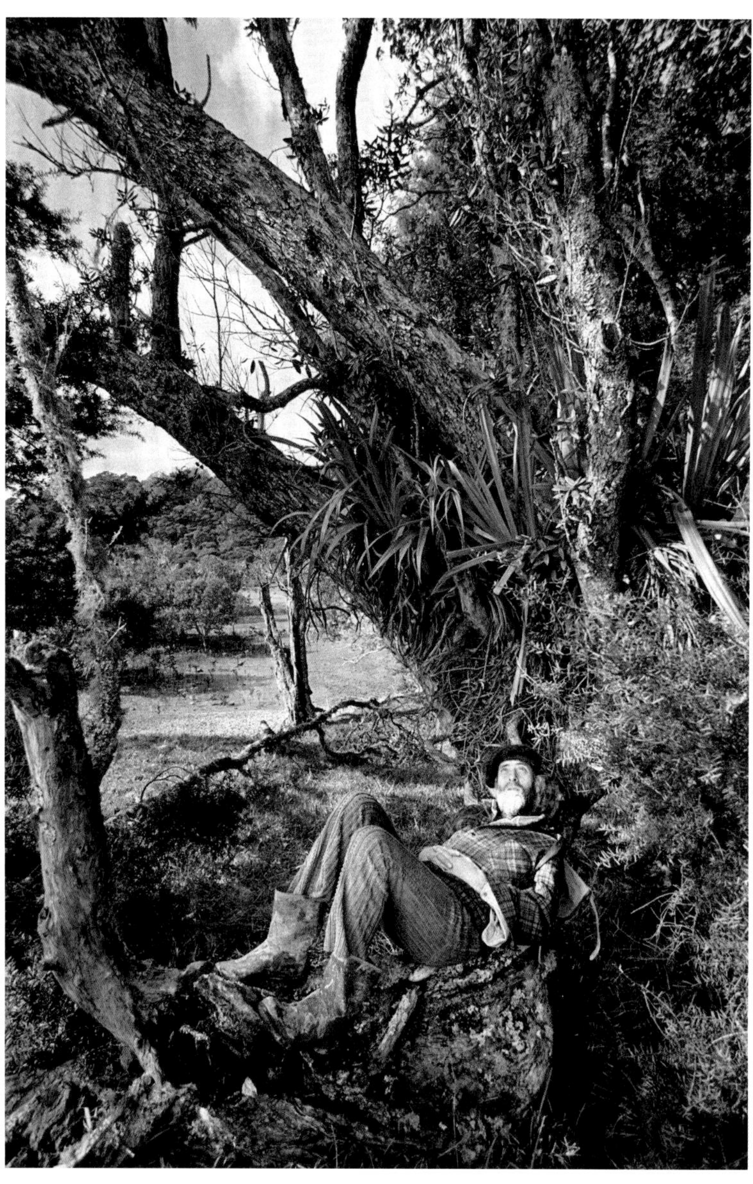

Hundertwasser in Neuseeland
Hundertwasser in New Zealand
Neuseeland | New Zealand,
circa 1978
Foto | Photo: Gerd Ludwig

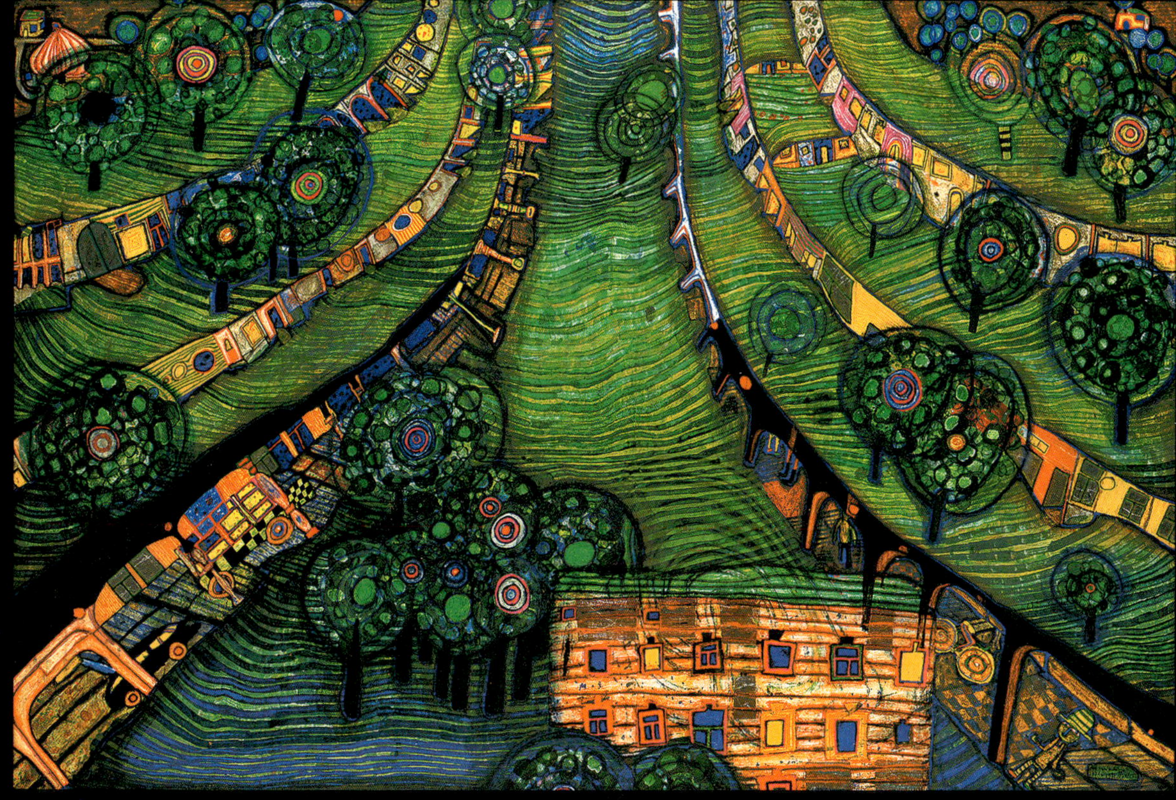

781

Grüne Stadt
Green Town
Venedig | Venice, 1978

Ich tue nichts anderes, als schöne Wege zeigen. … Ich bin ein beschaulicher Mensch. Ich predige ungern, liege lieber unter einem Baum und überdenke alles und werde langsam selbst zu Humus.

Aus: Friedensreich Hundertwasser, „Die Welt hat sich nicht gebessert", Rede anlässlich der Verleihung des Großen Österreichischen Staatspreises für Bildende Kunst, Wien 1980

All I do is show beautiful paths. … I am a contemplative person. I don't like to preach; I prefer to lie under a tree, think everything over and gradually turn into humus myself.

From: Friedensreich Hundertwasser, "Die Welt hat sich nicht gebessert", speech held at the award ceremony for the Grand Austrian State Prize for Visual Arts in Vienna in 1980

FRIEDENSREICH HUNDERTWASSER

FRIEDENSREICH HUNDERTWASSER

Ausgewählte Stationen aus der Biografie

Selected Milestones from the Biography

1928 Am 15. Dezember in Wien geboren als Friedrich Stowasser.

1928 Born December 15 in Vienna as Friedrich Stowasser.

1938 Nach dem Anschluss Österreichs an das nationalsozialistische Deutschland Zwangsübersiedlung in die Obere Donaustraße zu Tante und Großmutter.

1938 Following Austria's annexation into Nazi-Germany, forced removal to his aunt's and grandmother's home on Obere Donaustraße.

1943 Erste bewusste Buntstiftzeichnungen nach der Natur. 69 jüdische Familienangehörige mütterlicherseits werden deportiert und getötet.

1943 First deliberate crayon drawings from nature.
During this year, about 69 of his Jewish relations–on his mother's side–are deported and killed.

1948 Matura (Reifezeugnis). Verlässt die Akademie der bildenden Künste in Wien nach drei Monaten. Eine Walter Kampmann-Ausstellung in der Albertina und Schiele-Ausstellungen hinterlassen nachhaltigen Eindruck.

1948 School graduation. Leaves the Academy of Fine Arts, Vienna, after three months. Lastingly influenced by a Walter Kampmann exhibition at the Albertina and by Schiele exhibitions.

1949 Beginnt ausgedehnte Reisen: Norditalien, Toskana, Rom, Neapel, Sizilien. In Florenz trifft er René Brô und folgt ihm nach Paris. Entwickelt eigenen Stil. Nimmt den Namen Hundertwasser an.

1949 Start of extensive traveling: Northern Italy, Tuscany, Rome, Naples, Sicily. In Florence he meets René Brô and follows him to Paris. Develops his own style and adopts the name Hundertwasser.

1951 Verbringt Winter und Frühjahr in Marokko und Tunesien. Wird Mitglied des Art Club Wien.

1951 Spends the winter and spring in Morocco and Tunisia. Becomes a member of the Art Club, Vienna.

1952 Erste Ausstellung im Art Club Wien.

1952 First exhibition at Art Club of Vienna.

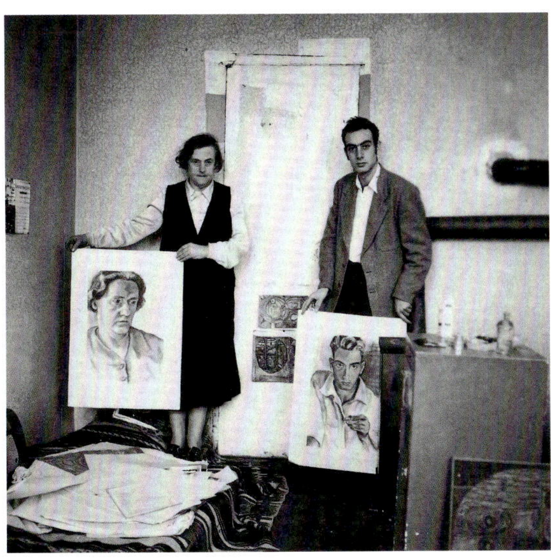

Hundertwasser mit seiner Mutter in der Wohnung
in der Oberen Donaustraße in Wien
Hundertwasser with his mother in the apartment
on Obere Donaustrasse in Vienna
Wien | Vienna, circa 1954/1955

1953 Malt die erste Spirale.
Zweiter Aufenthalt in Paris.

1954 Erste Ausstellung in Paris bei
Paul Facchetti.
Entwickelt die Theorie des ‚Trans-
automatismus' und beginnt seine
Bilder zu nummerieren.

1957 Veröffentlicht die *Grammatik
des Sehens* in Paris. Ausstellung
in der Galerie St. Stephan, Wien.

1958 Verliest das *Verschimmelungsmanifest gegen den Rationalismus
in der Architektur* anlässlich eines
Kongresses im Kloster Seckau.

1953 Paints his first spiral. Second stay
in Paris.

1954 First exhibition in Paris at Studio
Paul Facchetti.
Develops the theory of "transauto-
matism" and begins to number
his works.

1957 Publishes the *Grammar of Seeing*
in Paris. Exhibition at Galerie
St. Stephan in Vienna.

1958 Reads his *Mouldiness Manifesto
against Rationalism in Architecture* at
a symposium in Seckau monastery.

1959 Receives the Sanbra Prize
at the 5th São Paulo Biennale.
Together with Ernst Fuchs and
Arnulf Rainer, founds the "Pintorarium," a universal academy
of all creative fields.
As guest lecturer at the Academy
of Fine Art in Hamburg, he draws
the *Endless Line* with Bazon Brock
and Herbert Schuldt.

1960 *Nettle campaign* in Paris in conjunction with Alain Jouffroy's
"Antiprocès"–"how one can live
independently."

1961 Visits Japan. Receives the Mainichi
Prize at the 6th International
Art Exhibition, Tokyo. Successful
exhibition at Tokyo Gallery.

1962 Paints on the Giudecca, Venice.
Very successful retrospective at
the Venice Biennale.

1959 Erhält Sanbra-Preis bei der
V. Biennale São Paulo.
Im September Gründung des
‚Pintorariums' – einer universellen
Akademie aller kreativen Richtungen –
mit Ernst Fuchs und Arnulf Rainer.
Als Gastdozent an der Hochschule
für bildende Künste in Hamburg
zieht er die *Endlose Linie* mit Bazon
Brock und Herbert Schuldt.

1960 Im Januar *Brennessel-Aktion* in
Paris im Zusammenhang mit
Alain Jouffroys „Anti-Procès" –
„… wie man unabhängig leben kann".

1961 Besucht Japan. Erhält den Mainichi-
Preis bei der 6. Internationalen
Kunst Ausstellung, Tokyo.
Großer Erfolg bei einer Ausstellung
in der Tokyo Gallery.

1962 Malt in einem Studio auf der
Giudecca, Venedig.
Großer Erfolg einer Retrospektive
bei der Biennale in Venedig.

1964 Große Retrospektive in der Kestner-
Gesellschaft, Hannover, organisiert
von Wieland Schmied mit Oeuvre
Katalog. Als Museumswander-
ausstellung gezeigt in Bern, Hagen,
Amsterdam, Stockholm, Wien.

1966 Ferry Radax dreht den ersten Doku-
mentarfilm über Hundertwasser.

1967 Bereist Uganda und den Sudan.
*Nacktrede für das Anrecht auf
die Dritte Haut* in München.

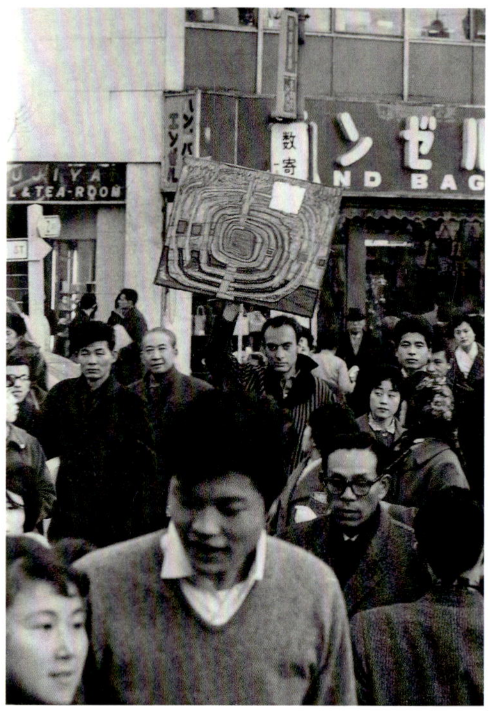

Hundertwasser in Tokyo mit
dem Bild *Die erste Japan-Spirale*
Hundertwasser in Tokyo with his
painting *First Spiral Painted in Japan*
Tokyo | Tokyo, 1961

1964 Large retrospective at the Kestner-
Gesellschaft, Hanover, organised
by Wieland Schmied. The exhibition
also travels to Amsterdam, Bern,
Hagen, Stockholm, Vienna.
The Kestner-Gesellschaft publishes
the first oeuvre catalogue.

1966 Ferry Radax films the first documentary on Hundertwasser.

1967 Visits Uganda and Sudan.
*Speech in the Nude for the Right to
a Third Skin* at Galerie Hartmann,
Munich.

1968 Zweite Nacktrede und Verlesung
des Architektur-Boykott-Manifests
Los von Loos in Wien.
Segelt mit dem alten Holzschiff
‚San Giuseppe' T von Sizilien
nach Venedig.

1968–1972 Umbau dieses Schiffes
zur ‚Regentag' in der Lagune
von Venedig.

1969–1971 Grafik (686) *Good Morning
City* und (686) *Good Morning
City – Bleeding Town* in 80 Farb-
variationen.

1970–1972 Zusammenarbeit mit
Peter Schamoni für den Film
Hundertwassers Regentag.
Arbeit an der Grafikmappe
Regentag.

1972 Freundschaft mit Joram Harel.
Demonstriert in der TV Sendung
„Wünsch dir was" für Dach-
bewaldung und individuelle
Fassadengestaltung.

1973 Erstes Portfolio mit japanischen
Holzschnitten: *Nana Hyaku Mizu.*
Hundertwasser ist der erste
europäische Maler, dessen Werke
von japanischen Meistern geschnitzt
werden.
Wanderausstellung in Neuseeland,
fortgesetzt 1974 in Australien.
Teilnahme an der Triennale di
Milano, wo circa 15 *Baummieter*
durch Fenster in der Via Manzoni
gepflanzt werden. Veröffentlicht
das Manifest *Inquilino Albero.*

1968 Second Speech in the Nude and
reading of his architecture-boycott
manifesto *Los von Loos (Loose from
Loos)* in Vienna.
Sails from Sicily to Venice in the
San Giuseppe T, an old wooden salt
hauler.

1968–1972 Reconstruction of the ship into
the *Regentag* in the dockyards
in the Venice lagoon.

1969–1971 Creates graphic work
(686) *Good Morning City* and (686)
*Good Morning City – Bleeding
Town* – in 80 colour variations.

1970–1972 Collaboration with
Peter Schamoni on the film
Hundertwasser's Rainy Day.
Works on the *Regentag* graphic
portfolio.

1972 Friendship with Joram Harel.
On the TV show "Wünsch dir was"
(Make a Wish), demonstrates roof
forestation and individual façade
design.

1973 First portfolio with Japanese woodcuts: *Nana Hyaku Mizu.* Hundertwasser is the first European painter
to have his works cut by Japanese
masters.
Museum traveling exhibition in
New Zealand, continued in Australia.
Takes part in the Milan Triennial,
where 15 *Tree Tenants* are planted
in windows in the Via Manzoni.
Publishes manifesto *Inquilino Albero.*

1974 Ausstellung *Stowasser 1943 – Hundertwasser 1974* in der Grafischen Sammlung Albertina, Wien, erster Katalog zum Jugendwerk *Friedrich Stowasser 1943–1949.*
Malt *Conservation Week Poster* für Neuseeland.

1975 Beginn der Welt-Wander-Museumsausstellung im Musée d'Art Moderne de la Ville de Paris, die bis 1983 in 27 Ländern und 43 Museen gezeigt wird. Hundertwasser gestaltet den Katalog.
Die Albertina-Ausstellung des gesamten grafischen Werkes beginnt ihre Reise um die Welt und wird bis 1992 in 15 Ländern und über 80 Museen und Galerien gezeigt. Überquert mit der ‚Regentag' den Atlantik und segelt über die Karibik und den Panama-Kanal in den Pazifik.

1976 Segelt mit der ‚Regentag' von Tahiti über Rorotonga nach Neuseeland.

1978 Entwirft in Venedig die *Friedensfahne für das Heilige Land* mit grünem arabischem Halbmond und blauem Davidstern auf weißem Untergrund. Veröffentlicht sein *Friedensmanifest.*

1979 Verlesung des Manifests *Die Scheißkultur – die heilige Scheiße* in Pfäffikon am Zürcher See. Beginn der Wanderausstellung *Hundertwasser Is Painting* mit 40 neuen Werken bei Aberbach Fine Art, New York, fortgesetzt in Tokyo, Hamburg, Oslo und Wien.

1974 The exhibition *Stowasser 1943— Hundertwasser 1974* is shown at the Albertina State Collection of Graphic Art in Vienna, accompanying catalogue *Friedrich Stowasser 1943—1949* features his entire juvenile oeuvre.
Paints the *Conservation Week* poster for New Zealand.

1975 Beginning of the world traveling museum exhibition at the Musée d'Art Moderne de la Ville de Paris, continues until 1983 in 27 countries and 40 museums. Hundertwasser designs the catalogue.
The Albertina exhibition of his entire graphic oeuvre begins a tour. It continues until 1992 in 15 countries and more than 80 museums and galleries. Sails the *Regentag* across the Atlantic to the Caribbean and through the Panama Canal to the Pacific.

1976 Sails on board the *Regentag* from Tahiti via Rorotonga to New Zealand.

1978 Designs the *Peace Flag for the Holy Land,* with a green Arab crescent moon and blue Star of David against a white background, and publishes his *Peace Manifesto.*

1979 Reads manifesto on recycling *Shit Culture–Holy Shit* at Pfäffikon on Lake Zurich. The traveling exhibition *Hundertwasser Is Painting,* with 40 works, starts at Aberbach Fine Art, New York, continued to Tokyo, Hamburg, Oslo and Vienna.

1980 *Hundertwasser Day* in Washington, D.C. am 18. November, proklamiert von Bürgermeister Marion Barry Jr. Pflanzung der ersten 12 von 100 Bäumen auf dem Judiciary Square, Washington, D.C.

1981 Verleihung des Großen Österreichischen Staatspreises 1980 und Rede gegen die Kernkraft und über *Die falsche Kunst.* Berufung zum Leiter der Meisterschule für Malerei an die Akademie der bildenden Künste Wien. Verfasst *Richtlinien für die Meisterschule Hundertwasser.*

1982 *Hundertwasser Woche* in San Francisco vom 5. bis 12. Dezember, proklamiert durch Dianne Feinstein, Bürgermeisterin der Stadt San Francisco, anlässlich der Übergabe der zwei Plakate *Save the Whales* und *Save the Seas* an Greenpeace und die Jacques Cousteau Gesellschaft.

1983 Entwirft eine Fahne für Neuseeland, das *Koru – Entrollender Farn.*

1984 Nimmt aktiv an den Aktionen zur Rettung der Hainburger Au teil. Gestaltet das Plakat *Hainburg – Die freie Natur ist unsere Freiheit.*

1985 Beginn der Zusammenarbeit mit Architekt Peter Pelikan. Arbeitet das ganze Jahr auf der Baustelle des Hundertwasser-Hauses in Wien.

1980 "Hundertwasser Day" in Washington, D.C. on November 18, proclaimed by Mayor Marion Barry, Jr. The first 12 of 100 trees are planted in Judiciary Square, Washington, D.C.

1981 On May 14, receives the 1980 Grand Austrian State Prize for the Arts; reception speech, *The False Art,* against nuclear energy and the negativistic avant-garde in modern art. Appointed head of a masterschool for painting at the Academy of Fine Arts, Vienna. Writes *Guidelines for the Hundertwasser Master School.*

1982 "Hundertwasser Week" in San Francisco from December 5 to 12, proclaimed by Dianne Feinstein, mayor of San Francisco, to mark the presentation of the two posters *Save the Whales* and *Save the Seas* to Greenpeace and the Jacques Cousteau Society.

1983 Designs a flag for New Zealand, the Koru, an unfurled fern.

1984 Takes an active part in campaigns to save the Hainburg wetlands. Camps there for a week. Designs the poster *Hainburg – Die freie Natur ist unsere Freiheit (Free Nature is Our Freedom).*

1985 Starts cooperation with architect Peter Pelikan. Works all year on the building site of the *Hundertwasser House,* Vienna.

1988 Tätig an der Internationalen Sommer-Akademie in Salzburg, leitet eine Klasse für natur- und menschengerechtere Architektur.

1989 Museums-Wanderausstellung in Japan, Tokyo Metropolitan Teien Art Museum, Iwaki City Art Museum, Fukushima, Ohara Museum of Art, Okayama.

1990 Vorträge in Wellington, Christchurch, Dunedin, Auckland und Blenheim im Rahmen des ‚Living Treasure Program‘, begleitet von einer 30-Minuten TV Film Produktion.

1992 Museums-Ausstellung in Tokyo: *Hundertwasser – His Art, his Ecology, his Architecture.* Von Tokyo Broadcasting System wird eine TV-Dokumentation über Hundertwassers Architektur und sein ökologisches Engagement ausgestrahlt. Gastvortrag am Takasaki Arts Center College, Japan.

1993 Arbeitet am Projekt einer *Hundertwasser-Bibel.* Gestaltung des Einbandes des Lateinlexikons *Stowasser.*

1997 Verleihung des großen Ehrenzeichens für Verdienste um die Republik Österreich (postum zugestellt im März 2000).

1988 Active at the International Summer Academy in Salzburg, conducts a master class on *Humane Architecture in Harmony with Nature.*

1989 Museum travel exhibition in Japan, Tokyo Metropolitan Teien Art Museum, Iwaki City Art Museum, Fukushima, Ohara Museum of Art, Okayama.

1990 Lectures in Wellington, Christchurch, Dunedin, Auckland and Blenheim for the "Living Treasure Programme", accompanied by a 30-minute TV film production.

1992 Museum exhibition in Tokyo: *Hundertwasser–His Art, His Ecology, His Architecture.* The Tokyo Broadcasting System broadcasts a TV documentary on Hundertwasser's architecture and his ecological commitment. Guest lecture at Takasaki Arts Center College, Japan.

1993 Works on the *Hundertwasser Bible* project. Designs the cover of the *Stowasser Latin Dictionary.*

1997 Awarded the "Grand Decoration of Honour for Services to the Republic of Austria" (posthumously conferred in March 2000).

1998 Museums-Retrospektive im Institut
Mathildenhöhe, Darmstadt.
Museums-Wanderausstellung in Japan
im Isetan Museum of Art, Tokyo,
Museum „EKi", Kyoto, Sakura City
Museum of Art, Chiba.
Plakat *Among Trees You Are At
Home* zur Unterstützung der Be-
waldung der Wüste Negev in Israel.
Arbeitet am Siebdruck-Portfolio
La Giudecca Colorata.

1999 Entwirft das Layout für seinen
Catalogue Raisonné, bestimmt die
Größen der Reproduktionen seiner
Werke und entwirft die Coverge-
staltung des zweibändigen Katalogs.
Seit 1998 verfasst er Kommentare
zu vielen seiner Werke für den
Catalogue Raisonné.
Verfasst ein Manifest gegen
Gen-Manipulation: *Creation holds
© Copyright.*
Museums-Wanderausstellung in Japan,
*Hundertwasser Architecture – For a
More Human Architecture in Har-
mony With Nature,* Takamatsu City
Museum of Art, Nagoya City Art
Museum, Hyogo Prefectural Museum
of Modern Art, Kobe, The Museum of
Modern Art, Saitama.

2000 Hundertwasser stirbt an Herzver-
sagen am Samstag, den 19. Februar,
im Pazifischen Ozean an Bord
der Queen Elizabeth 2. Er wird
auf seinem Land in Neuseeland,
im *Garten der glücklichen Toten,*
in Harmonie mit der Natur unter
einem Tulpenbaum begraben.

1998 Retrospective museum exhi-
bition at Mathildenhöhe, Darmstadt,
Germany.
Museum traveling exhibition in
Japan at the Isetan Museum of Art,
Tokyo, Museum "EKi", Kyoto,
Sakura City Museum of Art, Chiba.
Creates and donates an original
poster *Among Trees You Are
at Home* to support an ecological
project for afforestation of the
desert in Israel.
Works on the silkscreen portfolio
La Giudecca Colorata.

1999 Designs the layout and book covers
for his catalogue raisonné and
writes commentaries on many of
his paintings.
Writes manifesto against genetic
manipulation: *Creation holds
© Copyright.*
Museum traveling exhibition in
Japan, *Hundertwasser Architecture–
For a More Human Architecture in
Harmony With Nature,* Takamatsu
City Museum of Art, Nagoya City
Art Museum, Hyogo Prefectural
Museum of Modern Art, Kobe, The
Museum of Modern Art, Saitama.

2000 Dies of heart failure on Saturday,
February 19, in the Pacific,
on board the *Queen Elizabeth 2.*
In accordance with his wishes, he
is buried in harmony with nature
on his land in New Zealand, in the
Garden of the Happy Dead, under
a tulip tree.

Verzeichnis abgebildeter Werke Hundertwassers
List of Works by Hundertwasser Depicted

JW 55 / (6) **Donaukanal mit Über-
fuhr, Rossauer Kaserne
und Stephansturm
Danube Canal with Ferry,
Rossau Barracks and
Tower of St. Stephan's**
Aquarell | Watercolor
Wien | Vienna, 1944
30 x 41 cm
Die Hundertwasser Gemein-
nützige Privatstiftung, Wien |
The Hundertwasser Non-
Profit Foundation, Vienna
(Seite | page 22)

JW 135 / (28) **Selbstportrait
Self-Portrait**
Pastellstift auf
Zeichenpapier | Pastel
crayon on drawing paper
Wien | Vienna, 1948
62 x 43 cm
(Seite | page 24)

JW 136 / (29) **Portrait meiner Mutter
Portrait of My Mother**
Pastellstift auf Zeichen-
papier | Pastel crayon
on drawing paper
Wien | Vienna, 1948
62 x 43 cm
Hundertwasser Stiftung |
Hundertwasser Foundation
(Seite | page 24)

JW 211 / (50) **Überfuhr über
den Donaukanal
Ferry Across
the Danube Canal**
Federzeichnung |
Pen drawing
Wien | Vienna, 1949
26 x 33 cm
Hundertwasser Stiftung |
Hundertwasser Foundation
(Seite | page 22)

JW 269 / (73) **Fischerboote im Regen
Fishing Boats in the Rain**
Aquarell | Watercolor
Palermo | Palermo, 1949
25 x 33 cm
(Seite | page 26)

JW 271 **Frau mit Seelenbäumen
Woman with Soul-Trees**
Aquarell | Watercolor
Paris | Paris, 1949
39 x 24 cm
Hundertwasser Stiftung |
Hundertwasser Foundation
(Seite | page 111)

JW 275 / (77) **Die Sonnenblumen
und die Stadt
Sunflowers and the City**
Aquarell | Watercolor
Saint-Mandé | Saint-Mandé,
1949
70 x 50 cm
(Seite | page 12)

(83) **Mädchen vor hohen Häusern mit
Sonne – Vorstadtmädchen
Girl in Front of High-Rises with
Sun—Suburban Girl**
Aquarell | Watercolor
Saint-Mandé | Saint-Mandé, 1950
79 x 54 cm
(Seite | page 56)

(85) **Die Bahn nach Sceaux
Railway to Sceaux**
Aquarell | Watercolor
Saint-Mandé | Saint-Mandé, 1950
50 x 65 cm
(Seite | page 60)

(86) **Singende Dampfer I
Singing Steamers I**
Aquarell | Watercolor
Saint-Mandé | Saint-Mandé, 1950
52 x 74 cm
(Seite | page 35)

(96) René Brô und | and Hundertwasser
**Paradies – Land der Menschen,
Vögel und Schiffe
Paradise—Land of Men, of Trees,
Birds and Ships**
Wandgemälde in Leimfarbe | Mural
in distemper
Saint-Mandé | Saint-Mandé, 1950
275 x 500 cm
(Seite | page 68)

(97) René Brô und | and Hundertwasser
**Der wunderbare Fischfang
The Miraculous Draught**
Mischtechnik | Mixed media
Saint-Mandé | Saint-Mandé, 1950
275 x 500 cm
(Seite | page 68)

(101) **Singende Dampfer II
Singing Steamers II**
Aquarell | Watercolor
Rettenegg | Rettenegg, 1950
59 x 68 cm
(Seite | page 63)

(117) **Gelbe Schiffe – Das Meer von
Tunis und Taormina
Yellow Ships—Sea of Tunis and
Taormina**
Aquarell | Watercolor
Taormina | Taormina, 1951/1962
99 x 64 cm
(Seite | page 42)

(122) **Venedig Ponte Rialto
Venice, Rialto Bridge**
Aquarell | Watercolor
Hofgastein | Hofgastein, 1951
49 x 64 cm
(Seite | page 96)

124 **Singender Vogel auf einem Baum in der Stadt**
Singing Bird on a Tree in the City
Aquarell | Watercolor
Aflenz | Aflenz, 1951
65 x 45 cm
(Seite | page 154)

130 **Wenn ich eine Negerin hätte, würde ich sie lieben und malen**
If I Had a Negress I Would Love and Paint Her
Aquarell | Watercolor
Aflenz | Aflenz, 1951
66,5 x 66,5 cm
Hundertwasser Stiftung | Hundertwasser Foundation
(Seite | page 55)

131 **Europäer der sich seinen Schnurbart hält**
European Twirling His Moustache
Aquarell | Watercolor
Bürgeralm, Aflenz | Bürgeralm, Aflenz, 1951
128 x 46 cm
(Seite | page 36)

133 **Pissender Knabe mit Wolkenkratzer**
Pissing Boy with Sky-Scraper
Tapisserie | Tapestry
Wien | Vienna, 1952
280 x 140 cm
(Seite | page 55)

134 **Neunundneunzig Köpfe – Beiordnung von 99 Köpfen**
Ninety-Nine Heads
Öl auf Preßholzplatte | Oil on wood fibreboard
Wien | Vienna, 1952
80 x 275 cm
(Seite | page 39)

145 **Die Werte der Straße**
Values of the Street
Collage | Collage
Wien | Vienna, 1952
59 x 81 cm
Museum Moderner Kunst Stiftung Ludwig, Wien | Vienna
(Seite | page 39)

167 **Die Stadt**
The City
Mischtechnik | Mixed media
Saint-Maurice | Saint-Maurice, 1953
74 x 176 cm
Belvedere, Wien | Vienna
(Seite | page 61)

169 **Das Blut das im Kreis fließt und ich habe ein Fahrrad**
Blood Flowing in a Circle and I Have a Bicycle
Öl auf Holzfaserplatte | Oil on woodfibre board
Saint-Mandé | Saint-Mandé, 1953
51 x 54,5 cm
(Seite | page 64)

170 **Der Garten der glücklichen Toten**
The Garden of the Happy Dead
Öl auf Pressfaserplatte | Oil on woodfibre board
Saint-Maurice | Saint-Maurice, 1953
47 x 58,5 cm
Sammlung Christian Baha | Collection Christian Baha
(Seite | page 21)

173 **Kathedrale II**
Cathedral II
Öl auf Pressholzplatte | Oil on wood fibre board
Saint-Maurice | Saint-Maurice, 1953
117 x 55 cm
(Seite | page 66)

179 **Autobus-Fenster**
Bus Windows
Mischtechnik | Mixed media
Saint-Mandé | Saint-Mandé, 1954
59 x 102 cm
(Seite | page 60)

181 **La Pioggia – Stadt unter dem Regen**
Town under the Rain
Aquarell | Watercolor
Venedig | Venice, 1954
36 x 55 cm
ALBERTINA, Wien | Vienna – Dauerleihgabe der / permanent loan of the Artothek des Bundes
(Seite | page 188)

198 **Freie und eingesperrte Blumen in der Stadt**
Free and Imprisoned Flowers in the City
Aquarell | Watercolor
Rom | Rome, 1954
27 x 36 cm
(Seite | page 168)

224 **Der große Weg**
The Big Way
Mischtechnik | Mixed media
Saint-Mandé | Saint-Mandé, 1955
162 x 160 cm
Belvedere, Wien | Vienna
(Seite | page 103)

227 **Ein Regentropfen, der in die Stadt fällt**
A Raindrop Which Falls into the City
Aquarell | Watercolor
Paris | Paris, 1955
42 x 41 cm
(Seite | page 176)

243 **Der letzte Regentropfen, der vorüberzieht**
The Last Raindrop to Pass By
Aquarell | Watercolor
Saint-Maurice | Saint-Maurice, 1955
66 x 55 cm
Akademie der bildenden Künste, Wien | Vienna, Kupferstichkabinett | Collection of Prints and Drawings
(Seite | page 120)

246 **Schwarzer Stern**
Black Star
Aquarell | Watercolor
Wien | Vienna, 1958
34 x 50 cm
(Seite | page 127)

254 **Die kleine Rasenruhe**
The Short Rest of the Lawn
Mischtechnik | Mixed media
Saint-Maurice | Saint-Maurice, 1956
63 x 90 cm
Sammlung Otto Breicha | Collection Otto Breicha
(Seite | page 6)

266 **Der Mensch in seinem Grün**
Man in His Greenery
Aquarell | Watercolor
St. Jakob | St. Jakob, 1956
35 x 27 cm
Wien Museum
(Seite | page 73)

279 **Vegetalrakete der Alten Meister**
Tree Rocket of the Ancient Masters
Mischtechnik | Mixed media
Paris | Paris, 1956
51 x 30 cm
Museum Moderner Kunst Stiftung Ludwig, Wien
(Seite | page 164)

313 **Sonne für die, die auf dem Lande weinen**
Sun for Those Who Weep in the Countryside
Mischtechnik | Mixed media
Paris | Paris, 1959
97 x 146 cm
(Seite | page 70)

335 **Die Nacht des Grases**
The Night of the Grass
Mischtechnik | Mixed media
Wien | Vienna, 1961
48 x 65 cm
(Seite | page 82)

336 **Peinture sur ancien Rainer II**
Painting on an Old Rainer II
Mischtechnik | Mixed media
St. Mandé | St. Mandé, 1958
51 x 65 cm
(Seite | page 115)

356 **Gefängnisgarten des Traums**
Prison Garden of Dream
Mischtechnik | Mixed media
Altaussee | Altaussee, 1958
45 x 63 cm
Hundertwasser Stiftung | Hundertwasser Foundation
(Seite | page 88)

365 **Gras der Erde Regen des Himmels**
Grass of Earth Rain of Heaven
Mischtechnik | Mixed media
La Picaudière | La Picaudière, 1958
54 x 65 cm
(Seite | page 132)

HWG 1/ (132) **Hundertwasser
Art Club – Rotaprint
Portfolio
Hundertwasser
Art Club—Rotaprint
Portfolio**
Rotationsdruck | Rotaprint
Wien | Vienna, 1951
29,5 x 21 cm
(Seite | page 41)

HWG 3/ (132) /II **Hochhaus mit Bäumen
Skyscraper with Trees**
Rotationsdruck | Rotaprint
Wien | Vienna, 1951
29,5 x 21 cm
(Seite | page 44)

HWG 9/ (132) /VIII **Singende Dampfer
Singing Steamers**
Rotationsdruck | Rotaprint
Wien | Vienna, 1951
21 x 29,5 cm
(Seite | page 44)

HWG 40/ (683) **La Barca – Regentag
Slow Travel under
the Sun**
Siebdruck | Silkscreen
Venedig | Venice, 1969
76 x 56 cm
(Seite | page 153)

HWG 56/ (715) **Hommage à
Schröder-Sonnenstern
Homage To
Schröder-Sonnenstern**
Siebdruck | Silkscreen
Lengmoos | Lengmoos,
1972
100 x 70 cm
(Seite | page 150)

APA 109/ (691D) **Originalposter
Plant Trees –
Avert Nuclear Peril
Original Poster
Plant Trees—
Avert Nuclear Peril**
1980
59,4 x 85 cm
(Seite | page 196)

APA 122/ (712) **Originalposter
*Hundertwassers
Regentag*
Original Poster
*Hundertwasser's
Rainy Day***
Siebdruck | Silkscreen
print
München und Lengmoos |
Munich and Lengmoos,
1972
98 x 68 cm
(Seite | page 134)

APA 127/ (726A) **Originalposter
Conservation Week
Original Poster
*Conservation Week***
1974
84 x 59,5 cm
(Seite | page 196)

APA 175/ (808B) **Originalposter
Hainburg –
*Die freie Natur ist
unsere Freiheit*
Original Poster
Hainburg—
*Free Nature
Is Our Freedom***
Wien | Vienna, 1984
84,5 x 59 cm
(Seite | page 192)

APA 382 **Piktogramm *Die fünf
Häute des Menschen*
Pictogram
*Men's Five Skins***
Tusche auf Papier |
Indian ink on paper
1997
29,6 x 21 cm
(Seite | page 198)

ARCH 20/II **Hochhaus
High-Rise Building**
Aquarell auf Fotografie |
Watercolor on photograph
München | Munich,
1971/72
40 x 30 cm
Peter Schamoni, München |
Munich
(Seite | page 160)

ARCH 22/I **Baummieter
Tree Tenant**
Tinte und Aquarell |
Ink and watercolor
Wien | Vienna, 1976
30 x 21 cm
(Seite | page 158)

ARCH 27 **Baummieteraktion
Alserbachstraße, Wien
Tree-Tenant Initiative,
Alserbachstrasse, Vienna**
Wien | Vienna, 1981
(Seite | page 161)

ARCH 68/II **KunstHausWien – Straßen-
ansicht | Fassadenentwurf
KunstHausWien—view from
the street | Sketch for
the façade**
Aquarell | Watercolor
Wien | Vienna, 1988
29,7 x 42 cm
(Seite | page 178)

ARCH 68/III **KunstHausWien –
Straßenansicht
Fassadenentwurf auf einem
Plan von Architekt
Peter Pelikan
KunstHausWien—view from
the street
Proposed design for
the façade on a plan by
the architect Peter Pelikan**
Bleistift und Aquarell auf einer
Planzeichnung von Peter Pelikan |
Pencil and watercolor on a plan
drawing by Peter Pelikan
Wien | Vienna, 1988
43,7 x 57,6 cm
(Seite | page 178)

**Meine Augen sind müde
My Eyes Are Tired**
Plakat der Ausstellung
in der Galerie St. Stephan |
Poster for the exhibition at
Galerie St. Stephan
Wien | Vienna, 1957
31,5 x 89 cm
(Seite | page 50)

Andreas Hirsch

Blicke auf Hundertwasser

Editorische Nachbemerkung

Ein Buch wie dieses ist seinem Wesen nach eine subjektive Auswahl von Themen, Werken und Texten. Folgt man einem Vergleich des Romanciers James Salter, so hat ein Buch über das Leben einer Person viel mit einem Haus gemeinsam. „Stellt man sich das Leben für einen Moment wie ein großes Haus vor, mit Kinderzimmer, Wohn- und Esszimmer, Schlafzimmern, Bibliothek und so weiter, allesamt unvertraut und hell erleuchtet", dann würde man in den Kapiteln des Buches, so Salter in seinen Memoiren *Verbrannte Tage,* „in gewisser Weise durch die Fenster dieses Hauses blicken. Bestimmte Bewohner tauchen nur kurz auf. Gäste kommen und gehen. An manchen Fenstern wird man vielleicht länger verweilen wollen, aber ach, es geht nicht. Es ist wie bei jedem Haus, man kann nicht alles im Inneren sehen." [1]

So wird in diesem Buch nur ein Bruchteil der Fotografien, die es von Hundertwassser gibt, gezeigt und nur einige der Menschen, die für ihn wichtig waren, kommen hier zu Wort. Mancher ist nur in Form einer kleinen Erwähnung präsent, mancher fehlt vielleicht – ohne Rückschluss auf die tatsächliche Bedeutung jedes Einzelnen für Hundertwasser, über die letztlich nur er allein Bescheid wüsste.

---

1   James Salter, *Verbrannte Tage,* Berlin, 2000, S. 9–10.

Views of Hundertwasser

Editorial Postscript

A volume like the present one is, by nature, a subjective assortment of themes, works and texts. According to the simile by novelist James Salter, a book about a person's life has much in common with a house. As Salter writes in his memoirs, *Burning the Days,* "If you can think of life, for a moment, as a large house with a nursery, living and dining rooms, bedrooms, study, and so forth, all unfamiliar and bright, the chapters which follow are, in a way, like looking through the windows of this house. Certain occupants will be glimpsed only briefly. Visitors come and go. At some windows you may wish to stay longer, but alas. As with any house, all within cannot be seen." [1]

Thus only a fraction of the photographs that captured Hundertwasser is presented in this book, and only a few of the people who were important to him get a chance to speak. Some are just briefly mentioned, others may be missing completely—and no inferences are made as to how important any individual was to Hundertwasser, and this is something only he really knew.

Yet mention should be made here first and foremost, and in many ways, of Elsa Stowasser, a bank employee who, widowed early on, devoted herself entirely to her son Fritz and, until the end, took an intense interest

---

1   James Salter, *Burning the Days: Recollection* (New York: Random House, 1997), p. ix.

Doch sei an dieser Stelle – in verschiedenerlei Hinsicht und allen voran – die Bankangestellte Elsa Stowasser genannt, die sich – früh verwitwet – ganz ihrem Sohn Fritz widmete und bis zum Ende intensiv Anteil an seinem Weg nahm. Unter den Künstlerfreunden, mit denen Hundertwassers Verbindungen oftmals lebenslang währen, sei stellvertretend René Brô erwähnt, mit dem eine künstlerische Verbundenheit entstand wie mit wahrscheinlich keinem anderen Maler. Dessen Frau Micheline Brô darf als das Modell für die ‚Mandelaugen' gelten, die Teil von Hundertwassers Formenkanon wurden. Die japanische Malerin Yuko Ikewada, die von 1962 bis 1966 mit Hundertwasser verheiratet war, nimmt im Kreise der Künstler eine Sonderstellung ein.

Viele prominente Kunsthistoriker haben sich mit Hundertwasser beschäftigt, zwei von ihnen begleiteten ihn über fast ein halbes Jahrhundert und sind mit Schlüsselwerken über ihn hervorgetreten: Wieland Schmied und Pierre Restany. Hundertwassers Weg in die Ökologie und in die Architektur wäre ohne Bernd Lötsch und Peter Pelikan nicht denkbar gewesen.

Zahlreiche profilierte Fotografen haben sich mit Hundertwasser beschäftigt, ihre Liste liest sich nahezu wie ein Who's who der österreichischen Fotografie des 20. Jahrhunderts und darüber hinaus. Manche haben ihn – wie Erich Lessing oder Robert Lebeck – nur bei einzelnen, kurzen Begegnungen fotografiert, andere über Jahre hinweg immer wieder an verschiedenen Orten fotografisch begleitet, wie etwa Stefan Moses. Bei manchen steht die Inszenierung im Vordergrund, bei anderen die Intimität des Moments. In seltenen

in his journey. Paradigmatic among the artist friends with whom Hundertwasser, in many cases, remained associated for life, was René Brô, to whom his artistic ties were as close as to any artist. Brô's wife Micheline may be considered the model for the "almond eyes" that entered Hundertwasser's formal repertoire. The Japanese painter Yuko Ikewada, who was married to Hundertwasser from 1962 until 1966, takes a special place among the artists.

Many prominent art historians devoted themselves to Hundertwasser, with two of them, Wieland Schmied and Pierre Restany, accompanying him for almost half a century and making their mark with key publications about him. Hundertwasser's forays into ecology and into architecture would have been inconceivable without Bernd Lötsch and Peter Pelikan.

Numerous renowned photographers devoted themselves to Hundertwasser; their list reads almost like a who's who of twentieth century Austrian photography, and beyond. Some, like Erich Lessing and Robert Lebeck, photographed him only during specific brief encounters, while others, such as Stefan Moses, accompanied him photographically over many years and at many different locations. To some, staging is paramount, to others, the intimacy of the moment. In rare instances, an intense encounter led to a film or a book, as in the case of Peter Schamoni, Manfred Bockelmann, Erika Schmied and Gerd Ludwig.

May all of these glimpses of Hundertwasser's world, all of these thoughts on what may be seen—according to my theory—as Hundertwasser's Art of the Green Path, coalesce along

Fällen mündete eine intensive Begegnung in einen Film oder in ein Buch, wie etwa bei Peter Schamoni, Manfred Bockelmann, Erika Schmied und Gerd Ludwig.

All die Blicke in Hundertwassers Welt, all die Gedanken zu dem, was sich – so meine These – als Hundertwassers Kunst des grünen Weges lesen lässt, mögen sich zusammen mit seinen eigenen Werken und Worten zu einem aus vielen Facetten geformten Bild des Friedensreich Hundertwasser fügen, einem Bild seiner kommenden Renaissance, wie ich meine.

Wien, im Mai 2011

with his own works and words into a multi-faceted view of Friedensreich Hundertwasser, a view of what I think will be his impending renaissance.

Vienna in May, 2011

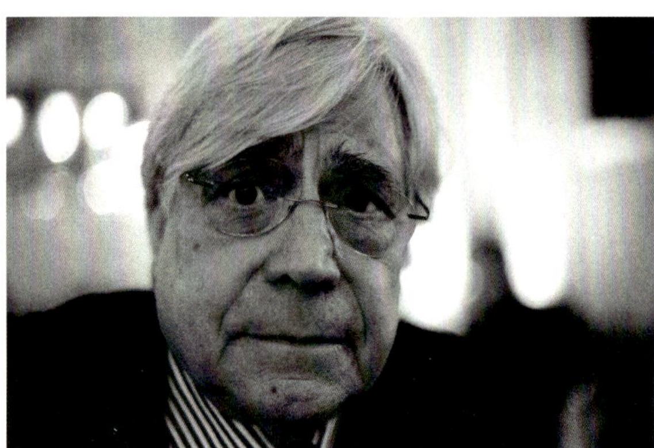

Der Kulturwissenschaftler Bazon Brock
Cultural scientist Bazon Brock
Wien | Vienna, 2011
Foto | Photo: Andreas Hirsch

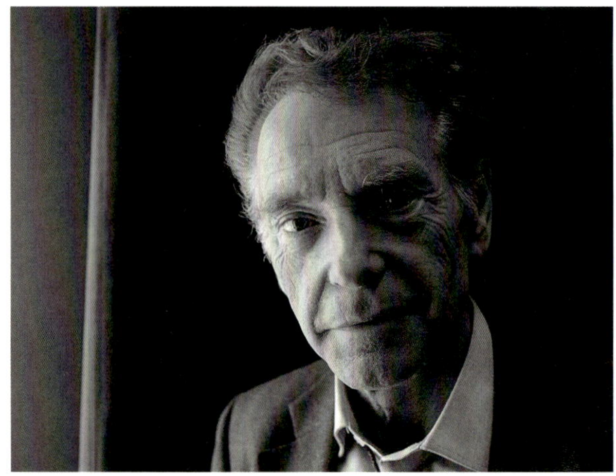

Der Ökologe Bernd Lötsch
Ecologist Bernd Lötsch
Wien | Vienna, 2011
Foto | Photo: Andreas Hirsch

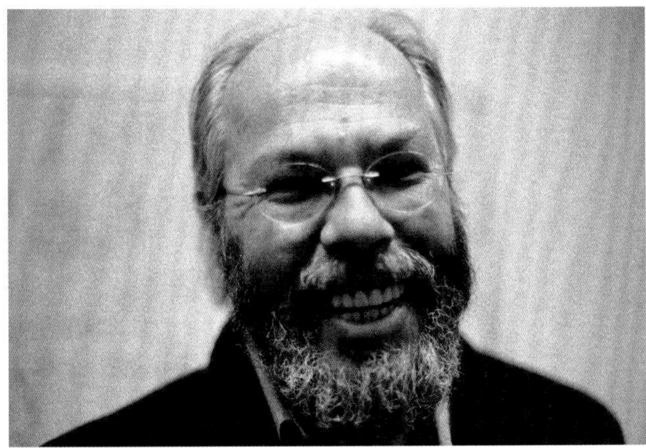

Der Klimatologe Erich Mursch-Radlgruber
Climatologist Erich Mursch-Radlgruber
Wien | Vienna, 2011
Foto | Photo: Andreas Hirsch

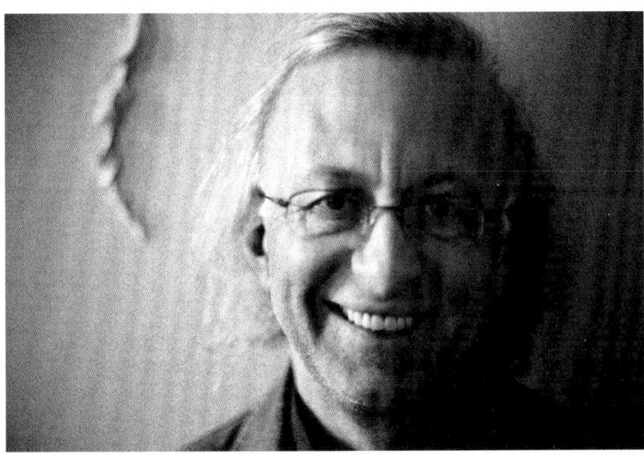

Der Begründer der strategischen
Dramaturgie Christian Mikunda
Founder of strategic dramaturgy
Christian Mikunda
Wien | Vienna, 2011
Foto | Photo: Andreas Hirsch

Der Maler Ernst Fuchs
Painter Ernst Fuchs
Wien | Vienna, 2011
Foto | Photo: Andreas Hirsch

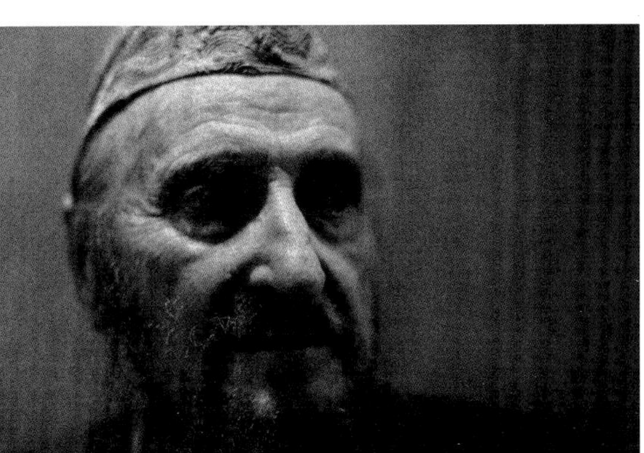

Der Fotograf Erich Lessing
Photographer Erich Lessing
Salzburg | Salzburg, 2011
Foto | Photo: Andreas Hirsch

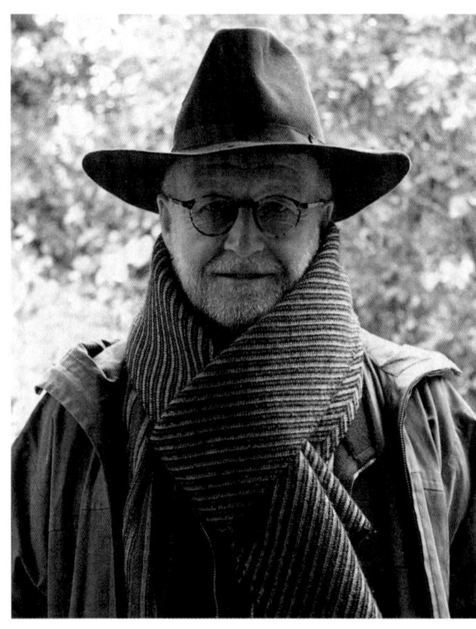

Der Fotograf Gerd Ludwig
Photographer Gerd Ludwig
Ort und Jahr unbekannt |
Place and date unknown
Foto | Photo: Douglas Kirkland

Hundertwasser und der Kunsthistoriker Walter Koschatzky
Hundertwasser and art historian Walter Koschatzky
Wien | Vienna, 1988

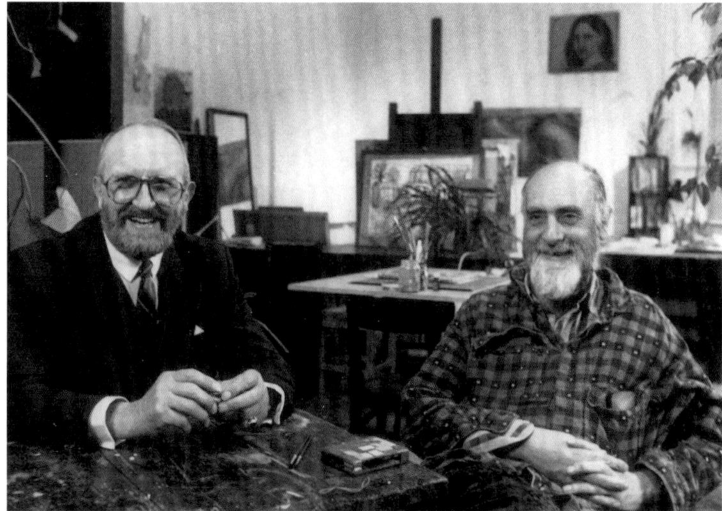

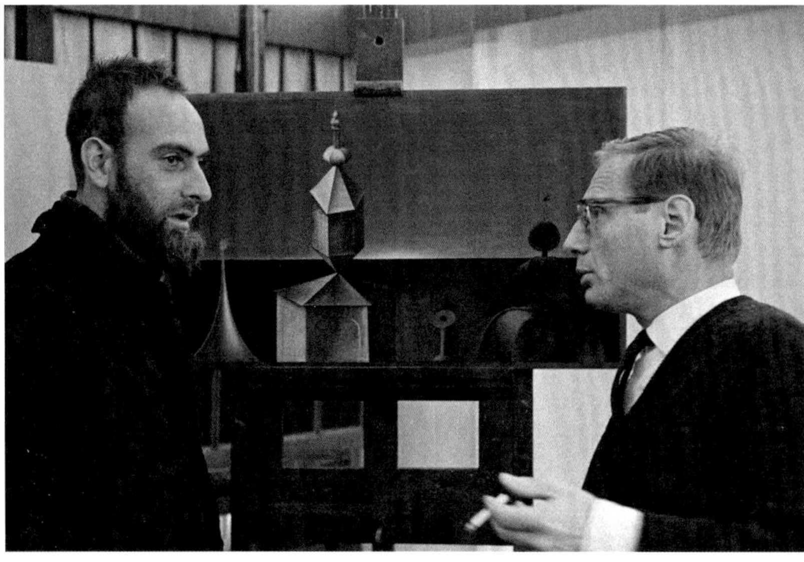

Hundertwasser und der
Künstler Rudolf Hausner
Hundertwasser and
the artist Rudolf Hausner
Wien | Vienna,
Jahr unbekannt | Date unknown
Foto | Photo: Erich Lessing

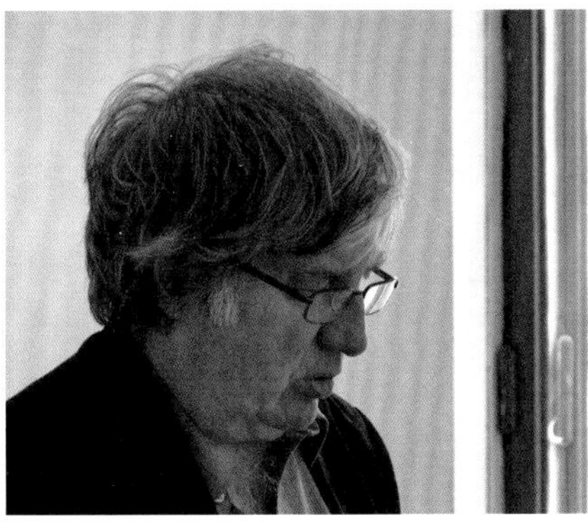

Der Fotograf Peter Dressler
Photographer Peter Dressler
Wien | Vienna, 2011
Foto | Photo: Andreas Hirsch

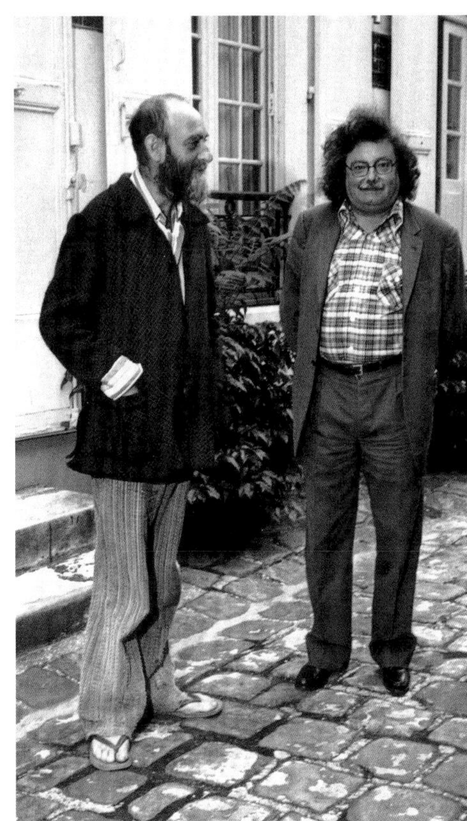

Hundertwasser
und Pierre Restany
Hundertwasser
and Pierre Restany
Ort unbekannt |
Place unknown,
circa 1974
Foto | Photo:
Augustin Dumage

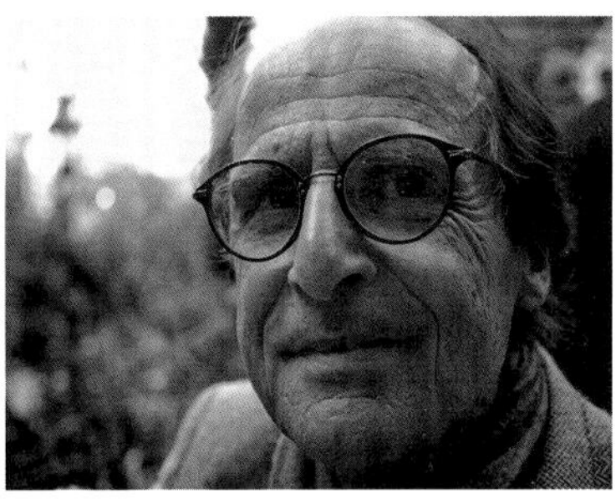

Der Künstler Manfred Bockelmann
Artist Manfred Bockelmann
Wien | Vienna, 2011
Foto | Photo: Andreas Hirsch

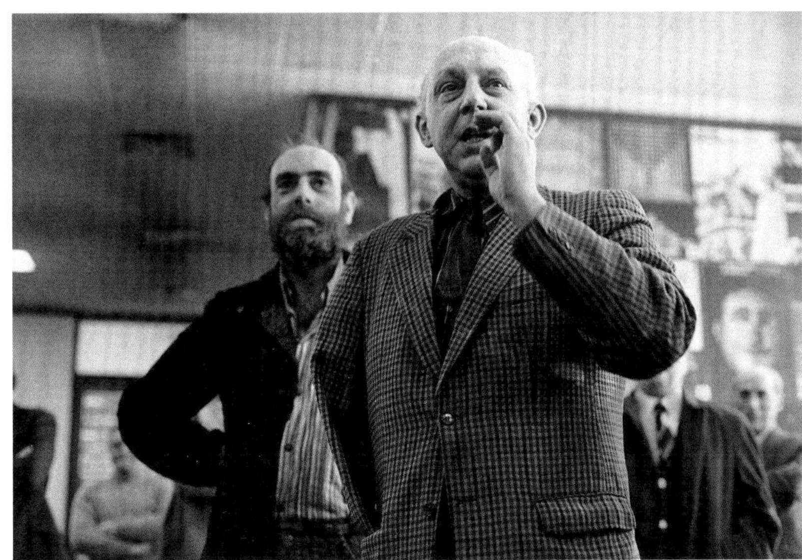

Hundertwasser und der Kunsthistoriker Alfred Schmeller im Museum
des 20. Jahrhunderts
Hundertwasser and art historian
Alfred Schmeller at the Museum
of the 20th Century
Wien | Vienna, 1972
Foto | Photo: Gabriela Brandenstein

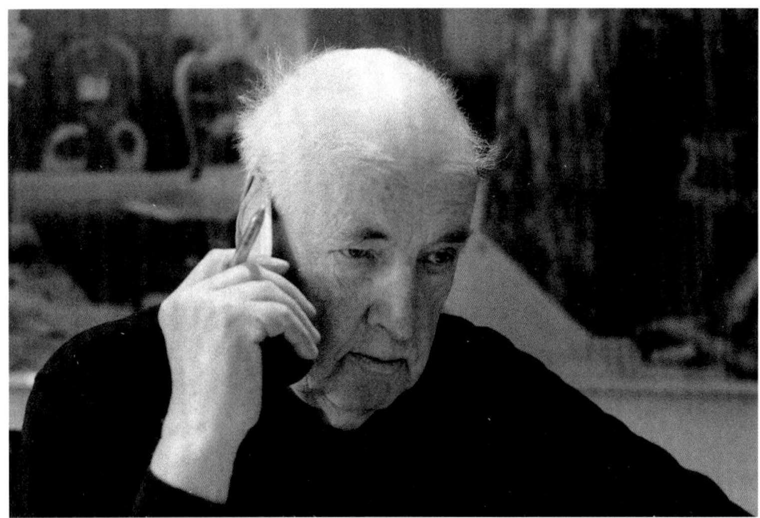

Der Filmemacher Peter Schamoni
Filmmaker Peter Schamoni
Bogenhausen | Bogenhausen, 2011
Foto | Photo: Andreas Hirsch

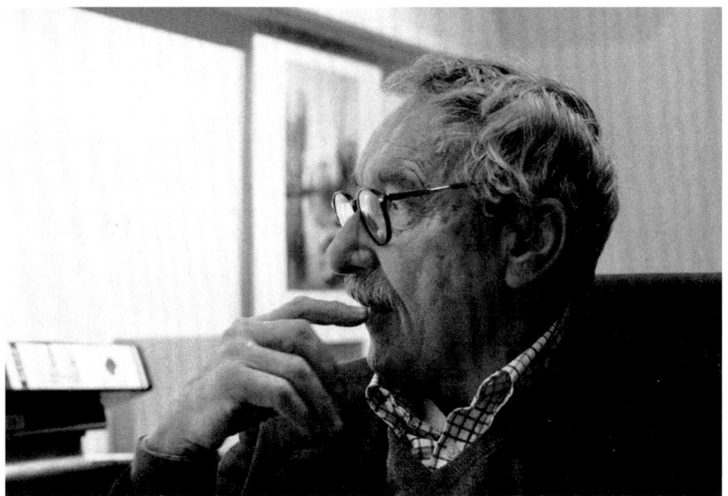

Der Fotograf Ulrich Mack
Photographer Ulrich Mack
Hamburt | Hamburg, 2011
Foto | Photo: Andreas Hirsch

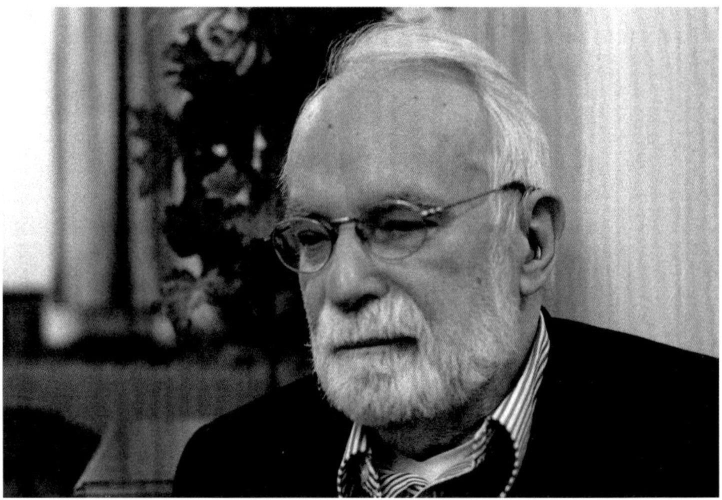

Der Kunsthistoriker
Wieland Schmied
Art historian Wieland Schmied
Wien | Vienna, 2011
Foto | Photo: Andreas Hirsch

Der Herausgeber

Andreas Hirsch (geboren 1961 in Wien) ist Autor, Kurator und Fotograf. Seit 2009 ist er Kurator am KUNST HAUS WIEN. Er ist Herausgeber von *Picasso – Mythen, Fabeln und Modelle* (2009) und Co-Herausgeber von *Tina Modotti – Fotografin und Revolutionärin* (2010).

The Editor

Andreas Hirsch (born 1961 in Vienna) is an author, curator and photographer. He has been the curator of KUNST HAUS WIEN since 2009. He is the editor of *Picasso—Myths, Fables and Models* (2009) and the co-editor of *Tina Modotti—Photographer and Revolutionary* (2010).

Besonderer Dank gilt | Special thanks to:

Christian Baha, Andrea C. Fürst, Joram Harel, Yuko Ikewada, Angelika Kampmann, Hans-Michael Koetzle, Gabriela Koschatzky-Elias, Cordula und | and Robert Lebeck, Ulrich Mack, Stefan Moses, Gesche Poppe, Peter Schamoni, Erika und | and Wieland Schmied, Franz Spadlinek sowie allen Leihgeberinnen und Leihgebern der Ausstellung | as well as all those who loaned works for the exhibition.

Dieses Buch erscheint anlässlich der Ausstellung
Hundertwasser – Die Kunst des grünen Weges
im KUNST HAUS WIEN
(7. Juli bis 6. November 2011)

This book is being published in conjunction
with the exhibition *Hundertwasser—The Art
of the Green Path* at the KUNST HAUS WIEN
(July 7 to November 6, 2011)

Direktion KUNST HAUS WIEN: Franz Patay

Kurator der Ausstellung | Curator of the
exhibition: Andreas Hirsch

Redaktion des Buches | Editing of the book:
Andreas Hirsch

Ausstellungsproduktion und Koordination |
Production of the exhibition and coordination:
Ilse Jenisch, Manuela Posch, Mario Kojetinsky

Marketing und Kommunikation | Marketing
and communications: Wolfgang Lerner

office@kunsthauswien.com
www.kunsthauswien.com

KUNST HAUS WIEN GmbH
1030 Wien | Vienna,
Untere Weißgerberstraße 13

Ein Unternehmen der | A subsidiary of
wienholding

Umschlag-Vorderseite | Front cover:

 **Komm und geh mit mir spazieren –
Zwiegespräch
Come and Walk with Me –
Double Talk**
München | Munich, 1970

Umschlag-Rückseite | Back cover:

Hundertwasser im Giardino Eden
auf der Giudecca
Hundertwasser at Giardino Eden
on Giudecca
Venedig | Venice, 1983
Foto | Photo: Robert Lebeck

Frontispiz | Frontispiece:

 **Kleiner Palast der Krankheit
Little Palace of Illness in Beauty**
Tokyo | Tokyo, 1961

Vor- und Nachsatzpapier, Karten-Illustration |
Endpapers, illustration of the maps:
Judith Nicolussi / juniverse.net

Prestel Verlag, München | Munich

in der | A member of Verlagsgruppe Random
House GmbH

Prestel Verlag
Neumarkter Strasse 28
81673 Munich
Tel. +49 (0)89 4136-0
Fax +49 (0)89 4136-2335
www.prestel.de

Prestel Publishing Ltd.
4 Bloomsbury Place
London WC1A 2QA
Tel. +44 (0)20 7323-5004
Fax +44 (0)20 7636-8004

Prestel Publishing
900 Broadway, Suite 603
New York, NY 10003
Tel. +1 (212) 995-2720
Fax +1 (212) 995-2733
www.prestel.com

Die Deutsche Nationalbibliothek verzeichnet
diese Publikation in der Deutschen Nationalbibliografie; detaillierte bibliografische Daten sind
im Internet über http://dnb.d-nb.de abrufbar. |
The Deutsche Bibliothek holds a record of this
publication in the Deutsche Nationalbibliografie;
detailed bibliographical data can be found under:
http://dnb.d-nb.de

The Library of Congress Cataloguing-in-
Publication Data is available.

British Library Cataloguing-in-Publication Data:
a catalogue record for this book is available
from the British Library.

Übersetzung vom Deutschen | Translation from
the German: Bram Opstelten, Richmond, VA,
with the exception of: I love Schiele (S. | p. 34,
translation by Uta Hoffmann); My Exhibition at
the Art Club (S. | p. 40); Exhibition Text: Art Club
(S. | p. 53, text by Hundertwasser); The Straight
Line Leads to the Downfall of Our Civilisation
(S. | p. 62); texts by Robert Fleck (S. | p. 65 and
129, translation by Jeremy Gaines);
The Pintorarium (S. | p. 109; translation courtesy
Taschen GmbH, Cologne, 1996); Mouldiness
Manifesto Against Rationalism in Architecture
(S. | p. 125; translation courtesy Taschen GmbH,
Cologne, 1996); "When I paint, I am dreaming":
(S. | p. 138); A Rainy Day Is the Kind of Day
I Like (S. | p. 143); Your Window Right, Your
Tree Duty (S. | p. 162, text by Hundertwasser);
Roof Afforestation—The Roof Cover of the
Future (S. | p. 165, translation courtesy Parkstone
Press International, 2008); Tape-recorded
Letter by Hundertwasser to the Students of the
Master School at the Academy of Fine Arts in
Vienna (S. | p. 173; translation courtesy Taschen
GmbH, Cologne, 1996); The Line of Hamburg
(S. | p. 75, 76, texts by Hundertwasser);
The role of the KunstHausWien (S. | p. 180; text
by Hundertwasser); text by Restany (S. | p. 199);
Friedensreich Hundertwasser. Selected Mile-
stones from the Biography (S. | p. 204–211).

Übersetzung vom Englischen | Translation
from the English: Text von Aberbach, S. 133,
by Bram Opstelten, Richmond, VA

ISBN 978-3-7913-5156-8

Bildnachweis | Photo credits:
IMAGNO/Helmut Baar: S. | p. 32, 48, 54;
Manfred Bockelmann © VBK, Wien/VG Bild-
Kunst, Bonn 2011: S. | p. 11, 136, 137, 142;
Gabriela Brandenstein: S. | p. 23, 106, 117,
166, 221; Peter Dressler: S. | p. 174, 191;
Augustin Dumage: S. | p. 59, 69, 221;
Andreas Hirsch: S. | p. 218, 219, 221, 222;
IMAGNO/Franz Hubmann: S. | p. 57, 58, 117,
169, 175; Douglas Kirkland S. | p. 220;
Hubert Kluger: S. | p. 193; Gerhard Krömer/
Hundertwasser Archiv, 2011: S. | p. 182, 184;
Robert Lebeck: S. | p. 102; Erich Lessing:
S. | p. 37, 38, 91, 220; Archiv Ökologie NHM
Wien/Bernd Lötsch: S. | p. 93, 118, 119, 133,
189; Gerd Ludwig/INSTITUTE: S. | p. 200, 202;
Ulrich Mack: S. | p. 72, 100; Archiv Ökologie
NHM Wien/Hisham Momen: S. | p. 195;
ÖNB/WIEN, Pk4751_139 und Pk4751_145,
Elfriede Mejchar: S. | p. 46; Stefan Moses:
S. | p. 15, 16, 98, 105, 106, 112, 113, 121,
128, 129, 131; IMAGNO/Barbara Pflaum:
S. | p. 106; Herbert Prasch: S. | p. 19; Peter
Schamoni: S. | p. 25, 28, 95, 135, 136, 145,
146, 147, 148, 149, 151; Herbert Schwingen-
schlögl/Hundertwasser Archiv: S. | p. 177;
Foto Christian Skrein © VBK, Wien/VG Bild-
Kunst, Bonn 2011: S. | p. 104, 107, 113, 114,
116; Wolfgang Sos/PictureDesk.com: S. | p.
103; Archiv Ökologie NHM Wien/Roland Stifter:
S. | p. 190; Fotograf unbekannt | photographer
unknown/Hundertwasser Archiv, 2011:
S. | p. 24, 69, 71, 77, 78, 79, 81, 86, 91, 98,
122, 123, 151, 155, 156, 159, 161, 205,
206, 220; Fotograf unbekannt | photographer
unknown/Ernst Fuchs Stiftung: S. | p. 67

Die Herausgeber haben sich sehr bemüht, zu
allen verwendeten Materialien die Rechteinha-
ber ausfindig zu machen und alle bestehenden
Rechte zu respektieren. Sollte dies im Einzelfall
nicht geglückt sein, so bitten wir um Nachsicht
und gegebenenfalls Kontaktaufnahme.

The editors have made every effort to contact
the copyright holders of all materials used in
this publication and to respect all existing
rights. In the event that we were unsuccessful
in individual cases, we apologise and encourage
copyright holders to come forward.

Projektleitung | Editorial direction:
Anja Besserer, Stefanie Eckmann

Lektorat der deutschen Texte | Copyediting of
the German texts: Claudia Wagner, Starnberg

Lektorat der englischen Texte | Copyediting of
the English texts: Maureen Roycroft Sommer,
Bergisch Gladbach

Design und | and layout: Petra Michel, Bamberg

Herstellung | Production: Andrea Cobré

Art direction: Cilly Klotz

Repro | Repros: Repro Ludwig, Zell am See

Druck und Bindung | Printing and binding:
Appl, Wemding

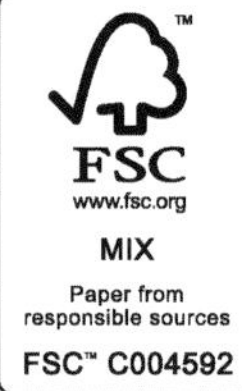

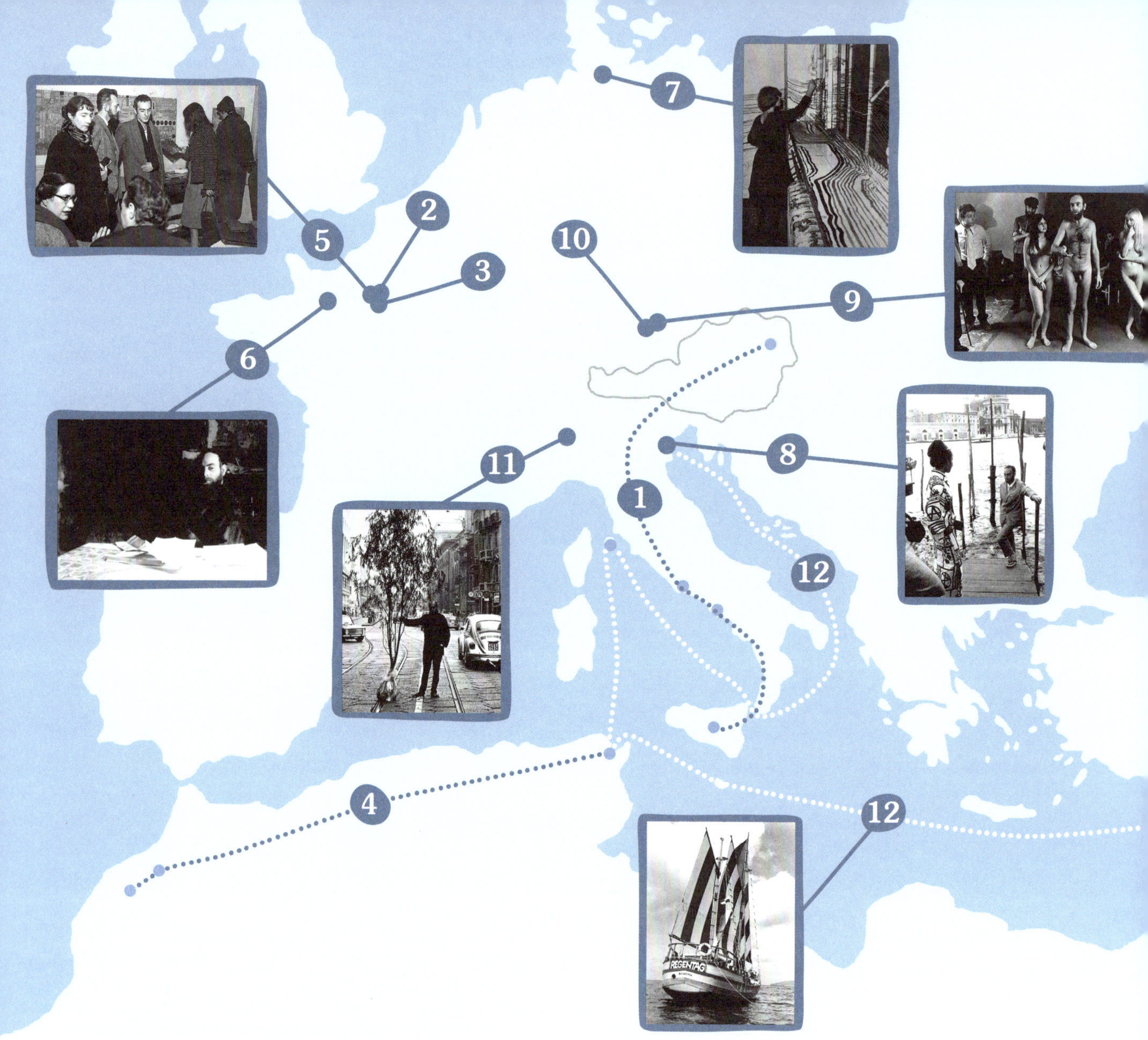

Hundertwasser, ein Kosmopolit unterwegs. Wohin er reiste, wo er lebte und malte (eine Auswahl)

Hundertwasser, a cosmopolitan always underway. Where he traveled, lived and painted (selected destinations)

1 Erste Reise nach Norditalien, Toskana, Rom, Neapel, Sizilien und Frankreich (1949)
First trip to Northern Italy, Tuscany, Rome, Naples, Sicily and France (1949)

2 Mit | *with* René Brô (1949–1955)
Impasse des Sureaux, Saint-Maurice

3 Bei der Familie Dumage | *With the Dumage family* („Chez Dumage", 1950–1960)
Avenue Daumesnil, Saint-Mandé

4 Reise nach Marokko und Tunesien (1951)
Trip to Morocco and Tunisia (1951)

5 Erste internationale Ausstellung (1955)
First international exhibition (1955)
Studio Paul Facchetti, Paris